토이 스토리 3

초판 1쇄 2011년 3월 30일
초판 3쇄 2013년 7월 26일

번역 · 해설 · 스크린 강의 | 오석태
펴낸이 | 조치영
편집 | 김동혁
디자인 | 남다희
인쇄 | 보광문화사
펴낸곳 | 스크린영어사

서울특별시 관악구 대학동 1514번지
TEL (02) 887-8416
FAX (02) 887-8591
http://www.screenplay.co.kr

등록일자 1997년 7월 9일
등록번호 제16-1495

ISBN 978-89-6415-051-1 18740
ISBN 978-89-87915-11-1 18740 (세트)

✽ 잘못된 책은 서점에서 바꾸어 드립니다.
✽ 이 책의 한국어 판 저작권은 저작권법에 의해 한국 내에서 보호를 받는 저작물이므로
　무단 전재와 복제를 금합니다.

Disney · PIXAR

〈토이 스토리 3〉을 시작하며

영화관을 찾는 게 일이다. 어느새 영화관에서 상영되는 영화들을 다 봐버렸다. 이러다 촬영감독 되겠다. 이러다 영화감독 되겠다. 이러다 시나리오 작가되겠다. 이러다가 칸영화제 단골손님 되겠다. 단편영화라도 한 번 찍어볼까? 본격적으로 영화제작 수업을 받아볼까? 정말 다들 이러다가 감독이 된 거겠지. 다들 이러다가 작가가 된 거겠지. 다들 이러다가 제작자가 된 거겠지. 전투적으로 살고 싶다. 폭풍로맨스에 뛰어들고 싶다. 매력종결자가 되고 싶다. 세상을 뒤엎고 싶다. 영화가 끝나면 어김없이 현실 밖으로 뛰쳐나간다. 현실 속 제자리로 돌아오는데 걸리는 시간은 세월이 갈수록 빨라진다. 점점 현실적이 되어가는 게 아니라 감독이 되고 싶다는, 작가가 되고 싶다는 색다른 백일몽에 뛰어들기 때문이다. 그렇게 영화를 좋아한다. 그렇게 영화를 사랑한다. 영화는 내게 변함없이 꿈을 심어준다. 영화는 내가 살아있음을 느끼게 해준다.

1990년 SBS-TV가 개국되면서 오전 생활영어 프로그램 진행자로 발탁되었다. 그 프로그램 안에 스크린영어가 포함되어 있었다. 1992년 EBS-TV에서 스크린영어를 진행했다. 1996년 OUN Cable-TV에서 스크린영어를 진행했다. 1997년부터 본격적으로 스크린영어책을 발간하기 시작했다. 과거, 현재, 미래 언제나 변함없이 영화는 우리에게 영어를 공부할 수 있는 소중한 소재라는 자리를 떠나지 않고 있다. 새로운 영화는 끝없이 만들어지고 영화에 대한 관심은 끝이 없고 영화대사 속 영어는 그들의 생활을 이야기하고 그들의 삶을 담고 있기 때문이다. 그래서 영화를 소재로 한 영어학습서도 끝없이 생산되고 있다.

스크린영어사와의 구체적인 인연은 영화 〈악마는 프라다를 입는다〉를 통해서 맺어졌다. 〈자막 없이 보기〉라는 타이틀로 책이 나왔다. 2008년 5월의 일이다. 그리고 지금 2011년2월까지 3년 동안 꾸준한 사랑을 받아오고 있다. 출판 불경기인 이 시대에 참 놀라운 성적이다. 〈악마는 프라다를 입는다: 자막 없이 보기〉가 선전을 거듭하는 그 3년 동안 스크린영어사와 새로운 책을 만들기 위한 많은 이야기를 진행해왔다. 영화선별 작업도 각별했다. 무려 3년이 걸렸다. 그리고 Toy Story 3이 선정되었다. 그런데 당시에는 영화가 아직 상영되지 않은 상태였다. 스크립트를 손에 쥐었다. 영화가 상영되기만을 기다렸다. 한 달이 지나서

드디어 영화관에 걸렸다. Toy Story 3. 봤다. 감탄을 금치 못했다. 재미있었다. 책 작업에 들어갔다. 스크립트에 쓰여진 세심한 지문설명에 또 한 번 감탄했다. 이런 지문에 그런 영화장면이 나온다는 것에 새삼 놀랐다. 성인극화와는 완전히 다른 세계였다. 작업하는 동안 흥분이 멈추지 않았다. 이 시대 최고의 스크린영어 책이 탄생하고 있음에 마음이 진정되지 않았다. 그리고 시간은 흘러… 이렇게 스크린영어사와의 두 번째 책 〈Toy Story 3〉이 탄생했다.

이 책에는 크게 4개의 학습포인트가 담겨 있다. 책의 활용법이라고 말할 수도 있겠다. 먼저, 지문학습이다. 이 책에서 가장 어려운 내용이기도 하다. 영어지문의 내용과 해석을 잘 연결하면서 동작과 상태설명에 집중해야 한다. 지문학습은 영어작문과 논리적인 스피킹 실력향상에 대단한 역할을 하게 될 것이다. 두 번째는 대화학습이다. 이 영화에 나오는 대화는 100% 활용도를 갖고 있다. 문장의 길이나 수준, 어휘의 활용 측면에서 순도 100%의 1순위 대화들이다. 정확한 이해를 통해서 마음껏 활용할 수 있도록 연습한다. 대화학습은 스피킹과 리스닝 향상에 절대적이다. 세 번째는 Zoom In 학습이다. 영화는 물론 영어이해에 있어서 핵심이 될만한 표현들을 뽑아서 정리해 놓았다. 전체에 펼쳐져 있는 Zoom In 내용만을 집중적으로 학습해도 웬만한 영어책 한 권에서 습득할 수 있는 영어지식 이상을 얻을 수 있다. Zoom In 학습은 영어자체의 이해에 큰 도움을 준다. 네 번째 학습포인트는 Key Expressions이다. 문법, 어법, 어휘, 표현 등의 완전한 이해를 위한 코너이다. 영어에 눈이 뜨이는 영어개안(開眼)코너인 것이다. 10개의 챕터에 걸쳐 있는 10개의 Key Expressions 코너만을 연결해서 학습해도 과연 올바른 영어가 무엇인지를 이해하게 된다. Key Expressions 학습은 영어의 달인이 되는 지름길을 알려준다.

Toy Story 3를 펴내면서 이 책이 많은 독자들의 영어실력 향상에 결정적인 역할을 할 수 있기를 희망한다. 분명 그렇게 될 것이다.

2011년 2월 서래마을 작업실에서… 저자 오석태

Contents

Main Characters

Andy 앤디

우디, 버즈 등 주인공 장난감들의 소유주이다. 엄마와 여동생과 함께 살고 있다. 17살로 막 대학생이 되어 기숙사로 들어갈 준비를 하고 있다. 다른 장난감들과는 작별하지만 유독 우디만을 데리고 대학기숙사로 들어가려 한다.

Woody 우디

앤디가 가장 아끼는 카우보이 장난감인형이다. 앤디가 대학으로 떠나기 전 앤디로부터 버림을 받았다는 오해를 하고 있는 친구들에게 우리는 절대로 앤디곁을 떠나면 안 된다고 신신당부하는 의리의 사나이이다.

Buzz Lightyear 버즈 라잇이어

앤디의 가장 용맹스러운 우주 방위대 장난감인형이며 우디의 든든한 지원군이다. 용맹스러움으로 잘 알려져 있는 뛰어난 지도자 캐릭터이지만 때때로 무감정상태로 빠지는 결정적 단점을 갖고 있다.

Jessie 제시

토이 스토리에서 세 번째로 중요한 장난감이다. 흥분을 잘하지만 용감하고 운동신경이 특히 발달했다. 그러나 한 번 버림을 받아 앤디에게 넘어온 과거로 인해서 소극적이고 의심이 많으며 어둠을 두려워한다.

Barbie 바비

앤디의 동생인 몰리의 인형이다. 하지만 몰리에게서 버림받아 앤디의 장난감 인형들과 합류하게 된다. 나중에 서니사이드 탁아소에서 켄을 만나 연인관계로 발전하며 모든 영화에서 빼놓을 수 없는 멜로라인을 만들어낸다.

Lotso 랏소

서니사이드 탁아소를 지배하는 악당 곰 인형이다. 주인에게서 배신을 당했다는 오해로부터 비롯된 파괴적인 성격은 탁아소를 독재의 공포로 몰아가게 된다. 영화전체의 극적인 요소를 주도하는 핵심 캐릭터이다.

Ken 켄

서니사이드 랏소 공화국의 얼굴마담이다. 나중에 합류하는 바비와 사랑전선을 만든다. 바비의 친구들을 해코지한다는 이유로 그녀에게 버림받지만 나중에 랏소를 배신하고 바비를 선택하며 그녀의 사랑을 다시 쟁취한다.

Playtime: A Long Time Ago
노는 시간: 아주 오래 전

장난감 인형들에게 가장 행복한 순간은 주인과 함께 노는 시간이다. 주인이 부여한 각자의 역할에 충실하며 주인에게 기쁨을 주는 것이 장난감 최고의 존재가치인 것이다. 주인공 장난감들의 전성기는 주인인 앤디가 정말 열심히 놀아주던 앤디의 어린 시절이었다.

EXT. OLD WEST

A thundering TRAIN races across the desert plains. We see
an ARMORED CAR. Suddenly, the top blows open.

EXT. TRAIN

Money bags fly up out of the gaping hole and land on the top of the car,
followed by One-Eyed Bart.

ONE-EYED BART : Ha! Ha! Ha! Money, money, money!

Suddenly, a lasso encircles Bart's arm and yanks it off.

ONE-EYED BART : Hey!

The lasso returns, lifting Bart off his feet. On the next car, a shadowy figure approaches –
Woody. Woody pins Bart down with his boot and leans in.

WOODY : You got a date with justice, One-Eyed Bart!

ONE-EYED BART : Too bad, Sheriff—I'm a married man.

A shrill WAR CRY pierces the air. Woody looks up, up and GASPS.

VOICE : (O.S.) Ai! Ai-ai-ai-ai-ai-yah!

Flipping down the train is a crazed Ninja warrior—ONE-EYED BETTY (Mrs. Potato Head),
wielding a purse and nunchucks. Woody does a series of back flips to get away.

WOODY : One-Eyed Betty!

ONE-EYED BETTY : Ai! Ai-ai-ai-ai-ai-yah!

외부. 19세기 서부
천둥소리를 내며 한 열차가 사막평원지대를 달린다. 우리는 특수강철판으로 무장된 열차 칸에 타있다. 갑자기 그 열차 칸의 지붕이 폭발하며 열린다.

외부. 열차
돈가방들이 벌어진 구멍에서 하늘로 솟으며 지붕 위로 내려앉는다. 그 뒤로 애꾸눈 바트가 튀어나온다.

애꾸눈 바트 : 하! 하! 하! 돈, 돈, 돈이다!

갑자기, 밧줄이 바트의 팔을 감으며 돈가방을 잡아챈다.

애꾸눈 바트 : 뭐야!

밧줄이 다시 돌아와 바트의 발을 낚아채며 넘어뜨린다. 옆 칸에서 어슴푸레 한 형체가 다가온다. 우디다. 우디는 부츠로 바트를 꼼짝 못하게 밟고 몸을 숙인다.

우 디 : 너 판사님이랑 데이트 좀 해야겠다, 애꾸눈 바트!

애꾸눈 바트 : 이걸 어쩌나, 보안관 양반—난 유부남이라서 말이지.

날카로운 함성이 하늘을 찌른다. 우디는 고개를 들며 헉 소리를 낸다.

소 리 : (외부) 아이! 아이—아이—아이—아이—아이—야!

어디선가 열차로 뛰어오른 건 발광하는 닌자 전사—애꾸눈 베티(감자머리 마누라)는 돈가방과 쌍절곤을 휘두른다. 우디는 뒤로 여러 번 공중제비를 돌며 베티가 휘두르는 가방과 쌍절곤을 피한다.

우 디 : 애꾸눈 베티!

애꾸눈 베티 : 아이! 아이—아이—아이—아이—아이—야!

Zoom In

▪ a thundering train

우리로서는 구사하기 쉽지 않은 표현이다. 동사 thunder에는 '천둥이 치다', '천둥소리 같이 우르릉거리며 질주하다' 등의 뜻이 포함되어 있다. 여기에 –ing가 붙어서 형용사가 되면 '천둥소리를 내며 질주하는'의 뜻으로 사용되는 것이다.

▪ pierce the air

pierce를 단순히 '물리적으로 뭔가를 뚫다'로만 기억해서는 안 된다. 본문에서처럼 추상적인 상황에서도 쓰여서 '공기를 뚫다' 즉, '하늘을 찌르다'의 뜻을 만들어낸다. I got my ears pierced.는 "나 귀 뚫었어"로 이해한다.

□ **land on**	～에 떨어지다
□ **lasso**	밧줄
□ **encircle**	두르다
□ **yank something off**	잡아 채다
□ **pin down**	꼼짝 못하게 하다
□ **justice**	판사, 재판관
□ **gasp**	숨이 턱 막히다
□ **get away**	도망가다, 빠져 나가다

One-Eyed Betty brandishes her purse. SHE SWINGS, hitting
Woody, who teeters on the edge of the train, then falls off.

WOODY : Whoa, whoa. Ahh!

Bart and Betty laugh and peek over the edge...
Woody is riding on the back of BULLSEYE, with JESSIE at the reins.

JESSIE : I think you dropped something, Mister!

ONE-EYED BART : Jessie?!

WOODY : Give it up Bart, you've reached the end of the line.

Bart pulls out a remote control detonator.

ONE-EYED BART : I always wanted to go out with a bang!

A huge trestle bridge spans a canyon. The middle of the bridge is loaded with dynamite.
Bart laughs and hits the detonator's button, exploding the bridge.

JESSIE : Oh, no!

WOODY : The orphans!

ONE-EYED BART : Hate to leave early, but our ride is here.

Alongside the railroad tracks races a pink Corvette, driven by three Aliens.

ALIENS : Ooooooooo!

애꾸눈 베티는 가방을 휘두른다. 베티는 팔을 돌려 우디를 때린다. 우디는 열차 끝에 넘어질 듯 불안정하게 서 있다가 베티에게 맞고 아래로 떨어진다.

우 디 :　　　　워, 워, 아!

바트와 베티는 웃으며, 기차 모서리에서 쳐다본다…
우디는 황소눈 등에 올라탄 채로 달려온다. 제시가 고삐를 잡고 있다.

제 시 :　　　　이봐, 신사 양반, 뭘 떨어뜨린 것 같은데!

애꾸눈 바트 :　　　아니 이거 제시 아냐?!

우 디 :　　　　포기해, 바트, 넌 이미 끝장났어.

바트는 원격 기폭장치를 꺼낸다.

애꾸눈 바트 :　　　나는 항상 요란스러우면서도 폼 나게 사라지고 싶었
　　　　　　　　　거든.

엄청나게 큰 구각교가 협곡에 걸쳐 있다. 그 다리 중간에 다이나마이트가 잔뜩 쌓여 있다. 바트가 호쾌하게 웃으면서 원격장치 버튼을 누르자 다리는 폭파된다.

제 시 :　　　　안돼!

우 디 :　　　　고아 아이들 어째!

애꾸눈 바트 :　　　일찍 사라지고 싶진 않은데 어쩌나 차가 벌써 와버
　　　　　　　　　렸네.

철길을 따라 핑크색 시보레 콜벳이 달려온다. 차 안에는 세 명의 외계인이 타고 있다.

외계인들 :　　　　오~~~~~~!

□ **brandish**
(무기를) 휘두르다

□ **fall off**
떨어지다

□ **reach the end of the line**
끝장나다

□ **detonator**
기폭장치

□ **trestle bridge**
구각교

□ **be loaded with**
~로 가득 쌓여 있다

□ **explode**
폭파시키다

ZOom In

■ reach the end of the line

말 그대로를 직역하면 '선의 끝에 이르다'가 된다. 앞으로 더 나아갈 길이 없고 더 붙들고 버틸 줄이 남아있지 않다는 뜻이다. 결국 '끝장나다'의 의미가 된다. 본문에서처럼 현재완료로 쓰이면 '이미 그런 상태'임을 강조하게 된다.

■ be loaded with

'~을 실은, ~이 가득한' 등의 의미이다. 총에 총알이 장전된 상태를 말할 때에도 loaded를 써서 a loaded gun으로 표현한다. "트럭에 물병이 가득 찼다"라고 말하고 싶으면 The truck is loaded with bottles of water라고 한다.

ONE-EYED BART :   It's me or the kiddies, Sheriff!

Take your pick.

WOODY :   Ride like the wind, Bullseye!

(to Jessie) <u>Hold him steady!</u>

Woody leaps from Bullseye and tumbles into the train's engine cab.

JESSIE :   Woody, hurry!

The front of the train goes off the severed rails. Bullseye and Jessie are horrified.

JESSIE :   NO…!

A FLASH and RUMBLE come from deep in the canyon. Then, rising up from below, is the entire sagging train. Holding it up is a heroic BUZZ LIGHTYEAR.

BUZZ :   Glad I could catch the train!

WOODY :   Now let's catch some criminals.

BUZZ :   To infinity and beyond!

EXT. DESERT PLAINS

A large, hand-painted sign reads: Border Crossing, One Mile, Outlaws Welcome.
The outlaws speed across the desert, laughing gleefully.
Buzz flies down from the sky and fires his laser, slicing the Corvette in half.

ALIENS :   Ooooooooo!

WOODY :   Reach for the sky!

애꾸눈 바트 :　보안관 나리, 나를 잡을 텐가, 아이들을 구할 텐가. 선택하시지.

우 디 :　불즈아이, 바람처럼 달려! (제시에게) 불즈아이를 꽉 잡아!

우디는 불즈아이에게서 열차의 기관사실로 뛰어든다.

제 시 :　우디, 서둘러!

열차의 앞 부분이 끊어진 철로에서 벗어나 아래로 떨어진다. 불즈아이와 제시는 공포에 질린다.

제 시 :　안돼…!

협곡 깊은 곳에서 빛이 솟으며 천둥소리가 들린다. 그러더니 아래에서 뭔가 솟아 오른다. 반으로 완전히 휘어진 열차. 그 열차를 받치고 있는 건 영웅 버즈 라잇이어다.

버 즈 :　기뻐하라, 내가 이 열차를 잡았노라!

우 디 :　자, 이젠 악당들을 잡으러 가자.

버 즈 :　무한의 세계와 그 이상을 향하여!

외부. 사막 벌판

커다란, 손으로 쓴 표지판에 이렇게 적혀 있다: 국경 횡단지점. 앞으로 1마일. 도망자 대환영

범법자들이 신이 나서 낄낄거리며. 속력을 내어 사막을 가로지르고 있다.

버즈가 태양을 뚫고 날아오며 레이저를 발사한다. 콜벳은 완전히 두 조각난다.

외계인들 :　오~~~~~~!

우 디 :　손 드시지!

take one's pick	선택하다
tumble	굴러 떨어지다
sever	자르다. 절단하다
entire sagging train	전체가 반으로 늘어진 열차
outlaw	도망자. 범법자
gleefully	신이 나서
Reach for the sky!	손들어!

Zoom In

▪ take one's pick

우리에게는 익숙한 말이 아니지만 pick에 '선택'이라는 명사의 뜻이 포함되어 있다. **Take your pick.**을 직역하면 "너의 선택을 취하라"이며 이것을 "선택해봐"로 이해하는 것이다. 동사 pick을 이용하면 **Pick what you want.**가 된다.

▪ Reach for the sky.

직역하면 "손을 내밀어 하늘을 잡아라"가 된다. 손을 번쩍 들고 있는 모습을 희화적으로 표현한 문장이다. **reach for**는 '~을 잡으려고 손을 내밀다'의 의미이며 **She reached for the book.**은 "그녀는 손을 내밀어 그 책을 잡았다"이다.

ONE-EYED BART : You can't touch me, Sheriff!

I brought my attack dog with a

built-in force field!

Bart WHISTLES.
From above, SLINKY springs down the canyon walls, coils crackling with energy.
He circles the gang, biting his tail. An ENERGY BUBBLE forms around them.

WOODY : Well, I brought my dinosaur who eats force-field dogs!

JESSIE : Yo-Dee-Le-Hi-HoooOOOOOOO!

The Earth trembles. Cracks form. The ground bursts open.
A giant REX emerges, BELLOWING. He leans toward Bart and lets out a fearsome ROAR.
There is an intense HUM. Everyone looks up. An enormous, pig-shaped spaceship hovers
above them.

BUZZ : Evil Dr. Porkchop!

INT. SPACESHIP

DR. PORKCHOP (Hamm) sits on the bridge, sporting a bowler hat.

EVIL DR. PORKCHOP : That's Mr. Evil Dr. Porkchop to you.

Bart, Betty, Slinky, and the Aliens are suddenly beamed up.
Hamm flips open a switch. A red button: DEATH BY MONKEYS.
He pushes it.
The ship's belly swings open. A yellow barrel is dropped.
It explodes into a mushroom cloud of crazed red monkeys.
Woody, Buzz and Jessie flee. The Monkeys come after them.
Rex ROARS. The Monkeys swarm over him, taking him down.
Woody, Buzz and Jessie are overtaken and pinned down.
The spaceship's snout rotates and opens. A giant laser cannon powers with a deafening
HUM. Bart LAUGHS and reaches for a button marked with a skull and crossbones...
Jessie, Buzz and Woody turn away.

애꾸눈 베티 : 보안관, 자넨 절대 날 못 잡아. 이럴 줄 알고 내가 힘의 장(場)이 내장된 전투견을 데려왔지!

바트가 휘파람을 분다
위에서 슬링키가 협곡 벽을 타고 용수철 탄력으로 내려오고 에너지를 받아 큰 소리를 내며 몸통을 코일 감듯이 감는다.
슬링키는 패거리들을 에워싸며 자기 꼬리를 문다. 에너지 거품이 그들 주위에 생긴다.

우 디 : 왜 이러시나, 난 그 힘의 장을 가진 전투견을 잡아먹는 공룡을 데리고 다니지!

제 시 : 요-디-레-히-호~~~~!

땅이 흔들린다. 균열이 생긴다. 바닥이 폭발하며 벌어진다.
거대한 렉스가 나타나며 노호한다. 렉스는 바트쪽으로 몸을 수기며 무시무시한 포효를 내뿜는다. 어디선가 강렬하게 윙윙소리가 난다. 모두들 고개 들어 위를 올려다본다. 거대한, 돼지 모양의 우주선이 그들 위를 맴돈다.

버 즈 : 악당 돼지박사다!

내부. 우주선
돼지박사(햄)가 브릿지에 앉아 중산 모자를 뽐내고 있다.

악당 돼지박사 : 악당 돼지박사님이라고 불러야지.

바트, 베티, 슬링키, 그리고 외계인들이 갑자기 빛을 받는다.
햄이 스위치를 연다. 빨간 단추가 보인다: 원숭이떼에 의한 죽음. 햄은 그 단추를 누른다. 우주선의 배 부분이 휙 열린다. 노란 통 하나가 떨어진다.
통은 폭발하며 핵폭발 버섯구름 모양을 만든다. 미친 빨간 원숭이떼들이 만들어낸 구름이다.
우디, 버즈, 그리고 제시는 도망친다. 원숭이떼가 뒤를 쫓는다. 렉스가 노호한다. 원숭이떼는 렉스를 공격하여 끌어내린다. 도망가던 우디와 버즈, 제시는 따라잡히고 꼼짝못하게 잡히고 만다. 우주선의 주둥이가 회전하며 열린다. 거대한 레이저 대포가 귀를 찢는듯한 소리를 내며 엄청난 힘으로 움직인다. 바트는 소리내어 웃으며 손을 뻗어 해골과 대퇴골로 표시된 단추를 누른다.
제시와 버즈, 그리고 우디가 고개를 돌린다.

□ **attack dog**
전투견

□ **built-in**
내장된, 붙박이의

□ **enormous**
거대한, 엄청난

□ **hover**
허공을 맴돌다

□ **swarm**
떼를 지어 몰려들다

Zoom In

■ let out a fearsome roar

let out은 '밖으로 나가게 허락하다'이다. 이것을 '내뿜다'로 이해한다. fearsome은 '두려움(fear)이 있는(some)', 그래서 '무시무시한'이다. roar는 '포효, 노호, 외치는 소리' 등의 뜻이다. 결국 본문은 '무시무시한 포효를 뱉다'로 이해하게 된다.

■ explode into a mushroom cloud

explode into는 '폭발하여 ~의 상태가 되다'로 이해한다. a mushroom cloud는 핵폭발 때 만들어지는 버섯구름을 뜻한다. 결국 본문은 '폭발하여 핵폭발 버섯구름을 만들다/버섯구름이 되다'로 해석하게 된다.

INT. ANDY'S ROOM
Andy imitates One-Eyed Bart's LAUGH.

YOUNG ANDY : Buzz! Shoot your laser at my badge! Woody, no! It'll kill you! Just do it! You're going to jail, Bart. Watch out! Mom…!?

MOM : No, no, no. Just keep playing. Just pretend I'm not here.

Suddenly, MOLLY, 2, toddles in, knocking over Tinker Toys.

MOM : Oh, no, Molly!

YOUNG ANDY : No, it's okay, Mom! It's… A 50-foot baby from outer space! And she's on a rampage! Run for your lives!

Buster enters the fray, barking.

MOM : Buster, get outta there! Does the red light mean it's going? Come on. Say "Happy birthday" to Molly.

YOUNG ANDY : Happy birthday!

MOM : Oh, charming.

YOUNG ANDY : (as WOODY) Happy Brffday!!!

Mom marks a pencil line above Andy's head onto the door frame.

내부. 앤디의 방
앤디는 바트의 미친듯한 웃음소리를 계속 낸다.

어린 앤디 :	버즈! 내 배지에 레이저를 쏴봐! 우디, 안돼! 그러면 너 죽어! 잔소리 말고 쏴! 넌 감옥에 가라, 바트. 조심해! 엄마?
엄 마 :	아니, 아니, 아니야. 그냥 계속 놀아라. 엄마가 없다고 생각하고.

갑자기 2살 몰리가 걸어오더니 장난감들을 부순다.

엄 마 :	아이고, 이를 어째, 몰리야!
어린 앤디 :	아니, 괜찮아요, 엄마! 외계에서 온 50피트 짜리 거인 애기가 나타났다! 거인 애기가 지금 이곳을 초토화하고 있다. 살고 싶으면 도망가라!

버스터가 이 소란스런 상황에 끼어든다. 짖으면서.

엄 마 :	버스터, 비켜, 나가라고! 빨간 불이면 비디오가 제대로 돌아가는 거 맞니? 자, 자. 몰리에게 "생일 축하한다"고 말 해봐.
어린 앤디 :	생일 축하해!
엄 마 :	아이고, 귀여워라.
어린 앤디 :	(우디 목소리로) 생일 축하해!!!

엄마는 문틀 위 앤디 머리가 닿는 윗부분에 연필로 줄을 긋는다.

□ **pretend**
~인 척하다

□ **outer space**
외계

□ **fray**
싸움, 소동

□ **charming**
매력적인, 귀여운

□ **door frame**
문틀

Zoom In

■ You're going to jail.

be going to의 의미에 주의해야 한다. 이것은 이미 정해진 미래를 말할 때 사용한다. 결국 본문은 "너는 감옥에 갈 수 밖에 없어. 이미 정해진 사실이야." 정도로 이해한다. 문법의 이해는 곧 영어 전반의 이해와 연결된다.

■ on a rampage

명사 rampage는 주변에 해를 입히면서 격하게 난동을 부리는 동작을 의미한다. 그래서 on a rampage라고 하면 '난동을 부리고 있는'의 느낌이다. I saw them going on a rampage.는 "걔들 난동부리고 있던데."로 해석한다.

MOM :	Look how tall you're getting!
YOUNG ANDY :	Yeah! Woo Hoo!

INT. ANDY'S ROOM

YOUNG ANDY :	(as WOODY) I came as fast as I could! Buzz, behind you! (as BUZZ) Got it, Woody!
BUZZ :	Buzz Lightyear to the rescue!
YOUNG ANDY :	(as WOODY) Good work, Buzz!

엄 마 :	네가 얼마나 컸는지 보렴.
어린 앤디 :	예! 우 후!!!

내부. 앤디의 방

어린 앤디 :	(우디 목소리로) 내가 서둘러 왔어! 버즈, 네 뒤는 나한테 맡겨! (버즈 목소리로) 알았어, 우디!
버 즈 :	구조대 버즈 라잇이어 출동!
어린 앤디 :	(우디 목소리로) 잘했어, 버즈!

□ **to the rescue**
구조를 위하여

 **12 I always wanted to go out with a bang.**

항상 폼 나게 사라지고 싶었거든.

with a bang이 숙어이다. 명사 bang에는 '갑작스럽게 들리는 커다란 소음'이란 뜻이 있으며 의성어로 표현될 때는 '쾅' 정도의 느낌이다. 이 소리가 때로는 '자극', '흥분' 등의 느낌으로 이해되기도 한다. 그래서 with a bang은 '자극적이며 흥분될 정도로 성공적인 상태'의 의미가 된다. The business started the year with a bang.은 "그 사업은 연초에 성공적으로 시작되었다"로 해석한다.

 **12 Hate to leave early.**

일찍 자리를 뜨기는 싫다.

1) 동사 hate는 '뭔가가 정말 싫다'는 강조의 의미로 쓰인다. 목적어로 부정사가 오면 '미래에 일어날 일을 생각하며 싫다'는 것이며 동명사가 목적어로 오면 '지금 그 일이 일어나고 있는 듯한 느낌이 들어서 싫다'는 것이다. 목적어의 형태에 따라서 의미가 달라짐을 느낄 수 있어야 한다. I hate to see you crying.은 "너 우는 거 보고 싶지 않아"가 되며 I hate working with him.은 "난 개하고 일하는 거 생각만 해도 끔찍해" 정도로 이해한다.

2) leave early는 '일찍 자리를 뜨다'의 뜻이다. What makes you leave so early?라고 하면 "왜 이렇게 일찍 가려는 거야?"로 이해한다.

 **14 Hold him steady.** 그를 꽉 붙들어.

hold him은 '그를 붙들다'이다. 동사 hold에 '손으로 잡다'의 뜻이 있다. 그리고 그 잡은 상태를 나타내기 위해서 부사 steady를 쓰고 있다. '안정되게', '꽉' 등의 느낌이다.

Hold the camera steady while you take pictures.는 "사진 찍을 때는 카메라가 흔들리지 않도록 안정되게 잡고 있어야 돼"의 뜻이다. steady와 비슷한 뜻으로 tight가 있다. Hold me tight.는 "나를 꽉 잡아"이다.

16   You can't touch me.   너는 나한테 손도 못 대.

조동사 can이 '가능성'과 '허락'의 의미를 동시에 갖고 있다. "네가 나를 건드릴 가능성도 없고 그렇게 하게끔 가만히 내버려두지도 않을 것이다"가 본문의 정확한 의미이다. You can call me anytime.에서 can은 '허락'의 뜻으로 쓰여서 "나한테 아무 때나 전화해도 돼"의 의미를 전하며 You can't make it to your flight.에서는 can이 '가능성'으로 쓰여서 "네 비행기 시간에 맞추어서 도착할 수가 없다"의 뜻을 전하게 된다.

18   It'll kill you.   그게 너를 죽일지도 몰라.

미래를 나타내는 조동사 will은 '불확실한 미래'를 말한다. 그래서 본문을 "그게 너를 죽일 것이다"가 아닌 "죽일 지도 모른다"로 이해하는 것이 옳다. He'll kill you if he finds out the truth.는 "그가 그 사실을 알게 되면 너를 죽일지도 몰라"로 해석하며 "내일 비가 올 지도 몰라"는 It'll rain tomorrow.라고 말한다.

18   Just keep playing.   그냥 계속 놀아라.

동사 keep 다음에 동사를 목적어로 쓸 때는 진행형을 쓴다고 배웠다. 그러나 억지로 외우는 것보다 그 이유를 이해하는 것이 더욱 중요하다. keep에는 '계속'의 의미가 포함되어 있다. 어떤 일이나 상태가 계속 유지되는 것이다. 그렇다면 당연히 뒤에 이어지는 동사에도 '계속'의 느낌이 살아 있어야 한다. 그래서 '진행형'이 목적어로 등장하게 되는 것이다. Keep trying to find out where he lives.는 "그가 어디에 사는 지 계속 알아봐."이며 Don't stop. Keep walking.은 "멈추지 마. 계속 걸어."로 이해한다.

만화영화 screenplay (영화대본) 학습

문어체 영어와 구어체 영어를 동시에 학습

영화대본은 상황 설명을 하는 지문과 대사로 이루어져 있다. 지문은 이야기의 전개를 주도하기 때문에 언어 자체가 박진감 넘치고 흥미롭다. 주위상황과 배우들 동작의 미세한 설명까지도 놓치지 않기 때문에 문장에 동원되는 어휘들 또한 예사롭지 않다. 그리고 그것이 글이기 때문에 말과는 달리 문어체 어휘와 표현이 대부분이다. 문어체 영어의 특징 중하나는 사용 어휘와 표현들의 포괄적 의미, 그리고 그것들이 갖는 감정선(feelings of the words & expressions)에 많은 무게가 실린다는 것이다. 이른바 big word의 사용이 빈번하다. 그래서 어휘력 확장을 위해서는 이보다 더 좋은 소재가 없다. 지문에 익숙해지면 학습자가 일상생활에서 접하게 되는 다양한 환경을 영어로 표현할 수 있는 능력이 생기게 되고, 영어자체에 대한 관심이 증폭되는 결과를 낳게 된다.

영화대사의 학습법

 뭔가를 잘하기 위해서는 반복학습이 가장 중요하다. 영화대본을 통해서 영어회화실력을 높이고 싶다면 대화에 나오는 기본적이고 활용도 높은 표현들을 뽑아서 정확한 발음으로 읽어주는 습관이 필요하다. 물론 큰 소리로 읽어서 뇌가 그 소리에 완벽하게 적응되도록 해주어야 한다. 한마디로 말하면 "크게 읽는 반복연습을 통해서 활용도 높은 표현들에 뇌가 적응해 나가는 과정", 이것이 바로 영화대사 학습법의 과정인 것이다.

 억지로 외우는 것은 무의미하다. 문장을 이해하고 그것이 활용도 높은 문장이라면 반복적으로 읽어서 습관화시켜야 된다. 그런 활용도 높은 문장의 선택에 가장 좋은 소재로 등장하는 것이 만화영화이다. 특히 Toy Story 3의 지문은 물론 대화에 사용된 표현들까지 대단히 깔끔하고 활용도 높은 것들이 많아서 영어학습자들에게는 훌륭한 소재이다.

영어 난이도 Degree of Difficulty		★☆☆☆☆
속도(Speed) ★★☆☆☆	표현(Expression) ★★☆☆☆	어휘(Vocabulary) ★☆☆☆☆

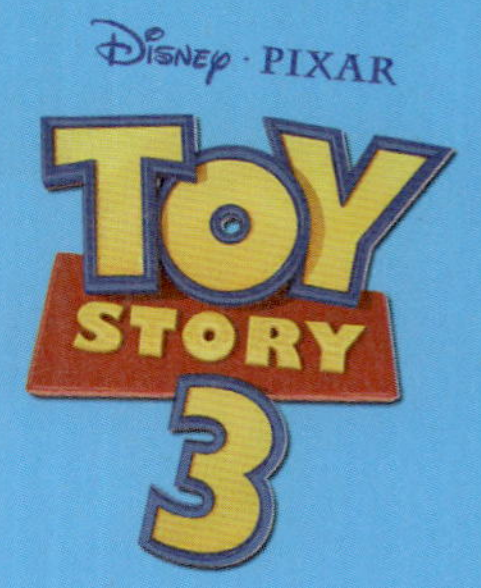

Grown Up
성장한 앤디

장난감을 갖고 놀 나이가 훌쩍 지나버린 앤디는 17살이 되어 대학 기숙사로 들어가게 되었다. 짐을 정리하는 날, 우디는 친구들을 지휘하며 앤디와 마지막 노는 시간을 갖고자 하지만 실패로 돌아간다. 결국 앤디에게 버려질 거라며 사지 이하 군인들은 자리를 뜬다.

INT. TOY CHEST, ANDY'S ROOM

WOODY :	Okay, places, everyone! Come on, come on. Get in position.
MRS. POTATO HEAD :	Wait, I can't find my other eye!
HAMM :	Alright, whose foot's in my face?
MRS. POTATO HEAD :	It's mine! Give it back!
ALIENS :	You saved our lives! We are eternally grateful!
JESSIE :	Buzz! Mind if I squeeze in next to ya?
BUZZ :	Yes. No. I mean, why would I mind squeezing next to you? Is it hot in here?
REX :	Oh, here they come!

Through the crack, we see Sarge and two soldiers slip into the room, dragging something behind them in a gym sock. They pull it across the room to the toy chest.
The Army Men arrive at the chest. Woody peers down.

WOODY :	Sarge! You got it?
SARGE :	Mission accomplished!

The toys are thrilled at this news. Sarge and the Army Men hoist the sock up to Buzz.

내부. 장난감 상자, 앤디 방.

우 디 :	자, 모두들 제자리로! 자, 어서. 자리들 잡아.
감자머리 여사 :	잠깐, 내 한 쪽 눈이 없어.
햄 :	아이고, 내 얼굴에 이거 누구 발이야?
감자머리 여사 :	그거 내 거야. 이리 돌려줘.
외계인들 :	당신이 우리 목숨을 구해줬어요! 이 고마움 죽을 때까지 잊지 않을게요.
제 시 :	버즈! 옆에 좀 끼어 앉아도 돼?
버 즈 :	아니. 그래, 괜찮아. 그게, 네 옆에 비집고 앉는 게 왜 나쁘겠어? 이 안이 좀 더운가?
렉 스 :	아, 온다!

틈새로 사지와 두 병정이 방으로 들어오는 모습을 본다. 병정들은 뭔가가 들어 있는 운동 양말을 끌고 있다. 방을 가로질러 장난감 상자까지 끌어 온다. 사지와 병정들은 상자에 도착한다. 우디는 조심스레 아래를 내려다본다.

우 디 :	사지! 구했어?
사 지 :	임무 완수!

장난감들은 이 소식에 흥분한다. 사지와 병정들은 양말을 버즈에게 끌어올려 준다.

□ **Places!**
  (= Get in your places!)
  제 자리로!

□ **get in position**
  적당한 위치에 자리 잡다

□ **squeeze in**
  안으로 비집고 들어가다[오다]

□ **crack**
  살짝 열린 틈

□ **slip into**
  미끄러져 들어오다

□ **toy chest**
  장난감 상자

□ **be thrilled at**
  ~에 신이 나다, 흥분하다

□ **hoist**
  들어올리다

Zoom In

■ We are eternally grateful!

직역하면 "우리는 영원히 감사합니다"가 된다. 이것을 "이 고마움 평생 잊지 않겠습니다"로 의역할 수 있어야 한다. 현재시제를 써서 미래를 표현함으로써 확정된 스케줄처럼 감사의 마음이 변치 않을 것임을 강조하는 것이다.

■ Would I mind squeezing

'비집고 들어가는 걸 싫어하다'의 의미이다. 동사 mind에는 '꺼리다', '싫어하다' 등의 의미가 포함되어 있는데 그 의미가 현재진행적 느낌이 워낙 강해서 뒤에 이어지는 동사도 역시 진행형을 써줘야 한다.

WOODY :   Careful. Careful!

Buzz turns the sock upside-down. Out slides a cell phone. Toys gather around. They look at each other.

WOODY :   All right, guys. We got one shot at this. Everyone ready?

JESSIE :   We're ready, Woody, let's do it!

WOODY :   Okay, Buzz. Make the call.

Buzz flips open his wrist cover. A phone number is scribbled inside. Jessie pulls out a cordless phone. She punches the number in and the phone dials. Suddenly, the cell phone rings. Buzz, Jessie and Woody peer through the gap at the door. Footsteps come up the stairs.

BUZZ :   Target is on approach.

WOODY :   Just like we rehearsed it, guys.

Andy's hand plunges down, rummaging for his phone, pushing the Toys aside. Woody, at bottom, pulls the cordless close. Andy's fingers pass by him and discover the cell phone. He pulls it out, revealing the phone is stuck between Rex's arms. Andy pulls. Rex clings tenaciously. Andy finally yanks it loose, lifts it to his ear.

ANDY :   Hello? Hello? Anyone there?

Andy shrugs, hangs up. He turns and bellows.

우 디 :   조심. 조심해!

버즈가 양말을 거꾸로 들어 올린다. 휴대전화가 미끄러져 내려온다. 장난감들은 모두 모여있다. 서로를 쳐다본다.

우 디 :   자, 모두 내 말 잘 들어. 이거 한 번에 끝내야 돼. 모두들 준비됐어?

제 시 :   우린 준비됐어, 우디. 어서 시작해!

우 디 :   좋아, 버즈. 전화해.

버즈는 손목덮개를 젖혀 올린다. 전화번호가 안에 적혀 있다. 제시는 무선전화를 잡아당겨서 전화번호를 입력한다. 제시는 마지막 숫자에 이르러 누른다. 갑자기, 휴대전화가 울린다. 버즈와 제시, 그리고 우디는 상자의 열린 틈 사이로 문을 지켜본다. 계단을 오르는 발걸음소리가 들려온다.

버 즈 :   목표물이 접근한다.

우 디 :   모두들 우리가 미리 연습했던 대로 해야 돼.

앤디의 손이 (상자 안) 아래로 급히 내려오더니 전화를 찾는다. 장난감들을 옆으로 밀어놓는다. 우디는 바닥에서 무선전화를 끌어안고 있다. 앤디의 손가락이 우디 옆을 지나 휴대전화를 발견한다. 앤디는 전화기를 집어 들고 전화기는 렉스의 팔 사이에 끼어 있다. 앤디가 전화기를 잡아당긴다. 렉스는 전화기를 집요하게 붙들고 있으면서 놔주지 않는다. 결국 앤디는 전화기를 힘을 주어 잡아 빼고는 귀에 갖다 댄다.

앤 디 :   여보세요? 여보세요? 누구세요?

앤디는 어깨를 으쓱하며 전화를 끊는다. 그 그는 고개를 돌려 소리를 지른다.

- **upside-down**
  거꾸로, 뒤집힌

- **flip open**
  휙 젖혀서 열다

- **scribble**
  갈겨쓰다

- **cordless phone**
  무선 전화

- **on approach**
  다가오는

- **rehearse**
  연습하다

- **tenaciously**
  집요하게, 완강히

- **shrug**
  어깨를 으쓱하다

Zoom In

■ Out slides a cell phone.

평범한 문장이 아니라 시각화시킨 문장이다. 시야에 들어오는 순서대로 문장이 만들어진 것이다. "뭔가 밖으로(out) 미끄러져(slide)나온다. 뭔가 하고 봤더니 휴대전화(a cell phone)이더라." 훨씬 역동적이고 의미가 강조된 문장이다.

■ We got one shot at this.

총알이 하나 밖에 없다. 발포할 수 있는 횟수는 딱 한 번 뿐이다. 그래서 기회는 딱 한 번 뿐이다. 이게 실패하면 그것으로 끝이다. 이러한 느낌을 그대로 담고 있는 표현이다.

ANDY :	Molly, stay out of my room!
MOLLY :	I wasn't in your room.
ANDY :	Then who was messing with my stuff?
MOLLY :	It wasn't me.

He departs, closing the door. The Toys push the chest lid open.

MR. POTATO HEAD :	Well, that went well!
REX :	He held me! He actually held me!
HAMM :	Oh, this is just sad.
MR. POTATO HEAD :	Who are we kidding? The kid's seventeen years old!
SLINKY :	We ain't ever getting played with.
WOODY :	Guys, hey, hold up! We need a staff meeting! Everyone? A staff meeting!
HAMM :	Not again!
WOODY :	Oh, come on! Slink? Gather everyone up!
SLINKY :	Uh, we are gathered, Woody!
WOODY :	Okay. First off, we all knew "Operation Playtime" was a long shot.

앤 디 :	몰리야, 내 방에 들어오지 마!
몰 리 :	안 들어갔어.
앤 디 :	그럼 누가 내 물건들을 엉망으로 만들어 놓은 거야?
몰 리 :	내가 그런 거 아니야.

앤디는 자리를 떠나며 문을 닫는다. 장난감들은 상자 뚜껑을 밀어서 연다.

미스터 감자머리 :	참 잘 됐군!
렉 스 :	앤디가 날 잡았어! 정말 나를 잡아줬다고!
햄 :	슬프도다, 슬프도다.
미스터 감자머리 :	뭔 바보 같은 짓이야. 앤디는 지금 열일곱 살이라고!
슬링키 :	더 이상 우리하고는 같이 놀아주지도 않잖아.
우 디 :	이봐, 애들아, 정신 차려! 전체회의를 좀 해야겠어. 애들아? 전체회의야!
햄 :	또야!
우 디 :	그러지 마. 슬링크, 다들 모아봐!
슬링키 :	어, 지금 다 모인 거야, 우디!
우 디 :	그럼. 먼저, 우리 모두 이번 "장난감 놀이작전"은 승산은 없어도 시도해볼 만한 게임이었잖아.

stay out of
~에 접근하지 않다, ~에 관여하지 않다

mess
엉망으로 만들다

my stuff
내 물건

depart
떠나다, 출발하다

lid
뚜껑

get played with
누가 놀아주다

hold up
정신 차리다, 견디다

first off
우선, 먼저

Zoom In

That went well!

go well은 '잘 진행되다'의 뜻이다. 하지만 본문에서는 역설적인 의미가 강조되고 있다. "그 일이 잘 진행되었다"가 아니라 "잘 되게 해보자더니 참 자알 됐네"라고 비꼬는 듯한 의미로 쓰고 있는 것이다.

a long shot

총을 쏘는 거리가 멀어서 과녁을 맞출 확률은 희박하지만 그래도 쏴봐야 된다는 느낌이 살아 있는 표현이다. 결국 '성공확률은 적어도 시도해볼 만한 값어치가 있는 일'을 말할 때 사용한다.

MR. POTATO HEAD : More like a misfire!

WOODY : But we've always said this job isn't about getting played with. It's about…

JESSIE : Being there for Andy, we know.

REX : But we can try again, right?

WOODY : I'm calling it, guys. We're closing up shop. Andy's going to college any day now. That was our last shot.

BUZZ : We're going into Attic Mode, folks. Keep your accessories with you at all times. Spare parts, batteries. Anything you need for an orderly transition.

Mr. Potato Head steps up and speaks, hysterical.

MR. POTATO HEAD : "Orderly?" Don't you get it? We're done! Finished! Over the hill!

WOODY : Hey, hey, now come on, guys! We all knew this day was coming!

HAMM : Yeah, but now it's here!

WOODY : Look, every toy goes through this! No one wants to see…

미스터 감자머리 :	그거보다는 불발에 훨씬 가까웠어.
우 디 :	하지만 우린 늘 그렇게 말했었잖아. 우리가 이러는 게 앤디가 우리와 놀아주기를 원해서가 아니라고 말이야. 우리가 원하는 건…
제 시 :	앤디 곁에 있어주자는 거지. 우리도 알아.
렉 스 :	다시 시도해보면 되는 거잖아, 그렇지?
우 디 :	내 말 잘 들어. 이제 그만하자. 앤디는 곧 대학에 가잖아. 그게 우리에겐 마지막 기회였어.
버 즈 :	자 지금부터는 다락방모드로 들어간다. 항상 필요한 부품들 잘 챙기도록. 예비부품들, 배터리까지. 질서 있게 이동해야 하니 필요한 건 빠짐없이 챙겨.

감자머리가 화가 나서 앞으로 나서며 말한다. 화난 상태로.

미스터 감자머리 :	질서 있게? 지금 상황이 어떻게 돌아가는지 모르겠어? 우린 끝났다고. 끝났어! 좋은 시절 다 갔다고!
우 디 :	잠깐, 잠깐만, 자, 자, 얘들아. 우리 모두 이런 날이 올 줄 알았던 거잖아.
햄 :	그렇긴 하지만 지금 그 순간이 닥친 거잖아!
우 디 :	이봐, 모든 장난감들이 이런 과정을 겪게 되는 거야. 아무도 보고 싶어하지 않는…

□ **misfire**
불발

□ **close up shop**
하던 일을 그만하다, 폐점하다

□ **last shot**
마지막 시도

□ **at all times**
항상, 언제나

□ **orderly**
정돈된, 질서 있는

□ **transition**
이행, 이전

□ **get it**
이해하다

□ **go through**
겪다, 경험하다

Zoom In

▪ We're over the hill.

"우리는 이미 언덕을 넘어갔다"가 직역이다. 언덕의 정상에 머문다는 건 그야말로 '정상'이요 '전성기'를 의미한다. 그러다가 언덕을 넘어서 내려가게 되면 '내리막길'을 걷는 것이므로 '우리의 시대는 이미 끝난 것'이다.

▪ We all knew this was coming!

우리 모두 이렇게 될 줄 알았다는 뜻이다. '이렇게 될 줄'은 분명 '미래'의 의미인데 **was**가 쓰였다. 이 문장을 이끄는 동사 **knew**가 과거시제라서 그 영향을 받은 것이다. 이름하여 '시제의 일치'이다.

BUZZ :	Hey! Sarge! What are you doing?
SARGE :	War's over, folks. Me and the boys are moving on.
WOODY :	Moving on?
BUZZ :	You're going AWOL?
SARGE :	We done our duty. Andy's grown up.
SOLDIER ONE :	And let's face it! When the trash bags come out, we Army guys are the first to go.
BUZZ :	Trash bags?
WOODY :	Who said anything about trash bags?
SARGE :	It has been an honor serving with you. Good luck, folks.
SOLDIER TWO :	You're gonna need it.
WOODY :	No, no. Wait! Wait! Wait!
REX :	We're getting thrown away?
WOODY :	No! No one's getting thrown away!
MR. POTATO HEAD :	How do you know?
JESSIE :	We're being abandoned.
BUZZ :	We'll be fine, Jessie!
HAMM :	So why did Sarge leave?

버 즈 :	이봐! 사지! 지금 뭐하는 거야?
사 지 :	전쟁은 끝났어. 나와 내 병사들은 철수한다.
우 디 :	철수한다고?
버 즈 :	지금 무단이탈하겠다는 거야?
사 지 :	우리는 임무를 다했어. 앤디는 어른이 되었고.
병사 1 :	현실을 직시합시다. 쓰레기봉투가 오면, 우리 군인들이 제일 먼저 버려지는 겁니다.
버 즈 :	쓰레기봉투라고?
우 디 :	누가 쓰레기봉투 얘기를 했던 거야?
사 지 :	그동안 함께 일했던 것 영광이었어. 여러분, 행운을 빈다.
병사 2 :	분명히 행운이 따라야 할 겁니다.
우 디 :	아니, 아니. 잠깐! 잠깐만! 기다려봐!
렉 스 :	우리가 버려지는 거야?
우 디 :	아니야! 아무도 버려지지 않아.
미스터 감자머리 :	그걸 어떻게 알아?
제 시 :	우린 버려질 거야.
버 즈 :	제시, 아무 일 없을 거야.
햄 :	그러면 왜 사지가 떠난 거야?

□ **be over**
끝나다

□ **move on**
철수하다, 새로운 과제로 옮기다

□ **go AWOL**
(absent without leave)
무단이탈하다

□ **duty**
임무, 의무

□ **grow up**
성장하다

□ **honor**
영광

□ **get thrown away**
버려지다

□ **abandon**
버리다

Zoom In

▪ Let's face it!

동사 face는 '힘든 일을 피하지 않고 부딪혀 나간다'는 뜻을 갖는다. 그러다 보면 안 되는 건 인정하게 된다. 그래서 Let's face it 은 "우리 힘들어도 인정할 건 인정하자"의 의미로 사용된다.

▪ You're gonna need it.

be going to를 구어체에서는 be gonna라고 흔히 말하고 표기한다. 진작에 결심했거나 예정되었던 일을 말할 때 사용한다. 그래서 '확실한 미래'에 사용된다. 본문은 "너희들은 분명 그게(행운) 필요할 거야." 정도의 뜻이다.

MR. POTATO HEAD :	Should we leave?
SLINKY :	I thought we were going to the attic!
REX :	Oh, I hate all this uncertainty!
WOODY :	Whoa, whoa! Hold on! Now wait a minute! Quiet! (a tinge of anger) No one's getting thrown out, okay? We're all still here! I mean, yeah, we've lost friends along the way. Wheezy and Etch and…
REX :	Bo Peep?
WOODY :	Yeah, even, even Bo. All good toys who've gone on to new owners. But through every yard sale, every spring cleaning, Andy held on to us. He must care about us or we wouldn't be here. You wait. Andy's gonna tuck us in the attic. It'll be safe and warm.
BUZZ :	And we'll all be together.
WOODY :	Exactly. There's games up there, and books. And, and…
BUZZ :	The race-car track!
WOODY :	The race-car track. Thank you!
SLINKY :	And the old TV.

미스터 감자머리 : 우리도 떠나야 돼?

슬링키 : 우린 다락으로 가는 건 줄 알았는데!

렉 스 : 난 이런 불확실한 상황이 너무 싫어!

우 디 : 잠깐, 잠깐! 잠깐만 좀! 잠깐 기다려 봐. 조용해! (화 난 톤으로) 아무도 버려지지 않아, 알았어? 우린 모 두 아직 이 자리에 있잖아! 그러니까, 그래, 그동안 지내오면서 사라진 친구들도 있지. 위지와 에치, 그 리고…

렉 스 : 보피프?

우 디 : 맞아, 심지어, 심지어 보마저도. 훌륭한 장난감들인 데 새 주인을 찾아간 친구들도 있어. 하지만 여러 번 의 야드 세일과 봄맞이 대청소를 거치면서도 앤디는 우리를 버리지 않았잖아. 앤디는 우리를 정말 아끼 는 게 틀림없어. 아니면 우리가 지금 여기에 이렇게 남아 있겠어? 기다려봐. 앤디는 우리를 다락에 잘 넣어둘 거야. 안전하고 따뜻할 텐데 뭘.

버 즈 : 그리고 우리 모두 함께 있잖아.

우 디 : 당연하지. 다락에는 여러 가지 게임도 있고 책도 있 고. 게다가, 게다가…

버 즈 : 경주용자동차 트랙도 있잖아!

우 디 : 경주용자동차 트랙. 고마워.

슬링키 : 그리고 옛날 TV도 있어.

□ **uncertainty**
불확실성

□ **hold on**
멈추다, 기다리다

□ **yard sale**
야드 세일, 마당 세일

□ **spring cleaning**
봄맞이 대청소

□ **hold on to**
~을 놓지 않다, ~을 고수하다

□ **care about**
~을 신경 쓰다, 관심을 갖다

□ **tuck**
밀어 넣다

Zoom In

▪ He must care about us.

must가 나오면 반사적으로 '~을 해야만 하다'로 해석하려는 버릇을 없애야 한다. must가 갖는 또 하나의 중요한 의미는 강 한 추측, 즉 '~임에 틀림이 없다'이다. 본문 도 그 강한 추측으로 해석해야 한다.

▪ We wouldn't be here.

가정법 문장이다. If가 있어야만 가정법이 라고 생각해서는 안 된다. 가정법의 핵심은 조동사 would이다. 해석은 '~이었을 것이 다'가 된다. 결국 본문은 "우리는 이 자리에 없었을 것이다"로 이해한다.

WOODY :	There you go, the old TV! And those guys from the Christmas decorations box! They're fun, right? And someday, if we're lucky, Andy may have kids of his own…
REX :	And he'll play with us then, right?
WOODY :	We'll always be there for him.
BUZZ :	Come on, guys. <u>Let's</u> get our parts together, get ready, and <u>go out on a high note</u>.

The toys sigh, somewhat mollified, and begin to disperse.

MRS. POTATO HEAD :	I'd better find my other eye.
MR. POTATO HEAD :	Where'd you leave it this time?
MRS. POTATO HEAD :	Someplace dark. And dusty.
HAMM :	Come on. Let's see how much we're going for on eBay.
WOODY :	Don't worry. Andy's gonna take care of us. I guarantee it.
BUZZ :	You guarantee it, huh?
WOODY :	I don't know, Buzz. What else could I say?
BUZZ :	Well, whatever happens, at least we'll all be together.
WOODY :	For infinity and beyond.

There are FOOTSTEPS on the stairs. Woody and Buzz turn.

우 디 : 맞아, 옛날 TV도 있지! 그리고 크리스마스 장식 상자에 있던 애들도 있잖아. 걔들 얼마나 재미있니, 그렇지? 그리고 언젠가, 우리가 운이 좋다면, 앤디가 자기 아이를 갖게 될지도 모르잖아.

렉 스 : 그러면 그때 앤디가 우리와 함께 놀아줄 수도 있겠다, 그렇지?

우 디 : 우리가 항상 앤디 곁에 있어주는 거야.

버 즈 : 자, 자, 얘들아. 우리 부품들 모으자. 준비해. 그리고 우리 멋지게 마무리 짓는 거야.

장난감들은 한숨을 쉰다. 감정은 좀 진정된 듯하고, 그리고 흩어지기 시작한다.

감자머리 여사 : 다른 쪽 눈을 찾아야겠어.

미스터 감자머리 : 이번엔 어디에 뒀는데?

감자머리 여사 : 어딘가 어두운 곳에. 그리고 먼지투성이인 곳에 있어.

햄 : 야. 우리가 이베이에서는 얼마에 팔리는지 확인해보자.

우 디 : 걱정 마. 앤디가 우리를 돌봐줄 거니까. 내가 보장해.

버 즈 : 네가 보장한다고?

우 디 : 모르겠어, 버즈. 달리 내가 할 말이 없잖아.

버 즈 : 무슨 일이 생기든, 적어도 우린 모두 함께 있잖아.

우 디 : 무한의 세계와 그 이상까지!

계단에서 발자국 소리가 난다. 우디와 버즈는 뒤돌아 본다.

go out on a high note
폼 나게 마무리 짓다

mollified
화가 누그러진, 진정된

disperse
흩어지다, 해산하다

dusty
먼지투성이인

go for
~의 값어치가 있다

eBay
미국의 인터넷 경매 사이트

take care of
돌보다, 신경 쓰다

28 We see Sarge and two soldiers slip into the room.

우리는 사지와 다른 두 병사가 방안으로 들어오는 모습을 본다.

동사 see에 주목하자. 두 눈으로 똑바로 본다. 하지만 그 보는 정도와 과정에 따라서 뒤에 이어지는 목적보어의 형태가 달라진다. 목적어의 행동이나 움직임을 처음부터 끝까지 다 본다면 목적보어로는 동사원형이 온다. 그 행동이나 움직임 전체가 오해의 여지없이 내 마음 속에 하나의 커다란 진실로 자리하기 때문에 동사원형, 즉 현재시제를 써주는 것이다. 현재시제란 바로 그런 것이다. 진실 그 자체. 하지만 목적어의 어떤 행동이나 움직임 전체가 아닌 일부분만을 보고 지나쳤을 때는 그 진행상태만을 본 것이기 때문에 당연히 목적보어의 형태는 진행형이 된다. 이것을 현재분사형이라고 말해도 좋다.

30 flip open/yank it loose 휙 젖혀서 열다/그것을 홱 잡아당겨서 빼다

동사 flip과 yank의 의미가 어떠한가? 거센 동작이다. 휙 젖히고(flip) 홱 잡아당긴다(yank). 그리고 뒤이어서 눈 앞에는 그 결과물이 순식간에 나타난다. 열려있고(open), 느슨하게 풀려있다(loose). 그 결과물 탄생의 긴박감을 막을 자가 없다. 그런 감정과 느낌을 배제한 상태에서 이 구문을 쓴다면 flip to be open/yank it to be loose가 될 것이다. 그리고 나서 to 부정사를 결과적 용법이라 설명할 것이다. 하지만 to를 쓰게 되면 '미래'의 느낌이 강하다. flip과 yank처럼 그 결과가 미래라 할 것 없이 곧바로 '현재'로 내 눈앞에 전개될 때는 open과 loose의 의미가 더욱 중요하기 때문에 to be의 내용적, 또는 기능적 능력은 완전 상실되는 것이다. flip open과 yank it loose의 탄생배경이다.

36 We ain't ever getting played with. / We're getting thrown away? / We're being abandoned.

우린 놀아주는 사람이 없게 돼. / 우린 버려지는 거야? / 우린 버려지는 거야.

1) 모두 다 현재진행 수동태의 형태를 띄고 있다. 현재진행이 쓰였지만 의미는 미래이다. 이미 정해진 미래의 계획이나 사실을 말할 때 현재진행을 쓴다. 본문에서는 우리는 놀아줄 사람도 없을 거고 결국 버려지게 되는 게 우리의 운명이라고 말하고 있다.

2) 수동태 자체는 '당하다'의 느낌을 갖지 않는다. 그저 '주어가 놓인 상태'를 말할 때 수동태를 쓰는 것이다.

3) ain't는 is not, am not, are not, have not, has not 등의 줄임 말이다.

34 I'm calling it, guys. We're closing up shop.

얘들아, 내 말 잘 들어: 우리 이제 그만하는 거야.

1) I'm calling it.은 "지금 이 상황을 내가 냉정하게 말할게"의 느낌이다.

2) We're closing up shop.은 "우린 가게를 완전히 닫는 거야" 즉, "우리의 계획과 하던 일을 완전히 정리하고 끝내는 거야"의 의미이다.

40 Let's go out on a high note.   우리 멋지게 퇴장하는 거야.

1) go out은 '밖으로 나가다'이지만 '퇴장하다', '마무리 짓다' 등으로 이해할 수 있다.

2) on a high note는 '고음인 상태에서'이다. 가수들이 노래 부를 때 가장 멋지게 보이고 가장 많은 박수를 받는 부분은 어디일까? 아마도 고음을 멋지게 뽑는 부분일 것이다. 그래서 on a high note는 '멋진', '성공적인', '화려한' 등의 의미를 갖게 된다. go out on a high note라고 하면 '멋지게 퇴장하다'로 이해하면 정확하다.

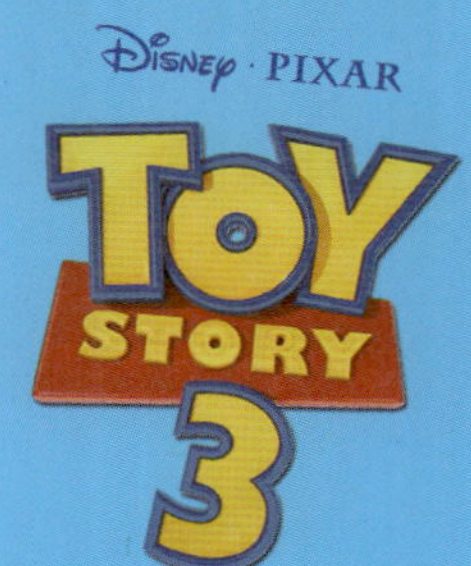

Packing for College, and a Mistaken Bag
대학 짐과 오해

학교에 가져갈 짐, 다락방에 올려놓을 짐, 버릴 쓰레기 등을 분류하라는 엄마의 말을 따라 앤디는 우디를 제외한 다른 장난감들을 비닐 봉지에 넣어 다락방에 올려 놓으려 한다. 그 순간 예기치 않던 일이 일어나며 장난감들은 쓰레기로 오인당하여 길거리에 버려진다.

INT. ANDY'S ROOM

MOLLY : Can I have your stereo?

ANDY : No!

MOLLY : Why not?

ANDY : 'Cause I'm taking it with me!

Gasping, the toys scramble back into place again. Andy enters the room with Molly following close behind.

MOLLY : Can I have your computer?

ANDY : No!

MOLLY : Your video games?

ANDY : Forget it, Molly!

MOM : Okay. Andy, let's get to work here. Anything you're not taking to college either goes in the attic, or it's trash.

ANDY : Mom, I'm not leaving till Friday.

MOM : Come on. It's garbage day.

ANDY : Mom!

MOM : Look, it's simple: Skateboard? College. Little league trophy? Probably attic. Apple core? Trash. You can do the rest.

내부. 앤디의 방

몰 리 :	내가 오빠 전축 가져도 돼?
앤 디 :	안돼!
몰 리 :	왜?
앤 디 :	내가 가져갈 거니까!

놀라서 헉 소리를 내며 장난감들은 허둥지둥 다시 자기 자리로 돌아간다. 앤디가 방으로 들어오고 몰리는 앤디 뒤에 바짝 붙어서 따라 들어온다.

몰 리 :	오빠 컴퓨터는 내가 가져도 돼?
앤 디 :	안돼!
몰 리 :	비디오게임들은?
앤 디 :	꿈도 꾸지 마, 몰리야!
엄 마 :	자, 앤디야. 여기부터 시작하자. 대학에 가져가지 않을 물건들은 다락에 두던지 쓰레기로 버리는 거다.
앤 디 :	엄마, 저 금요일이나 되야 떠나잖아요.
엄 마 :	얘야, 오늘이 쓰레기 수거 일이야.
앤 디 :	엄마!
엄 마 :	자, 간단해. 스케이트보드는 학교로, 어린이 야구리그 트로피는 다락방일걸. 사과 속은, 쓰레기. 나머지는 네가 하렴.

□ **stereo**
전축

□ **gasp**
숨이 턱 막히다, 헉 소리 내다

□ **scramble**
재빨리[허둥지둥] 움직이다

□ **close behind**
뒤에서 가까이

□ **get to work**
일에 착수하다

□ **garbage day**
쓰레기 버리는 날

□ **do the rest**
나머지를 하다

Zoom In

▪ Forget it!

직역하면 "그것을 잊어라!"가 되지만 실제로는 "그건 꿈도 꾸지마", "됐어, 없었던 걸로 해", "아무 것도 아니야, 신경 쓰지마", "아니야, 못 들은 걸로 해" 등의 뜻으로 상황에 따라 적절하게 해석된다.

▪ I'm not leaving till Friday.

직역하면 "나는 금요일까지는 떠나지 않을 것이다"이다. 결국 금요일이나 되야 떠난다는 뜻이므로 정확히 이해하자면 "금요일에 떠나잖아요"가 된다. 진행형으로 미래의 의미를 전할 때는 '이미 정해진 사실'을 말할 때이다.

MOLLY :   Why do you still have these toys?

ANDY :   Molly, out of my room!

MOLLY :   Three more days and it's mine!

MOM :   Molly, you're not off the hook either. You have more toys than you know what to do with. Some of them could make other kids really happy.

MOLLY :   What kids?

MOM :   The children at the daycare. They're always asking for donations.

The toys react to this information. Rex whispers.

REX :   What's "daycare?"

WOODY :   Shhh…!!!

Mom writes Sunnyside on the side of the box. Molly pouts.

MOLLY :   But, mom.

MOM :   No buts. You choose the toys you want to donate. I'll drop them off at Sunnyside.

Mom leaves. Molly sighs. She picks up an old Barbie.
Molly tosses Barbie into the box, then immediately buries her face in a "Teen" magazine.
IN THE TOY CHEST
Across the hall, the toys have been watching.

몰 리 :	오빠는 왜 아직도 이 장난감들을 가지고 있는 거야?
앤 디 :	몰리야, 어서 방에서 나가!
몰 리 :	3일 후면 이건 내 방인데!
엄 마 :	몰리야, 남의 말 할 때가 아니야. 너도 필요 이상으로 장난감이 너무 많잖아. 그런 장난감들을 다른 아이들한테 주면 정말 좋아할 텐데.
몰 리 :	어떤 아이들?
엄 마 :	탁아소에 있는 아이들 말이야. 탁아소에서는 항상 기증품을 원하고 있거든.

장난감들은 이 이야기에 반응을 보인다. 렉스가 속삭인다.

| 렉 스 : | 탁아소가 뭐야? |
| 우 디 : | 쉬…!!! |

엄마는 상자 옆에 이름을 적는다. 몰리는 입을 삐죽 내민다.

| 몰 리 : | 하지만, 엄마. |
| 엄 마 : | '하지만'이란 소리 마. 기증하고 싶은 장난감들을 선택하도록 해. 엄마가 Sunnyside에 가져다 줄 거야. |

엄마는 방을 나선다. 몰리는 한숨을 쉰다. 몰리는 오래전부터 갖고 있던 바비를 집어 든다. 몰리는 바비를 상자 속에 던져 넣는다. 그리고는 잡지 'Teen'을 읽기 시작한다.
장난감 상자 안
마루 건너편에서 장난감들은 이 장면을 지켜보고 있다.

□ **out of my room**
내 방에서 나가다

□ **off the hook**
곤경을 면하다

□ **daycare**
탁아소

□ **donation**
기증, 기부

□ **pout**
뿌루퉁하다

□ **donate**
기증하다, 기부하다

□ **drop (A) off at**
A를 ～에 가져다 주다

Zoom In

▪ I'll drop them off at Sunnyside.

직역하면 "그것들을 서니사이드에 떨어뜨릴 것이다"이다. 의도적으로 떨어뜨려 준다는 것은 '뭔가를 가져다 준다' 즉, '배달해주다'의 느낌이며 '어딘가를 가는 도중에 겸사겸사 물건을 가져다 주다'의 의미이다.

▪ bury her face in a magazine

직역하면 '얼굴을 잡지에 묻다'이다. 본문에서는 '실망스러운 마음에 잡지를 들고 고개를 떨구다'의 느낌으로 쓰이고 있다. "내 차가 저 뒤쪽에 파묻혀있네"는 **My car is buried there.**라고 표현한다.

JESSIE :   Poor Barbie.

HAMM :   I get the Corvette.

INT. ANDY'S ROOM
Mom walks back into Andy's room and finds Andy still on his laptop.

MOM :   Andy, come on. You need to start making decisions.

ANDY :   Like what?

MOM :   Like, what are you gonna do with these toys? Should we donate them to Sunnyside?

ANDY :   No.

MOM :   Maybe sell them online?

ANDY :   Mom, no one's gonna want those old toys. They're junk.

MOM :   Fine. You have till Friday. Anything that's not packed for college or in the attic is getting thrown out.

ANDY :   Whatever you say, Mom.

Andy sighs, closes his laptop. He rolls his desk chair over to the Wagon Wheel toy chest and opens the lid. Andy makes a decision. Abruptly, he grabs a trash bag and snaps it open. He picks up the toys—Rex, Potato Head, Hamm—pulling Hamm's cork and emptying the change onto the floor before dumping him, along with rest of the Toys, into the trash bag. He sets down the bag, picks up Buzz and Woody, and looks between the two of them, contemplating his favorite toys. Andy turns, tosses Woody into the College box. Andy drops Buzz into the garbage bag. Buzz is stunned and hurt to the core.
Andy cinches the bag closed and carries it from the room. Behind him, Woody pops up from the College Box, shocked.

제 시 :　　　불쌍한 바비.

햄 :　　　콜벳은 이제 내 거야.

내부. 앤디의 방

엄마는 다시 앤디의 방으로 가서 앤디가 아직도 컴퓨터를 하고 있는 모습을 본다.

엄 마 :　　　앤디야, 어서. 결정해야지.

앤 디 :　　　무슨 결정을요?

엄 마 :　　　예를 들어, 이 장난감들을 어떻게 할 건데? Sunnyside에 기증할까?

앤 디 :　　　아니에요.

엄 마 :　　　인터넷에서 팔려고?

앤 디 :　　　엄마, 저런 오래된 장난감은 아무도 안 사요. 그냥 쓰레기잖아요.

엄 마 :　　　좋아. 금요일까지만 가지고 있어라. 학교에 안 가지고 갈 짐이나 다락에 두지 않은 물건은 다 버릴 거야.

앤 디 :　　　그렇게 할게요, 엄마.

앤디는 한숨을 쉬면서 컴퓨터를 닫는다. 앤디는 책상의자를 굴려서 수레바퀴 장난감 상자로 다가가서 뚜껑을 연다. 앤디는 결심한다. 갑자기, 쓰레기봉투를 집어서 세게 흔들어 벌린다. 앤디는 장난감들을 집는다—렉스, 감자 머리, 햄—햄의 마개를 잡아 당겨서 속에 든 잔돈을 바닥에 비우고는 햄을 다른 장난감들과 함께 쓰레기 봉투에 넣는다. 앤디는 쓰레기가방을 내려놓고 버즈와 우디를 두 손에 집어 올려 둘 사이를 번갈아 보며 자기가 좋아하는 이 두 인형들을 어떻게 할까 생각에 잠긴다. 앤디는 고개를 돌려 우디를 대학상자에 던져 넣는다. 앤디는 버즈를 쓰레기봉투에 넣는다. 버즈는 놀라며 깊이 상심한다. 앤디는 봉투를 동여매고 방에서 들고 나간다. 앤디의 뒤에서는 우디가 대학상자에서 놀라며 갑자기 몸을 일으킨다.

□ **on his laptop**
노트북 컴퓨터를 하고 있는

□ **make decisions**
결정하다

□ **junk**
쓰레기

□ **abruptly**
갑자기

□ **change**
동전, 잔돈

□ **set down**
내려놓다

□ **stunned**
망연자실한

□ **hurt to the core**
완전히 상처를 받다

Zoom In

■ Like what?

직역하면 "무엇과 같은데?"이다. 이것을 "예를 들어서?"로 이해한다. 대화 도중에 사용하는 맞장구표현으로 대단히 필요한 표현이며 활용빈도가 대단히 높다. 우리에게 좀 더 익숙한 표현은 **For example?**이다.

■ cinch the bag closed

동사 **cinch**의 느낌을 잘 살려서 이해해야 한다. 벨트나 끈으로 단단히 동여맨다는 뜻이다. 그 결과, 봉투가 완전히 닫혔다는 느낌을 강조하기 위해서 뒤에 **closed**를 추가했다. '닫힌', '폐쇄된' 등의 느낌이다.

REX :	What's happening?
MR. POTATO HEAD :	We're getting thrown out, you idiot. That's what's happening.

Woody jumps out of the box and runs across the room, hiding behind the door frame. Andy walks out onto the hall landing, stops, reaches up, and pulls open a trapdoor ladder that leads to the attic. Woody watches, relieved.
Andy, holding the bag of toys, begins climbing up to the attic.
Molly enters the landing with her donation box. The box is overloaded and Molly struggles to hold it together.

ANDY :	You need a hand?
MOLLY :	I got it.

Andy steps down, leaves the bag at the foot of the ladder. He helps Molly carry her box down the stairs.

ANDY :	Here. So, you gonna miss me when I'm gone?
MOLLY :	If I say 'no', do I still get your room?
ANDY :	Nope.
MOLLY :	Then, yes, I'll miss you.

IN THE BAG

JESSIE :	I can't breathe!
REX :	This can't be happening!
BUZZ :	Quiet! What's that sound?

They all shut up and listen intently. There is a faint creaking.

렉 스 :	뭐가 어떻게 되는 거야?
미스터 감자머리 :	지금 버려지는 거잖아, 바보야. 지금 그게 우리의 현실이야.

우디는 상자에서 뛰어내려 방을 가로질러 달리다가 문틈 뒤에 숨는다. 앤디는 복도 층계참으로 걸어가다가 멈춘 후 위로 손을 뻗어 천장에 있는 다락으로 연결된 문 사다리를 당겨 내린다. 우디는 이 모습을 보고 있다가 안도한다. 앤디는 장난감 가방을 든 상태로 다락으로 올라가기 시작한다.
몰리가 기증상자를 들고 층계참으로 나온다. 상자에는 장난감이 너무 많이 들어 있어서 몰리는 떨어뜨리지 않으려고 애를 쓴다.

앤 디 :	도와줄까?
몰 리 :	됐어.

앤디는 계단에서 내려와 봉투를 사다리 아래에 내려 놓는다. 앤디는 몰리를 도와서 기증상자를 아래층까지 내려다 준다.

앤 디 :	자. 그래, 오빠가 떠나면 보고 싶을 것 같니?
몰 리 :	아니라고 해도 내가 오빠 방 쓸 수 있는 거야?
앤 디 :	그건 안되지.
몰 리 :	그럼, 그래, 오빠 보고 싶을 거야.

봉투 안

제 시 :	숨을 못 쉬겠어!
렉 스 :	어떻게 이런 일이 있을 수 있어!
버 즈 :	조용해! 저게 무슨 소리야?

모두 입을 다물고 골똘히 밖에서 들리는 소리를 듣는다. 삐걱거리는 소리가 들린다.

□ **idiot**
바보, 멍청이

□ **hall landing**
복도 층계참

□ **lead to**
~로 연결되다

□ **relieved**
안도하는

□ **struggle**
애쓰다

□ **breathe**
숨을 쉬다

□ **intently**
골똘히

Zoom In

■ You need a hand?

직역하면 "손이 필요해?"이다. '손'은 '도움'을 뜻한다. 그래서 "도와줄까?"로 이해한다. 평서문을 써서 의문문을 만들 때는 어느 정도 확신한 상태에서 묻는 것이다. 결국, 도와주겠다는 의도로 You need a hand?를 쓰는 것이다.

■ I got it.

직역하면 "내가 그것을 가졌다"인데 그 뜻은 "내가 그 상황을 완전히 통제했다"이다. 다시 말하면 "전혀 문제 없다", "완전히 해결했다", "완전히 이해했다" 등의 뜻을 전한다. 본문에서는 "됐어"로 간단히 이해한다.

ON THE LANDING
The attic ladder—spring loaded—begins to retract, pushing the toy-filled trash bag out of the way. The ladder pushes free and rises up to the ceiling, fully retracting. Woody gasps and tiptoes into the hall towards the bag. Suddenly, Mom enters carrying a trash bag. Woody retreats. Mom trips slightly over the toy-filled bag, stops and looks down at it with annoyance.

MOM : Andy!

She looks around. No answer. Exasperated, Mom picks up the toy-filled bag and exits, carrying it downstairs. Woody—at the door—is electrified.

WOODY : That's not trash. That's not trash! Think, think, Woody. Think, think, think. Oooh! (whistles) Buster! Come here, boy! Come here! Okay, boy. To the curb! Hyah!!! No, Buster, no! Get up. Buster!

Woody rushes to the window, clambers up and gazes out.
Mom strides up the front walk and drops the trash bags at the curb next to a pile of garbage bags and a trash can. In the distance, rumbling up the street, is a garbage truck. Woody gasps.
IN THE BAG
Mounting panic.

JESSIE : We're on the curb!

MR. POTATO HEAD : I knew it would come to this!

BUZZ : Pull, everyone! Pull!

층계참에서
스프링이 달린 다락계단이 다시 위로 올라가기 시작하면서 장난감으로 가득 찬 봉투를 밀어낸다. 사다리는 스프링의 힘에 끌려 자유롭게 천장으로 올라가서 완전히 모습을 감춘다. 우디는 한숨을 쉬며 발끝으로 살금살금 복도로 걸어가 봉투 쪽으로 접근한다. 갑자기, 엄마가 쓰레기봉투를 들고 들어온다. 우디는 뒤로 물러선다. 엄마는 바닥에 놓인 장난감이 가득 담긴 봉투에 살짝 걸려서 넘어질 뻔하다가 멈추어 서서 봉투를 내려다보며 짜증 낸다.

엄 마 :	앤디야!

엄마는 둘러본다. 아무런 대답이 없다. 화난 상태로 엄마는 장난감이 가득 든 봉투를 들고 자리를 떠 계단 아래로 내려간다. 문에 있던 우디는 흥분해서 어찌할 줄 모른다.

우 디 :	그거 쓰레기 아니에요. 쓰레기 아니라고요. 생각을 해 봐, 생각을, 우디. 생각, 생각, 생각. 아! (휘파람을 분다) 버스터! 이리 와봐. 이리로! 좋았어. 밖으로 가자! 이랴! 안돼, 버스터! 안돼! 일어나. 버스터!

우디는 창문으로 서둘러 달려가서 기어오르고는 밖을 내다본다.
엄마는 성큼성큼 길 앞으로 걸어가서 쓰레기봉투들을 보도 위 연석(緣石)에 내려 놓는다. 그 옆에는 쓰레기 봉투더미와 빈 깡통들이 있다. 저 멀리 길 위에 소음을 내며, 쓰레기차가 서있다. 우디는 숨이 막힌다.
가방 속
공포심이 쌓인다.

제 시 :	지금 인도 위야!
미스터감자머리 :	내가 이렇게 될 줄 알았다니까!
버 즈 :	당겨, 애들아! 봉투를 잡아 당기라고!

□ **retract**
들어가다, 취소하다

□ **tiptoe**
발끝으로 살금살금 걷다

□ **slightly**
약간

□ **exasperated**
몹시 화가 난

□ **electrify**
기절하게 하다, 흥분시키다

□ **curb**
보도, 인도, 연석

□ **gaze out**
밖을 정신 없이 바라보다

□ **stride**
성큼성큼 걷다

□ **rumble**
소음을 내다, 덜거덕 거리다[거리며 가다]

Zoom In

▪ look down at it with annoyance

'짜증난 상태에서 그것을 내려다보다'이다. down을 씀으로써 '시선의 방향'을 제대로 잡고 있다. '뭔가를 올려다 보다'는 look up at something을 쓴다.

▪ I knew it would come to this!

직역하면 "그것이 이것에 올 것을 알고 있었다"이다. come to this는 '결과가 이렇게 되다'로 이해하며 knew의 영향으로 will이 would로 바뀌었고 it은 '상황'이다. 결국, "상황이 이렇게 될 줄 진작에 알았어"이다.

EXT. ANDY'S HOUSE
IN THE BAG
Rex pulls with all his might but the bag is too strong.

REX :　　　　　　　　It won't rip!

HAMM :　　　　　　　Forget it! It's triple-ply, high-density polyethylene!

BUZZ :　　　　　　　There's gotta be a way out.

MR. POTATO HEAD :　Oh, Andy doesn't want us! What's the point?

BUZZ :　　　　　　　(thinking) Point. Point. Point!

Buzz looks down at Rex's pointy tail.
OUTSIDE THE BAG
The truck rumbles closer, two driveways away.
INSIDE THE BAG
All the toys follow Buzz's lead, pushing and shoving Rex backwards into the garbage bag.

BUZZ :　　　　　　　Push! Push!

REX :　　　　　　　　I can hear the garbage truck! It's getting closer.

IN THE YARD
Woody races out, dives behind the mail box post and hides as the garbage man empties a garbage can into the truck.
The garbage man grabs all the garbage bags and tosses them into the back of the truck. As the truck rumbles off, Woody ducks out from behind the mail box and runs after it.
The truck pulls over at the next house. Woody dives behind a fire hydrant.
The garbage man hops off the truck, yanking a lever.
The truck's compactor lowers, scoops up the trash bags.
From behind the hydrant, Woody watches in horror.
The compactor retracts, crunching the bags remorselessly.

외부. 앤디의 방

버즈는 온 힘을 다해서 봉투를 잡아 당긴다. 그러나 봉투는 너무 튼튼하다.

렉 스 : 찢어지지 않아.

햄 : 포기해! 이건 세 겹으로 된 고밀도 폴리에틸렌이야!

버 즈 : 빠져나갈 방법이 있을 거야.

미스터감자머리 : 앤디가 우릴 원하지 않잖아. 도대체 이래야 하는 포인트 (이유)가 뭔데?

버 즈 : (생각하다가) 포인트라고? 그래 뾰족한 거, 뾰족한 거!

버즈는 렉스의 뾰족한 꼬리를 내려다 본다.
봉투 밖
트럭이 소리를 내며 두 집 앞까지 가까이 다가온다.
봉투 안
모든 장난감들이 버즈의 지휘에 따르고 있다. 렉스의 꼬리를 쓰레기봉투에 밀고 당긴다.

버 즈 : 밀어! 밀어!

렉 스 : 쓰레기차 소리가 들려! 점점 다가오고 있어.

마당

우디는 달려나가서 우체통 뒤에 몸을 날려 숨기고 청소부는 쓰레기통을 트럭에 비운다. 그는 쓰레기봉투를 모두 집어서 트럭 뒤에 던져 넣는다. 트럭이 소리를 내며 자리를 옮기자 우디는 우체통 뒤에서 빠져 나와 트럭 뒤를 따른다. 트럭은 다음 집에서 멈춘다. 우디는 소화전 뒤에 몸을 던진다.
청소부는 트럭에서 내려 지렛대를 잡아당긴다. 트럭의 분쇄압축기가 내려오면서 쓰레기봉투들을 들어올린다.
소화전 뒤에서 우디가 공포에 질려 보고 있다. 분쇄압축기는 제자리로 다시 올라가면서 쓰레기봉투들을 무참히 부순다.

□ **might**
  힘

□ **a way out**
  빠져나갈 방법

□ **shove**
  거칠게 밀다

□ **dive**
  급히 움직이다

□ **duck out from**
  ~에서 재빨리 움직여 나오다

□ **pull over**
  길 한쪽으로 차를 대다

□ **fire hydrant**
  소화전

□ **hop off**
  깡충 뛰어 내리다

□ **crunch**
  으스러뜨리다

Zoom In

■ What's the point?

명사 point에 '핵심'의 뜻이 있어서 "네가 하는 말의 핵심이 뭐야?"로 이해한다. **What are you talking about?**과 비슷하다. 본문에서는 point가 갖는 또 다른 의미인 '뾰족한 것'에 초점이 맞추어져서 대화가 진행되고 있다.

■ two driveways away

driveway는 '내 집 앞에서 도로로 진입하기 까지 나있는 길'을 뜻한다. 결국 하나의 **driveway**가 상징하는 것은 '집 한 채'이다. 그러므로 **two driveways away**는 '두 집 떨어져 있는 상태'를 의미한다.

WOODY :	Buzz! Jessie!

His worst fears have come true—his friends are gone.
Woody turns. In Andy's driveway an upside-down recycling
bin moves on little feet into the garage.
Woody is relieved.

INT. GARAGE
The toys cast off the recycling bin. They're traumatized.

SLINKY :	Andy threw us out!
HAMM :	Like we were garbage.
MR. POTATO HEAD :	"Junk". He called us "junk"!
MRS. POTATO HEAD :	How could he?
BUZZ :	(to himself) This doesn't make any sense.
JESSIE :	I should have seen this coming. It's Emily all over again.
HAMM :	Sarge was right.
MR. POTATO HEAD :	Yeah! And Woody was wrong!
BUZZ :	Wait a minute. Wait, hold on. This is no time to be hysterical.
HAMM :	It's the perfect time to be hysterical!
REX :	Should we be hysterical?
SLINKY :	No!
MR. POTATO HEAD :	Yes!

우 디 :　　　　　버즈! 제시!

우디 최악의 두려움이 현실로 나타났다—친구들이 세상을 떠난 거다.
우디는 몸을 뒤로 돌린다. 앤디의 집 차도에서 뒤집어진 재활용 쓰레기통이 통 안의
작은 발들에 이끌려 차고로 들어가고 있다.
우디는—안도의 한숨을 쉰다.

내부. 차고 안
장난감들은 재활용 쓰레기통을 던져버린다. 모두들 정신적으로 충격을 받았다.

슬링키 :　　　　　앤디가 우리를 버렸어!

햄 :　　　　　　우리를 쓰레기 취급했어.

미스터감자머리 :　　쓰레기. 앤디가 우리를 쓰레기랬어.

감자머리여사 :　　　앤디가 어떻게 그럴 수가 있지?

버 즈 :　　　　　(혼잣말로) 이건 정말 말도 안돼.

제 시 :　　　　　이렇게 될 줄 진작에 알았어야 했는데. 에밀리 때와 하
　　　　　　　　　나도 다르지 않잖아.

햄 :　　　　　　사지의 말이 옳았어.

미스터감자머리 :　　맞아! 그리고 우디가 틀렸어!

버 즈 :　　　　　잠깐만. 잠깐, 잠깐 있어봐. 지금 이렇게 신경질 부릴
　　　　　　　　　때가 아니야.

햄 :　　　　　　신경질 부릴 때 완전히 맞거든!

렉 스 :　　　　　우리 지금 신경질 내야 되는 거야?

슬링키 :　　　　　아니야!

미스터감자머리 :　　맞아!

come true
현실로 드러나다

| be gone |
| 죽다 |

| recycling bin |
| 재활용품 용기 |

| relieved |
| 안도하는 |

| cast off |
| 던져버리다 |

| all over again |
| 완전히 다시 |

| hysterical |
| 대단히 화난. 속상한 |

ZOom In

▪ move on little feet

'작은 발로 움직이다'이다. 전치사 **on**의 역할이 중요하다. **stand on one's feet**은 '발로 서다' 즉, '일어서다'이고 **lie on one's back**은 '등으로 눕다' 즉, '드러눕다', **lie on one's stomach**는 '배로 눕다' 즉, '엎드리다'의 뜻이다.

▪ This doesn't make any sense.

"이것은 어떤 의미도 만들지 못한다"가 되어서 "이건 전혀 이치에 맞지 않는다, 말도 안 되는 소리다, 어떻게 이런 일이 있을 수 있어?" 등으로 이해한다. "그거 일리 있는 말이야"는 **It makes sense.**라고 한다.

BUZZ :   Maybe! But not right now!

JESSIE :   Yeeeeeeee-hawwwwww...!!! Fellas, I know what to do.

She turns. Everyone follows her gaze. In the open hatchback of Mom's car is Molly's box of toys, marked SUNNYSIDE.

EXT. ANDY'S YARD - DAY

Woody darts across the yard, sneaking towards the garage. He peeks out from behind a flowerpot.

WOODY :   What the heck?

INT. CAR / CARAGE

Buzz stands outside the Donation Box as the other Toys clamber in. Jessie helps the Aliens up into the box.

JESSIE :   We should've done this years ago.

BUZZ :   Jessie, wait. What about Woody?

JESSIE :   He's fine, Buzz! Andy's taking him to college! Now we need to go!

BUZZ :   You're right. Come on!

WOODY :   Buzz?

BUZZ :   Woody!

WOODY :   What's going on? Don't you know this box is being donated?

BUZZ :   It's under control, Woody. We have a plan.

REX :   We're going to daycare!

WOODY :   Daycare? What, have you all lost your marbles?

버 즈 : 그럴 수도 있어! 하지만 지금은 아니야!

제 시 : 예~~~하~~~!!! 얘들아! 이렇게 하면 딱 좋겠다.

제시는 몸을 돌린다. 모두들 제시의 시선을 따라간다. 엄마 자동차의 열려 있는 뒷문에 서니사이드라고 표기 된 몰리의 장난감 상자가 있다.

외부. 앤디의 마당 – 낮
우디는 마당을 쏜살같이 달려서 차고 쪽으로 몰래 다가간다. 우디는 화분 뒤에서 친구들의 모습을 몰래 훔쳐본다.

우 디 : 쟤들 도대체 뭐 하는 거야?

내부. 차/차고지
버즈는 다른 장난감들이 기증 상자에 올라가는 것을 보면서 서있다. 제시는 상자에 외계인들이 올라가도록 도와준다.

제 시 : 몇 년 전에 진작에 이랬어야 했어.

버 즈 : 제시, 잠깐만. 우디는 어쩌고?

제 시 : 버즈, 우디는 멀쩡한데 뭘. 앤디가 대학으로 데려갈 거잖아! 우린 지금 여길 벗어나야 돼.

버 즈 : 네 말이 맞아. 자, 어서 준비하자!

우 디 : 버즈, 너 도대체.

버 즈 : 우디!

우 디 : 이게 다 뭐야? 이 상자는 기부되는 거라는 거 몰라서 그래?

버 즈 : 이게 다 준비된 거야, 우디. 우리한테 계획이 있다고.

렉 스 : 우린 지금 탁아소로 가는 거야!

우 디 : 탁아소? 너희들 지금 다 미친 거야?

□ **fellas(= fellows)**
친구들

□ **gaze**
시선

□ **hatchback**
해치백(차체 뒤쪽에 위로 완전히 들어 올려 여는 문이 있는 자동차)

□ **dart across**
쏜살같이 움직여 ~을 가로지르다

□ **sneak**
살금살금 가다

□ **peek out**
밖을 훔쳐보다

□ **What the heck?**
이게 도대체! 젠장!

□ **under control**
준비된, 통제상태인

Z**oom** In

▪ What's going on?

활용도가 높은 표현이다. go on은 '진행되다'이다. 그래서 "지금 무슨 일이야?", "일이 어떻게 진행되고 있니?", "뭔데 이 난리야?" 등으로 이해할 수 있다. 가까운 사이에서는 "요즘 잘 지내?"의 뜻으로도 사용한다.

▪ Have you all lost your marbles?

직역하면 "너희들 다 마블을 어디에 둔 거야? 다 잃어버렸어?"이다. 마치 "전쟁터에 갈 사람이 총을 잃어버리면 어떻게 해. 너희들 미쳤어?"의 느낌과 같다. lose one's marbles가 '미쳐버리다'이다.

MRS. POTATO HEAD :	Well, didn't you see? Andy threw us away.
WOODY :	No, no, no, no. He was putting you in the attic.
MR. POTATO HEAD :	Attic? So how'd we end up on the curb?
WOODY :	That was a mistake! Andy's Mom thought you were trash!
HAMM :	Yeah. After he put us in a trash bag!
MRS. POTATO HEAD :	And called us "junk"!
WOODY :	Yeah, I know it looks bad. But, guys, you gotta believe me!
MR. POTATO HEAD :	Sure thing, "College boy"!
JESSIE :	Andy's moving on, Woody. It's time we did the same.
WOODY :	Okay, out of the box! Everyone, right now! Come on, Buzz. Give me a hand. We gotta get this thing outta here.
BUZZ :	Woody, wait. We need to figure out what's best for everyone.

Slam! The hatchback shuts.
Buzz and Woody turn. Through the window, they watch Andy's Mom walk around to the driver's seat and get in. Woody and Buzz crouch behind the box. Woody fumes.

WOODY :	Oh, great. Great! It's gonna take us forever to get back here.

감자머리 여사 :	몰라서 그래? 앤디가 우리를 버렸어.

우 디 : 아니야, 아니야, 그게 아니야. 앤디는 너희들을 다락에 보관하려던 참이었어.

미스터감자머리 : 다락? 그런데 우리가 어떻게 밖에 버려진 거야?

우 디 : 그건 착오였어! 앤디 엄마가 너희들을 쓰레기라고 생각한 거야.

햄 : 그래. 결국 앤디가 우리를 쓰레기봉투에 넣은 거였으니까.

감자머리 여사 : 그리고 우리를 쓰레기라고 불렀잖아!

우 디 : 그래, 나도 알아. 상황이 안 좋아 보인다는 거. 하지만, 얘들아, 내 말을 믿어야 돼!

감자머리 여사 : 그래, 믿어주지 뭐, 이 대학생 꼬마야!

제 시 : 우디, 앤디는 이제 새 출발 하잖아. 우리도 똑 같은 거야.

우 디 : 좋아, 다들 상자 밖으로 나와! 모두들, 당장! 잠깐만, 버즈. 나 좀 도와줘. 이 상자 차 밖으로 밀어내자고.

버 즈 : 우디, 잠깐만. 우리 생각 좀 해보자고. 모두에게 최선이 무엇인지 말이야.

쾅! 차 뒷문이 닫힌다.
버즈와 우디는 몸을 돌린다. 창문을 통해서 버즈와 우디는 앤디 엄마가 걸어서 운전석으로 다가가 차에 타는 모습을 지켜본다. 우디와 버즈는 상자 뒤에 쭈그리고 앉아 있다. 우디는 화가 나서 씩씩댄다.

우 디 : 아이구, 잘됐네, 아주 잘됐어! 다시 돌아오려면 시간 꽤나 걸리겠군.

□ **end up**
결국 ~하게 되다

□ **move on**
새 출발하다, 훌훌 털고 일어나다

□ **give someone a hand.**
누구를 도와주다

□ **figure out**
이해하다, 파악하다

□ **slam**
쾅, 쾅 닫다

□ **crouch**
쭈그리고 앉다

□ **fume**
화나가서 씩씩대다

 **48** **Let's get to work here.**   여기서부터 시작하자.

get to는 '~에 착수하다', '~을 시작하다', '~에 도착하다' 등의 뜻을 갖고 있으며 work은 '작업', '일' 등의 의미를 갖는 명사로 쓰이고 있다. 그래서 get to work은 '일에 착수하다', '일을 시작하다' 등의 뜻으로 이해한다. "지금 당장 착수하겠습니다"는 I'll get to it right away.라고 하며 "하던 일 계속합시다"는 Let's get back to work.로 표현한다.

 **50** **You're not off the hook either.**   지금 남의 말 할 때가 아니야.

You're not, either는 "너도 마찬가지로 아니다"의 뜻이다. not, either가 '역시 아니다'의 의미이기 때문이다. 여기에 '곤경에서 벗어난'의 의미인 off the hook가 추가되었다. 결국 You're not off the hook either.는 "너도 마찬가지로 곤경에서 벗어난 게 아니다"가 직역이며 "너도 지금 해야 할 일이 태산이야", "너도 지금 안심할 때가 아니야", "너 지금 남의 말 할 때가 아니야" 등으로 상황에 맞게 의역하게 된다. "나를 좀 이 상황에서 구해줘"는 Get me off the hook.라고 말한다.

 **52** **Buzz is stunned and hurt to the core.**

버즈는 망연자실하여 심하게 마음에 상처를 받았다.

1) stunned는 '놀라고 충격을 받아서 할 말을 잃은'의 뜻이다. We were stunned by this amazing story.는 "우리는 그 놀라운 이야기를 듣고 할 말을 잃었다"로 이해한다.

2) hurt는 '마음에 상처를 입은'의 뜻이고 to the core는 '뼛속까지'의 느낌이다. 결국 hurt to the core는 '완전히 상처를 받았다'로 이해하게 된다.

 **54** **This can't be happening.** 어떻게 이런 일이!

1) 조동사 can의 의미를 정확히 이해하고 있어야 한다. 본문에서는 '허락'과 '가능성'의 의미를 동시에 포함한다. '이런 일이 일어나게 가만히 놔둘 수 없다'와 '이런 일은 일어날 가능성 조차 없다'의 느낌을 동시에 포함하고 있는 것이다.

2) This can't happen.이라고 하면 "이런 일은 일어나지 않아. 그럴 수가 없어"로 미래적인 의미가 되기 때문에 본문에서처럼 현재 일어나고 있는 일을 기막혀하며 말할 때에는 진행형을 써서 This can't be happening.이라고 말하게 된다.

 **60** **I should have seen this coming.** 이렇게 될 줄 진작에 알았어야 했어.

1) 'should have + 과거분사' 형태는 '과거사실에 대한 후회와 원망'을 전한다. I should have remembered that.은 "그 사실을 기억하고 있었어야 했어"로 해석한다.

2) saw this coming은 '이런 일이 생길지 미리 알았다'는 느낌이다. 말 그대로 '이것이 다가오는 것을 보았다'이기 때문에 그런 해석이 가능하다. 결국 I should have seen this coming.이라고 하면 "이런 일이 결국 생기게 될지 미리 알았어야 했는데"로 이해하게 된다.

 **64** **It's gonna take us forever to get back here.**

여기 돌아오려면 평생 걸리겠네.

1) going to를 발음 나는 대로 적을 때 gonna라고 하며 '확실한 미래'를 말할 때 사용한다.

2) take us forever는 '무척 오랜 시간이 걸리다'의 뜻이다. 결국 It's gonna take us forever는 '분명 엄청 오랜 시간이 걸릴 거야'로 이해하게 된다. It's taking forever.는 "이러다가 하루 종일 걸리겠다"로 해석한다.

3) 본문은 "우리가 여기로 돌아오려면 분명 평생 걸릴 거야"가 적절한 해석이다.

영화소개

앤디는 17살(미국 나이)이 되어서 대학 기숙사로 들어갈 준비를 하고 있다. 오랜 세월 그의 곁에 있으면서도 최근 몇 년 동안 놀이의 대상이 되지 못했던 그의 장난감 인형들은 주인에게 완전히 잊혀졌다는 섭섭함, 그리고 소외감을 지울 수 없다. 앤디는 우디만 대학으로 데려가고 나머지 장난감들은 다락방에 올려 놓으려고 한다. 그런데 실수로 앤디의 엄마가 장난감들을 버리게 된다.

앤디의 인형들은 써니사이드에서 대환영을 받는다. 랏소와 빅 베이비, 그리고 켄의 안내를 받으며 친구들은 탁아소의 분위기에 완전히 압도된다. 우디만 홀로 앤디에게 돌아가기 위해서 써니사이드를 빠져 나온다. 그러나 우디는 우연히 보니의 손에 들어가게 되고 보니는 우디를 집으로 가져간다. 보니의 다른 장난감들은 우디를 환영한다. 무사히 탁아소를 빠져 나와 다시 앤디에게로 돌아갈 생각에 들뜬 우디는 보니의 장난감인 처클에게 탁아소의 폭군 랏소에 대한 이야기를 듣게 된다. 거대한 음모르 가득차 있는 써니사이드. 우디는 그 속에 갇혀있는 친구들을 구하기 위해 돌아간다.

　　랏소와 빅 베이비, 그리고 켄이 지배하고 있는 써니사이드에서 우디를 비롯한 앤디의 장남감들은 탈출을 시도한다. 우여곡절 끝에 우디와 그의 친구들은 써니사이드에서 탈출해 서둘러 앤디에게 돌아갈 준비를 한다.

　　앤디의 집에 도착한 우디와 친구들. 대학에 갈 상자에 들어가려다 멈추는 우디는 다락방 위로 올라갈 상자에 들어가고 있는 친구들을 보다가 깊은 생각에 빠진다. 그리고는 급히 메모를 적어 덮개에 붙이고 다락방 상자에 자신도 몸을 던진다. 그 메모지에는 보니에게 기증하라는 글이 쓰여 있다. 엄마가 쓴 글로 착각한 앤디는 아쉽지만 장난감들을 차에 싣고 보니의 집으로 향한다. 보니에게 장난감들을 맡기며 즐거운 시간을 짧게 나눈 앤디는 아쉬움을 뒤로한 채 보니의 집을 떠난다. 즐거워하는 보니에게서 우디와 친구들은 그 동안 아쉬워했던 행복감에 다시 한 번 빠지게 된다. 랏소가 사라진 뒤의 써니사이드 탁아소에는 평화가 찾아왔다.

Sunnyside Daycare and a New Life
서니사이드 탁아소와 새로운 삶

앤디에게 버려졌다며 분노하는 친구들. 그런 친구들의 오해를 풀어주려는 우디의 의도도 헛되이 장난감들은 탁아소로 옮겨진다. 탁아소의 대장인 랏소의 등장이 그들에게 어떤 의미인지를 아직 알지 못하고 마냥 즐거워하는 친구들. 우디의 걱정은 깊어만 간다.

INT. DONATION BOX/CAR

The Toys have gathered around Barbie, who is sniffling. Mrs. Potato Head comforts Barbie by patting her shoulder.

MRS. POTATO HEAD : Oh, it's all right, Barbie. You'll be okay.

BARBIE : Well, Molly and I have been growing apart for years. It's just… I can't believe she would throw me away!

MR. POTATO HEAD : Welcome to the club, Toots.

Suddenly, the box flaps open and Woody and Buzz peer in.

WOODY : Okay, everyone, listen up.

He and Buzz vault into the box.

WOODY : We can get back to Andy's, but we gotta move fast. We'll hide under the seats till we get back home.

MR. POTATO HEAD : Get it through your vinyl noggin, Woody. Andy doesn't want us anymore.

WOODY : He was putting you In the attic!!!

JESSIE : He left us on the curb!

BUZZ : All right, calm down! Both of you!

WOODY : Okay, fine. Fine! Just wait till you see what daycare's like.

내부. 기증 상자/자동차

장난감들은 바비 주위에 모여있다. 바비는 계속 훌쩍이고 있다. 감자머리여사는 바비의 어깨를 토닥거리며 위로해주고 있다.

감자머리 여사 : 괜찮아, 바비. 괜찮아질 거야.

바 비 : 몰리와 내가 몇 년 사이에 점점 멀어지긴 했어. 난 그저…, 몰리가 나를 버렸다는 사실이 믿어지지 않을 뿐이야.

미스터감자머리 : 클럽에 합류하게 된 걸 환영하오, 아가씨.

갑자기, 상자가 열리며 우디와 버즈가 안을 들여다본다.

우 디 : 자, 모두들, 잘 들어봐.

우디와 버즈가 상자 안으로 뛰어 들어온다.

우 디 : 우린 앤디의 집으로 다시 돌아갈 수 있어. 하지만 민첩하게 움직여야 돼. 집에 돌아갈 때까지 다들 의자 밑에 숨어 있는 거야.

미스터감자머리 : 남한테 강요나 하는 잘난 너나 그렇게 하라고, 우디. 앤디는 더 이상 우리를 원치 않아.

우 디 : 앤디는 너희들을 다락에 넣어놓으려고 했다니까!!!

제 시 : 우릴 밖에 내버렸어!

버 즈 : 됐어, 진정해! 너희 둘 다!

우 디 : 알았어, 좋아. 좋아! 두고 봐. 탁아소가 어떤 곳인지.

□ **sniffle**
훌쩍거리다

□ **comfort**
위로하다

□ **grow apart**
사이가 점점 멀어지다

□ **toots**
아가씨(호칭)

□ **flap**
덮개

□ **vault into**
안으로 뛰어들어가다

ZOom In

■ Calm down.

감정적으로 흥분한 상태에 있는 사람에게 진정하는 의미에서 던지는 말이다. 부사 down의 역할에 신경 써야 한다. '진정하다'의 의미가 calm에 포함되어 있지만 '가라앉히다'의 느낌은 down을 통해서 강조되고 있다.

■ what daycare's like

what is like는 '주어의 상태'를 말한다. What's he like?는 '그 사람의 성격'을 묻는 말이고 What's the weather like?는 '날씨 상태'를 묻는다. What daycare's like?라면 "탁아소라는 곳이 어떤 곳이냐?"를 묻는 것이다.

REX : Why? What's it like?

WOODY : Daycare is a sad, lonely place for washed-up old toys who have no owners.

Abruptly, Barbie bursts into tears again.

HAMM : Quite the charmer, aren't ya?

WOODY : You'll see. As soon as we get to daycare, you'll be begging to go home.

The car hits a bump and Woody tumbles.

EXT. DAYCARE, PARKING LOT
The car pulls into a parking space at a daycare center.
Andy's Mom pulls out the box and carries it across the lot. Inside the box, the toys—peering out of the hand slots—see the daycare center. They whisper.

REX : Can anyone see anything?

JESSIE : There's a playground!

MR. POTATO HEAD : Wow!

JESSIE : We hit the jackpot, Bullseye!

HAMM : So much for sad and lonely, huh?

WOODY : Okay, calm down, guys. Let's just keep this in perspective.

MR. POTATO HEAD : Perspective? This place is perfect!

REX : Woody, it's nice! See, the door has a rainbow on it.

렉 스 :	왜? 어떤 곳인데?
우 디 :	탁아소는 찌질이 같고, 외로운 곳이야. 주인도 없는 불장 다 본 옛날 장난감들이나 모여 있는 곳이라고.

갑자기, 바비는 다시 울음을 터뜨린다.

햄 :	여자 울리는 데는 선수네, 선수. 안 그래?
우 디 :	두고 봐. 탁아소에 도착하자마자, 너희들은 집에 가고 싶다고 애걸복걸할 테니.

차가 방지 턱에 부딪히며 우디는 아래로 굴러 떨어진다.

외부. 탁아소
차가 탁아소의 주차장에 들어선다.
앤디의 엄마는 상자를 꺼내 들고 주차장을 가로질러 간다. 상자 안에서는 장난감들이—손잡이 구멍을 통해 밖을 응시하며—탁아소를 보고 있다. 장난감들은 속삭인다.

렉 스 :	뭐가 좀 보이니?
제 시 :	운동장이 있어!
미스터 감자머리 :	와!
제 시 :	우린 땡잡은 거야, 불즈아이야!
햄 :	이젠 슬픔과 외로움은 그만인 거지?
우 디 :	자자, 진정들 해. 우리 상황판단을 좀 정확히 하자고.
미스터 감자머리 :	상황판단 같은 소리하고 있네. 여긴 완벽하잖아!
렉 스 :	우디, 멋지잖아. 저거 봐. 문에 무지개가 그려져 있어.

- **washed-up**
  불장 다 본, 더 이상 가망이 없는

- **burst into tears**
  갑자기 울음을 터뜨리다

- **hit a bump**
  방지 턱에 부딪히다

- **tumble**
  굴러 떨어지다

- **hit the jackpot**
  땡잡다

- **keep this in perspective**
  이 상황의 중요성을 정확히 판단하다

- **perspective**
  상황의 정확한 판단력

Zoom In

■ Quite the charmer.

대단히 매력적인 사람을 가리켜 하는 말이다. 하지만 본문에서는 비꼬면서 말하고 있다. "여자를 울리는 걸 보니 매력이 넘치는군 그래"의 느낌인데 본문에서의 울음은 '슬퍼서 우는 울음'이기 때문에 비꼬는 말이 된 것이다.

■ We hit the jackpot.

말 그대로 '잭팟을 터뜨렸다'이다. jackpot은 '거액의 상금'을 의미한다. 도박이나 복권에서 대박 낸 경우에 **hit the jackpot**을 쓰지만 '뜻 밖의 엄청난 성공을 거두다'의 의미로도 사용할 수 있다. 본문이 여기에 해당된다.

INT. LOBBY

Andy's Mom is buzzed through glass doors. A receptionist behind a counter sends a fax while a small girl sits on the counter. Andy's Mom crosses the lobby.

MOM :	Hey, there!
RECEPTIONIST :	Wow! Haven't seen you in ages.
MOM :	I just wanted to drop these old toys off.

She puts the box on the counter. She notices the girl.

MOM :	Is this Bonnie? Look how big you are.
RECEPTIONIST :	Say hi, sweetie.
BONNIE :	Hi.
RECEPTIONIST :	Hey, how are your kids? Molly and Andy?
MOM :	Not kids anymore. Andy's going to college on Friday.
RECEPTIONIST :	What?
MOM :	Can you believe it?
RECEPTIONIST :	You sure they won't miss these?
MOM :	Nah, they never get played with.

INT. DONATION BOX. HALLWAY

The toys peek out the hand slots as they are carried down a hallway.

내부. 로비

앤디의 엄마는 버저로 열린 유리문에 들어선다. 카운터의 접수 담당자는 팩스를 보내고 있고 카운터 위에 어린 꼬마아가씨가 앉아 있다. 앤디의 엄마는 로비를 걸어 들어간다.

엄 마 :	잘 있었어요!
접수 담당자 :	와! 정말 오랜만이에요.
엄 마 :	이 오래된 장난감들을 좀 드리려고요.

엄마는 상자를 카운터 위에 올려 놓으며 꼬마아가씨를 본다.

엄 마 :	너 보니니? 큰 것 좀 봐.
접수 담당자 :	안녕하세요, 해야지, 우리 애기.
보 니 :	안녕하세요.
접수 담당자 :	참, 아이들은 잘 지내요? 몰리하고 앤디였죠?
엄 마 :	이젠 아이들이 아니에요. 앤디는 금요일에 대학으로 떠나요.
접수 담당자 :	정말요?
엄 마 :	믿어지지 않죠?
접수 담당자 :	애들이 보고 싶어하지 않을까요?
엄 마 :	아이고, 아니에요. 가지고 놀지도 않는 걸요 뭐.

내부. 기증상자 안. 복도

장난감들은 손잡이 구멍을 통해서 밖을 보는 동안 복도를 따라 옮겨지고 있다.

□ **be buzzed through ~**
버저를 눌러 열린 ~에 들어가다

□ **receptionist**
접수 담당자

□ **in ages**
오랫동안

□ **notice**
알아차리다

□ **sweetie**
우리 애기

□ **miss**
그리워하다

Z_{oom} In

■ Haven't seen you in ages.

오랜만에 만난 사이에서 흔히 쓰는 표현이다. I haven't seen you for a long time.과 같다. 같은 의미의 가장 대중적인 표현으로는 It's been a long time.이 있다. Long time, no see.는 가까운 사이에서 사용한다.

■ Can you believe it?

조동사 can이 가능성을 의미하고 있다. "그게 믿어져요?"의 뜻이다. 도저히 믿을 수 없는 이야기를 하면서 던지는 대표적인 질문이다. "어쩜 그럴 수가!"는 I can't believe it.이다.

MR. POTATO HEAD : You see any kids?

REX : Where's she taking us?

The box is carried through a room and placed on a counter. As the receptionist departs, the toys step up and jostle to the hand slot facing the classroom, vying for a view.

JESSIE : Look!

MR. POTATO HEAD : Wow!

REX : What? What is it? Aaah! I can't see!

Suddenly, a bell rings. The kids stop playing. A teacher opens the playground door.

TEACHER : Okay, everyone. Recess! Come on!

The kids cheer and excitedly flood out on the playground. The teacher turns off lights, shuts the door behind her.
IN THE BOX
Silence. The room is still. The toys press in toward the hand slot, all trying to peer out.

HAMM : So, now what do we do?

WOODY : We go back to Andy's! Anyone see an exit?

MR. POTATO HEAD : Exit schmexit! Let's get played with!

BUZZ : Careful, these toys might be jealous of new arrivals.

REX : I wanna see! It's my turn!

미스터 감자머리 :　애들 보여?

렉 스 :　우릴 어디로 데려가는 거야?

상자는 방 안으로 옮겨지고 카운터 위에 놓인다. 접수 담당자가 자리를 뜨고 장난감들은 앞쪽으로 발을 내디디며 손잡이 구멍 쪽으로 밀치고 나선다. 앞에는 교실이 있고, 서로 앞다투어 보려고 난리다.

제 시 :　저것 좀 봐!

미스터 감자머리 :　와!

렉 스 :　뭔데? 뭐야? 아이고, 난 안 보여!

갑자기 벨이 울린다. 아이들은 노는 걸 멈춘다. 선생님이 운동장 문을 열어준다.

선생님 :　자, 얘들아. 쉬는 시간이다. 나와라.

아이들은 소리를 지르며 운동장으로 우르르 몰려 나간다. 선생님은 불을 끄고 문을 닫는다.
상자 안에서
침묵. 방은 조용하다. 장난감들은 손잡이 구멍 쪽으로 가까이 다가서며 밖을 내다보려고 한다.

햄 :　이제, 우린 뭘 하는 거지?

우 디 :　앤디 집으로 돌아가는 거야! 누구, 출구가 보이니?

미스터 감자머리 :　출구 타령하고 있네! 애들하고 신나게 노는 거야!

버 즈 :　조심해, 여기 장난감들이 아마 우리가 새로 온 걸 알면 질투할지도 몰라.

렉 스 :　나도 보고 싶어! 내가 볼 차례란 말이야!

□ jostle
거칠게 밀치다

□ vie
다투다, 경쟁하다

□ recess
쉬는 시간

□ flood out
한꺼번에 밀려 나가다

□ still
조용한, 고요한

□ press in
사고를 일으킬 기세로 ～로 가까이 가다

Zoom In

▪ Exit schmexit!

schmexit은 schmeck(마약: 헤로인)과 exit을 합성시킨 어휘이다. 결국 "출구라고 했어 지금? 너 약 먹었냐?" 정도의 느낌을 주는 표현이다. 이렇게 비슷한 발음의 것들을 연결시키는 은유적 표현은 어느 나라에서나 즐겨 사용된다.

▪ might be jealous of

조동사 might은 '희박한 가능성'을 말할 때 사용한다. '질투하다'의 의미를 전하는 jealous는 말 그대로 '시기 질투하다'이고 envy는 '부러워하다', '선망하다' 등의 의미이다. 이 두 어휘를 혼동하지 않도록 한다.

BUZZ : Ooooff!!!

SLINKY : Whoa!

HAMM : Hey!

The whole box tilts forward and falls off the counter—Splat!!! The toys spill out, falling all over each other.
They look up. Around the room, daycare toys turn and stare. Silence. Then a Jack-in-the-box pops and yells out.

JACK-IN-THE-BOX : New toys!

They all give a robust cheer and burst into smiles. A toy burger band trio begins to play music as the groups of toys meet.
Jessie forges into the crowd and starts shaking hands with a rock monster toy.

JESSIE : Well, howdy! Glad to meet you.

Buzz extends his hand to a robot toy.

BUZZ : Buzz Lightyear. At your service.

HAMM : Oh, boy. Oh, boy. Oh, boy!

A muscle-bound action figure with a fly head picks up Mrs. Potato Head and places her upright.

MRS. POTATO HEAD : Oh, thank you! (reaches for this bicep) Oh, may I? Ohhh!

ALIENS : The Claw...!!!

버 즈 :　　　　어이쿠!!!

슬링키 :　　　　아이고!

햄 :　　　　　야!

상자 전체가 앞으로 쏠리면서 카운터에서 떨어진다—철썩! 장난감들이 쏟아져 나오며 각자 여기저기 흩어진다.
다들 고개를 들어본다. 방 주위의 탁아소 장난감들이 돌아서서 쳐다보고 있다. 그러다가 잭인더박스 장난감이 튀어나오며 소리친다.

잭인더박스 :　　새로 온 장난감이다!

모두들 환호성을 지르며 입가에 미소를 짓는다. 3인조 장난감 버거 밴드가 음악을 연주하며 장난감들이 모여든다.
제시가 다가오는 많은 장난감들 앞으로 나서며 바위괴물 장난감과 악수를 한다.

제 시 :　　　　안녕! 만나서 반가워.

버즈는 장난감 로봇에게 손을 내민다.

버 즈 :　　　　난 버스 라잇이어야. 잘 부탁한다.

햄 :　　　　　좋다, 정말 좋다, 진짜 좋아!

파리 머리가 달린 단단한 근육의 캐릭터 인형이 감자머리여사를 일으키며 똑바로 세워준다.

감자머리 여사 :　아이고, 고마워요! (인형의 이두박근에 손을 뻗으며) 좀 만

　　　　　　　져봐도 돼요? 어휴, 와, 이건 뭐!

외계인들 :　　　집게발이다...!!!

- **tilt forward**
  앞으로 기울다

- **robust cheer**
  힘있는 환호성

- **forge into**
  ~쪽으로 서서히 나아가다

- **muscle-bound**
  근육이 뻣뻣한

- **action figure**
  영웅이나 캐릭터 인형

- **bicep**
  이두박근

Zoom In

▪ Howdy!

미국에서는 그 사용 역사가 200년이 훨씬 넘었음에도 불구하고 우리에게는 너무도 생소한 인사표현이다. **How do you do?**에서 파생되었으며 가까운 사이에서 가볍게 "안녕!"의 의미로 사용하는 표현이다.

▪ Glad to meet you.

만나서 반갑다는 의미의 문장이다. 처음 만난 사람과 '만나서 반갑다'는 인사를 나눌 때는 반드시 **see**가 아닌 **meet**를 써야 한다. 그 이후부터는 무엇을 써도 관계 없다. **glad**는 '큰 기쁨'을 강조하는 어휘이다.

Suddenly, a large truck races madly across the room toward the toys. It screeches to a stop, then backs up in a quick 180 arc, revealing a large pink Teddy Bear, Lotso, in its bed. Using a cane, he walks over to greet Andy's toys. Lotso exudes an easy, cheerful charisma.

LOTSO : Well, hello, there! I thought I heard new voices! Welcome to Sunnyside, folks! I'm Lots-o'-Hugging Bear! But, please, call me Lotso!

Buzz steps forward, offers a hand.

BUZZ : Buzz Lightyear. We come in pea…

Lotso envelopes Buzz in a warm embrace, lifting him off his feet. Buzz gasps.

LOTSO : (chuckling) First thing you gotta know about me. I'm a hugger.

Lotso releases Buzz, who catches his breath. Lotso looks the other toys up and down.

LOTSO : Oh, look at you all. <u>You've been through a lot today, haven't you?</u>

MRS. POTATO HEAD : Oh, it's been horrible.

LOTSO : Well, you're safe now. We're all cast-offs here. We've been dumped, donated, yard-saled, second-handed, and just plain thrown out.

갑자기, 커다란 트럭이 방을 가로질러 장난감들을 향해서 마구 달려들어 온다. 날카로운 브레이크소리를 내며 멈추어서더니 후진하며 180도 회전한다. 트럭 짐칸에서 커다란 핑크색 테디 베어 랏소가 나타난다. 지팡이를 이용해서 랏소는 앤디의 장난감들에게 걸어가 인사를 나눈다. 랏소는 편안하면서도 경쾌한 카리스마를 풍긴다.

랏 소 : 안녕하십니까! 어디서 낯선 목소리가 들린다 했어요. 서니사이드에 오신 걸 환영합니다, 여러분. 나는 랏소 허깅 베어(포옹을 많이 하는 곰)에요. 하지만, 뭐, 그냥 랏소라고 불러줘요.

버즈는 앞으로 나서며 손을 내민다.

버 즈 : 저는 버즈 라잇이어입니다. 우리가 같이…

랏소는 버즈를 감싸 안고 따뜻하게 포옹해주며 버즈를 번쩍 든다. 버즈는 숨이 막힌다.

랏 소 : (웃으면서) 이게 바로 여러분이 첫 번째로 나에 대해서 알아야 할 것입니다. 난 포옹을 좋아해요.

랏소는 버즈를 내려준다. 버즈는 숨을 몰아 쉰다. 랏소는 다른 장난감들을 위아래로 훑어본다.

랏 소 : 오, 여러분 꼴 좀 봐요. 오늘 고생이 많았나 보죠?
감자머리 여사 : 말도 마세요. 끔찍했어요.
랏 소 : 이젠 안전해요. 여기 있는 우리는 모두 버려진 물건들이에요. 주인에게 버려지고, 기증되고, 마당 야드세일에서 팔리고, 낡고, 말 그대로 그냥 버려진 것들입니다.

□ **screech to a stop**
날카로운 소리를 내며 멈추다

□ **exude**
~을 풍기다

□ **embrace**
포옹, 포옹하다

□ **catch one's breath**
못 쉰 숨을 몰아 쉬다

□ **cast-offs**
주인에게 버려진 것들

□ **second-hand**
낡은, 중고가 된

□ **just plain**
아주, 전적으로, 분명히

Zoom In

■ back up in a quick 180 arc

'후진하다'를 back up이라고 한다. back을 동사로 쓰고 있는 것이다. in a 180 arc는 '180도 원을 그린 상태에서'이고 in a quick 180 arc는 '급히 180도 회전하며'로 이해한다.

■ exude a cheerful charisma

동사 exude는 '어떤 특징을 지나칠 정도로 많이 소유하고 있어서 밖으로 그 특징을 자연스레 발산시키다'의 느낌이다. 결국 본문은 '쾌활한 카리스마가 넘쳐서 자연스레 그 카리스마를 밖으로 발산시키다' 정도로 이해한다.

But just you wait. You'll find being donated was the best thing that ever happened to you!

Woody scoffs and rolls his eyes, but Rex steps up to Lotso, clenching his fists excitedly.

REX : Mr. Lotso, do toys here get played with every day?

LOTSO : All day long. Five days a week.

JESSIE : But, what happens when the kids grow up?

Lotso steps over to a wall covered in photos of class after class of daycare kids.

LOTSO : Well, now, I'll tell you. When the kids get old, new ones come in. When they get old, new ones replace them. You'll never be outgrown or neglected. Never abandoned or forgotten. No owners means no heartbreak.

JESSIE : Yee-haw!!!

MRS. POTATO HEAD : It's a miracle!

MR. POTATO HEAD : And you wanted us to stay at Andy's!

WOODY : Because we're Andy's toys!

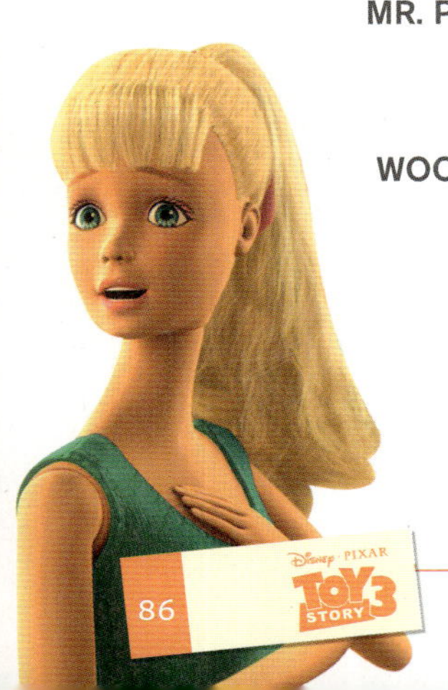

하지만 그게 끝이 아니에요. 여러분은 기증되었다는 사실이 여러분이 그 동안 경험했던 일들 중에서 최고의 일이라는 걸 알게 될 거예요.

우디는 비웃으며 눈동자를 돌린다. 그러나 렉스는 랏소에게 다가서며 좋아서 흥분해 주먹을 쥐어 보인다.

렉 스 : 랏소씨, 여기 장난감들은 아이들이 매일 놀아주나요?
랏 소 : 하루 종일. 1주일에 5일 동안 놀아줘요.
제 시 : 하지만, 아이들이 다 크면 어떻게 되나요?

랏소는 벽을 향해서 걸어간다. 벽에는 탁아소 아이들이 졸업한 후에 친구들과 모여 찍은 사진들로 가득하다.

랏 소 : 지금부터 설명해주죠. 아이들이 크면 새로운 아이들이 들어와요. 그 아이들이 크면 또 새로운 아이들로 교체되죠. 여러분은 절대로 관심이 멀어지거나 방치되지 않을 거예요. 버려진다거나 잊혀질 일도 없고요. 주인이 없다는 건 마음의 상처도 없다는 것을 뜻하는 거죠.
제 시 : 이야, 신난다!
감자머리 여사 : 이건 기적 같은 일이야!
미스터 감자머리 : 너는 앤디 집에 있고 싶어했잖아!
우 디 : 우린 앤디의 장난감이니까!

□ **scoff**	비웃다, 조롱하다
□ **clench fists**	주먹을 꽉 쥐다
□ **class after class**	졸업후의 동기생들
□ **replace**	대신하다
□ **outgrow**	나이가 들면서 ~에 흥미를 잃다
□ **neglect**	방치하다

Zoom In

▪ photos of class after class

앞에 나온 class는 '동기생들'의 뜻이며 뒤에 나온 class는 '수업'이다. after class는 보통 '방과 후'의 뜻인데 본문에서는 '모든 수업이 끝난 후' 즉, '졸업 후'를 의미하고 있다. 결국 본문은 '졸업 후 동기생들과 찍은 사진들'이다.

▪ You wanted us to stay at Andy's!

Andy's는 '앤디의 집'이다. 사람의 이름 뒤에 's를 붙임으로써 '그 사람의 집'을 의미하는 것이다. stay at Andy's는 '앤디의 집에 머물다'는 뜻이 되고 본문은 "너는 앤디 집에 머물고 싶어했잖아!"로 해석한다.

Lotso puts a comforting arm around Woody's shoulder.

LOTSO : So you got donated by this "Andy", huh? Well, it's his loss, Sheriff! He can't hurt you no more.

Woody raises a finger, starting to object. Lotso cheerfully cuts him off, turning to the others.

WOODY : Whoa, whoa, whoa… No, no, no…

LOTSO : Now let's get you all settled in. Ken?! Where is that boy? Ken?! New toys!

A Ken doll appears in an upper window of a doll house. He is surprised and delighted to see the new toys.

KEN : Far out! Down in a jiff, Lotso!

He rides down in an elevator and opens the door.

KEN : So, who's ready for Ken's dream tour?

LOTSO : Let's show our new friends where they'll be staying!

KEN : Folks, if you wanna step right this…

He turns and comes face to face with Barbie.
They stare. Sparks fly. Destiny calls.

랏소는 우디의 어깨 위에 팔을 올려 놓으며 위로해준다.

랏 소 : 그러니까 "앤디"라는 사람이 기증한 건가 보네요? 보안
관, 그 주인이 손해 본 거예요. 주인 때문에 더 이상은
마음에 상처를 입지 말아요.

우디는 손가락을 들고 거부의 의미로 손을 가로젓기 시작한다. 랏소는 쾌활하게 우
디가 하려는 말을 자르며 다른 장난감들을 향해서 간다.

우 디 : 그게, 그러니까, 그게…아니, 아니에요, 그게 아니에요…
랏 소 : 자, 이젠 여러분이 이곳에 적응할 수 있도록 안내해드
리죠. 켄?! 얘는 어디 간 거야? 켄?! 새로운 장난감들이
오셨다!

인형 켄이 인형의 집 위층 창문에 나타난다. 켄은 놀라며 새로운 장난감들을 보고
기뻐한다.

켄 : 좋아요! 당장 내려갈게요, 랏소!

켄은 엘리베이터를 타고 내려와서 문을 연다.

켄 : 자, 켄의 꿈의 관광코스에 모실 분이 누구신가요?
랏 소 : 우리 새로운 친구분들이 어디에 머물게 되는 것인지를
안내해 드리자.
켄 : 여러분, 이쪽으로 오시…

켄은 고개를 돌리다가 바비와 눈을 마주친다.
서로 빤히 쳐다보며 눈에 불꽃이 튄다. 운명적인 만남의 순간이다.

□ **object**
반대하다, 항의하다

□ **cut someone off**
～의 말을 자르다/방해하다

□ **settle in**
새로운 환경에 편히 적응하기 시작하
다/적응하게 돕다

□ **delighted**
아주 기뻐하는

□ **far out**
멋진, 훌륭한

□ **come face to face with**
～와 정면으로 얼굴을 마주하다

Zoom In

■ Let's get you all settled in.

get은 '어떤 일이 일어나도록 신경 쓰거나
준비해주다'의 뜻으로 쓰이고 있다. settle
in은 '새로운 환경에 편히 적응하기 시작하
거나 적응하도록 도움을 주다'의 뜻이다. 결
국 본문은 "너희들이 잘 적응하도록 도움을
주지"로 이해한다

■ Far out!

보통은 '일반적인 상태에서 훨씬(far) 벗어
난(out)'을 속뜻으로 해서 '극단적인', '난해
한', '아주 이상한' 등의 의미로 쓰지만 역설
적으로 '그렇기 때문에 대단히 멋진', '훌륭
한' 등의 느낌을 전하기도 한다. 본문에서처
럼.

KEN :   Hi! I'm Ken.

BARBIE :   Barbie. <u>Have we ever met…?</u>

KEN :   <u>I would've remembered!</u>

Barbie giggles.

KEN :   Love your leg warmers.

BARBIE :   Nice ascot.

Lotso breaks the spell, pulling Ken and Barbie apart.

LOTSO :   Come on, Ken! Recess don't last forever!

KEN :   Right on, Lotso! This way everybody!

LOTSO :   (to toys) You got a lot to look forward to, folks. The little ones love new toys.

Ken and Lotso lead them off. Rex, Buzz, and a skeptical Woody trail behind the others.

BUZZ :   What a nice bear!

REX :   And he smells like strawberries!

Woody, sighs, exasperated.
As they walk, Ken addresses the toys like a tour leader.

KEN :   Folks, if I can share, here at Sunnyside, we've got, well, just about anything a toy could ask for.

켄 :	안녕하세요. 저는 켄입니다.
바 비 :	저는 바비에요. 우리가 전에 본 적이 있던가요…?
켄 :	그럼 진작에 보는 순간 기억했겠죠!

바비는 키득 웃는다.

| 켄 : | 다리 토시가 마음에 드는 걸요. |
| 바 비 : | 좀 괜찮은 걸로 했어요. |

랏소가 둘의 마법과도 같은 순간을 깬다. 켄과 바비를 떨어뜨려 놓는다.

랏 소 :	그만, 켄! 시간이 그리 많지 않아!
켄 :	랏소, 지당한 말씀. 다들 이쪽으로 오시죠!
랏 소 :	(장난감들에게) 많은 걸 기대해도 좋아요. 꼬마들은 새로운 장난감들을 정말 좋아한답니다.

켄과 랏소가 앞으로 나선다. 렉스와 버즈, 그리고 회의적인 우디가 다른 장난감들 뒤에서 따라간다.

| 버 즈 : | 정말 좋은 곰이다! |
| 렉 스 : | 게다가 몸에서 딸기 냄새가 나! |

우디는 한숨을 쉬고 속에서는 화가 난다.
걸어가면서 켄이 관광단 리더인 것처럼 장난감들에게 주변을 설명한다.

| 켄 : | 여러분, 남들에게는 말해주지 않는 건데, 여기 서니사이드에는 장난감이 원하는 거의 모든 것들이 다 있어요. |

□ **pull apart**
떼어놓다. 뜯어 말리다

□ **Right on!**
옳소!

□ **look forward to**
~을 몹시 기대하다

□ **skeptical**
회의적인. 의심 많은

□ **trail**
느릿느릿 따라가다

□ **exasperated**
몹시 화가 난

ZOom In

■ Recess don't last forever!

보통은 '수업과 수업 사이의 쉬는 시간'을 recess라고 한다. don't last forever를 직역하면 '오랜 시간 지속되지 않는다'가 되어서 '그리 오래지 않다'로 이해한다. 결국 본문은 "한없이 쉴 수 있는 게 아니야" 정도의 뜻이다.

■ You got a lot to look forward to.

look forward to는 '뭔가를 몹시 기대하다'이다. '궁금해서 계속 앞을 미리(forward) 내다보다(look)'가 어원인 것이다. 그래서 본문은 "너희들에게는 정말 기대해도 좋을 많은 것들이 있어"로 이해한다.

LOTSO : Spare parts, super glue, and enough fresh batteries to choke a Hungry Hungry Hippo. Think you're getting old? Well, stop your worrying!

KEN : Our repair spa will keep you stuffed, puffed, and lightly buffed! And this, well, this is where I live. Ken's Dream House. It has a disco, it's got a dune buggy, and a whole room just for trying on clothes.

BARBIE : You have everything.

KEN : Everything except someone to share it with.

LOTSO : (to toys) You need anything at all, you just come talk to me. Here we are.

Lotso stops at a bathroom door—its handle high above their heads. Lotso raps on the door with his cane. It's opened by a very large Baby Doll, holding a baby bottle. Big Baby coos and peers out. Andy's toys stare in wonderment.

LOTSO : Well, thank you, Big Baby. Why don't you come meet our new friends? Poor Baby! We were thrown out together, me and him. Abandoned by the same owner!

INT. BATHROOM
Lotso leads the Toys through a bathroom.

LOTSO : But we don't need owners at Sunnyside! We own ourselves! We're masters of our own fate! We control our own destiny!

랏 소 : 예비 부품들, 초강력 접착제, 그리고 Hungry Hungry Hippo를 질식시키고도 남을 만큼의 충분한 새 건전지들도 있어요. 점점 힘에 부치는 것 같아요? 그런 건 걱정 말아요.

켄 : 우리 수리시설에서 빠진 속 채워주고, 바람 넣어주고, 광까지 살짝 내줘요. 그리고 이곳, 에, 이곳은 제가 사는 곳이에요. 켄의 꿈의 집이죠. 디스코장이 있고 모래밭 주행차량도 있어요. 그리고 방 전체가 옷을 입어보는 방도 있고요.

바 비 : 없는 게 없군요.

켄 : 다 있는데 그걸 함께 나눌 사람만 없는 거죠.

랏 소 : (장난감들에게) 필요한 게 있으면 나한테 얘기하면 돼요. 자, 여긴 말이죠.

랏소는 화장실 문 앞에 멈춘다—화장실 손잡이가 장난감들 머리보다 높은 위쪽에 붙어 있다. 랏소가 지팡이로 화장실 문을 두드린다. 화장실 문이 아주 커다란 아기인형에 의해서 열린다. 아기인형은 우유병을 들고 있다. 큰 아기는 옹알이를 하며 밖을 내다본다. 앤디의 장난감들은 놀라며 쳐다본다.

랏 소 : 고맙다, 아가야. 나와서 새로 온 친구들과 인사하렴? 불쌍한 아기! 우린 같이 버려졌어요, 나하고 얘하고 말이지. 같은 주인에게서 버려진 거에요.

내부. 화장실
랏소가 장난감들을 욕실로 안내한다.

랏 소 : 하지만 서니사이드에는 주인이 없어요. 우리가 우리 자신을 소유하는 거죠. 우리가 우리 운명의 주인인 거에요. 우리 스스로 운명을 좌지우지하는 거라고요.

□ **choke**
질식시키다

□ **repair**
수리, 보수

□ **rap on**
~을 톡톡 두드리다

□ **coo**
젖먹이가 옹알이 하다

□ **in wonderment**
놀란 상태로

□ **fate**
운명

Zoom In

▪ Stop your worrying.

Don't worry.와 우리말 해석은 같지만 영어의 의미는 확연히 다르다. **Don't worry.**는 그저 "걱정하지 마"이지만 **Stop your worrying.**은 "지금 계속하고 있는 걱정(worrying)을 멈추라"는 것이다. 진행의 느낌이 강하다.

▪ come meet our new friends

come to meet our new friends에서 **to**를 생략하면서 의미가 좀 강력해진다. **to**를 쓰면 '와서 ~을 하라'는 미래제안적 의미가 강하고 생략할 경우에는 '와서 ~을 지금 진행하라'는 명령의 느낌이 강하다.

Mr. Potato Head slips on a puddle and falls backwards.

LOTSO : Uh, watch out for puddles. And here's where you folks'll be staying—the Caterpillar Room!

JESSIE : Look at this place!

MR. POTATO HEAD : Wow!

HAMM : Holy moly, guacamole!

MR. POTATO HEAD : Jackpot, baby!

SLINKY : Whoa, puppy!

MRS. POTATO HEAD : It's so beautiful!

Woody seems just as awestruck as he looks around the room. Something runs into him. A ringing sound. He looks down.

WOODY : What the…?

An old Fisher Price Telephone toy is bumping into him. Woody bends down on one knee, friendly.

WOODY : Oh, hey, little guy.

LOTSO : How long's it been since you all got played with?

SLINKY : It's been years!

LOTSO : Well, just you wait. In a few minutes that bell's gonna ring, and you'll get the playtime that you've been dreaming of.

미스터 감자머리가 물웅덩이에서 미끄러져 뒤로 넘어진다.

랏 소 : 물웅덩이 조심해야 돼요. 여기가 바로 여러분이 머물 곳이에요—애벌레 방!

제 시 : 진짜 괜찮다!

렉 스 : 와!

햄 : 우와, 세상에!

미스터 감자머리 : 자기야, 대박이다!

슬링키 : 와, 대단해!

감자머리 여사 : 정말 아름다워!

우디는 방을 둘러보며 기가 질린 듯하다. 뭔가가 우디에게 부딪힌다. 땡땡 소리가 난다. 우디가 내려다본다.

우 디 : 뭐가…?

낡은 Fisher Price Telephone 장난감이 우디에게 계속 부딪히고 있다. 우디는 한 쪽 무릎을 꿇으며 수그리고 앉는다. 아주 친근한 느낌으로.

우 디 : 아이구, 안녕, 꼬마야.

랏 소 : 모두들 놀아본 지 얼마나 됐어요?

슬링키 : 벌써 몇 년 됐어요!

랏 소 : 잠깐만 기다리면 돼요. 조금 후면 종이 울릴 거예요. 그러면 여러분이 그토록 꿈꿔오던 노는 시간을 갖게 될 거예요.

□ **slip on**
~에서 미끄러지다

□ **puddle**
물웅덩이

□ **guacamole**
과카몰리(아보카도를 으깬 것에 양파, 토마토, 고추 등을 섞어 만든 멕시코 요리)

□ **awestruck**
대단히 놀라는

□ **bump into**
~에 부딪히다

□ **bend down**
아래로 몸을 굽히다

□ **on one knee**
한 쪽 무릎을 꿇고

Zoom In

▪ Here's where you'll be staying.

Here's where you'll stay.와 의미가 다르다. 미래를 쓰면 '여기서 머물라'는 명령의 느낌이 강하고 미래진행을 쓰면 '앞으로 계속 여기에 머물게 될 것이다'라는 '미래의 현실 강조'의 의미가 크다.

▪ bend down on one knee

bend down은 '몸을 숙이다'의 뜻이고 그 숙인 상태를 on one knee로 설명하고 있다. '한 쪽 무릎을 꿇은 상태로'이다. 몸을 지탱하고 있는 부위를 전치사 on과 함께 사용하는 것이다.

REX : Play! Real play! I can't wait.

LOTSO : Now, if you'll excuse us, we best be heading back. Welcome to Sunnyside, folks!

REX : Thank you!

MR. POTATO HEAD : Take care, Pinky!

BUZZ : Goodbye, Mr. Lotso! thank you!

HAMM : Thank you there, Buddy Boy!

MRS. POTATO HEAD : Goodbye!

BARBIE : Will I see you again?

KEN : Oh, I'll see you tonight. In my dreams.

LOTSO : Ken! Let's get a move on!

KEN : Barbie, come with me! Live in my Dream House! I know it's crazy, I know we've just met! Aw, heck— you don't know me from GI Joe, but when I look at you I feel like we were…

KEN & BARBIE : …Made for each other!

They both gasp, thunderstruck. Barbie turns, gazes over her shoulder to the toys. Jessie grins and gives a thumbs up. Mrs. Potato Head shows her approval, gesturing she should go.

BARBIE : Yay!

KEN : Yes!

LOTSO : Ken!

KEN : Coming, Lotso!

렉 스 :	논다. 진짜 노는 거야! 빨리 놀았으면 좋겠다.
랏 소 :	자, 이젠, 괜찮다면, 우린 돌아가는 게 좋겠어요. 서니사이드에 온 걸 환영해요, 여러분!
렉 스 :	고마워요!
미스터 감자머리 :	잘 가요!
버 즈 :	잘 가요, 랏소! 고마워요!
햄 :	고마워요, 친구!
감자머리 여사 :	잘 가요!
바 비 :	다시 만날 수 있어요?
켄 :	오늘 밤에 봐요. 내 꿈속에서.
랏 소 :	켄! 어서 가자!
켄 :	바비, 우리 같이 가요! 내 꿈의 집에서 같이 살아요. 미친 소리라는 거 알아요. 만난 지 얼마나 됐다고. 이런—당신은 나를 전혀 모르죠. 하지만 당신을 보는 순간 딱 감이 왔어요. 우린…
켄과 바비 :	천생연분이라는 걸…

둘 다 숨이 막힌다. 벼락맞은 듯한 기분이다. 바비는 고개를 돌려 어깨너머로 장난감들을 본다. 제시는 웃으며 엄지손가락을 치켜 세운다. 감자머리 여사는 허락의 뜻으로 어서 같이 가라고 손짓을 한다.

바 비 :	야호!
켄 :	좋았어!
랏 소 :	켄!
켄 :	가요, 랏소!

□ **can't wait**
기다릴 수 없다, 빨리 하고 싶다

□ **head back**
돌아가다

□ **get a move on**
서두르다

□ **be made for each other**
천생연분이다

□ **thunderstruck**
벼락을 맞은 듯한, 몹시 놀란

□ **give a thumbs up**
엄지손가락을 치켜 세우다

Key Expressions

 **76 So much for sad and lonely.** 슬픔과 외로움은 이제 그만.

so much for ~는 '지금까지의 ~만으로도 충분하다. 앞으로 더 이상은 사양하겠다' 는 느낌이 강하다. 그래서 '~는 이제 그만'이라고 이해하는 것이다. So much for today.는 "오늘은 충분히 했다. 오늘은 여기까지만"의 뜻이다. 그래서 "오늘은 여기 까지"의 의미를 갖게 된다. 본문은 "그 동안 우리가 겪었던 슬픔과 외로움은 여기까 지. 앞으로는 더 이상 그런 아픔을 겪지 않아도 돼"의 느낌을 전한다. So much for a penetrating discussion on the subject of faith.라는 말이 있다. "믿음을 주제로 한 촌철살인의 토론은 이제 그만하겠습니다"가 적절한 해석이다.

 **76 Let's just keep this in perspective.** 이 상황판단을 좀 정확히 해보자.

우리로서는 이해하기 상당히 어려운 문장이다. 이 문장 이해의 핵심은 명사 perspective의 이해이다. 이것은 '어떤 상황의 중요도에 대한 정확한 판단'의 의미를 갖는다. 그래서 keep this in perspective를 직역하면 '이 상황(this)을 정확한 판단력 안에(in perspective) 계속 보관하다(keep)'가 되며 이것을 '이 상황의 중요성을 정확 히 판단하는 능력을 유지하다'로 의역하게 된다.

 **84 You've been through a lot today, haven't you?**

오늘 많은 일을 겪었죠?

be through는 '통과하다' 즉, '경험하다'의 뜻이다. be through a lot은 '많은 것들을 경험하다'가 되고 have been through a lot은 '그동안 많은 일을 겪다, 그동안 산전수 전 다 겪다' 등으로 이해한다. I've been through a terrible experience.는 "나 정말 끔찍한 경험했어"로 해석한다.

86 You'll never be outgrown or neglected.

너희들은 절대로 누군가의 흥미를 잃거나 누군가에게 방치되지 않을 것이다.

1) 동사 outgrow는 '~보다 빠른 속도로 성장하다'의 의미이다. 그래서 I outgrew my sweater.는 "스웨터가 작아져서 못 입어"로 이해한다. 만일 He outgrew the toys.라고 하면 "그가 장난감보다 빨리 성장했다"가 직역이다. 다시 말해서 장난감을 가지고 놀지 않는 나이가 되었다는 뜻이다. 그래서 outgrow에는 '~에 흥미를 잃다'의 뜻이 포함되어 있음을 기억한다. 본문의 be outgrown은 '누군가의 흥미를 잃다'로 해석된다.

2) 동사 neglect는 '뭔가에 관심을 거의 두지 않는다'는 뜻이다. 결국 '방치하다'가 된다. 그래서 본문의 be neglected는 '누군가에게 방치되다'가 정확한 뜻이다.

90 Have we ever met...? / I would've remembered!

우리가 전에 만난 적이…? / 그랬으면 진작에 기억했죠!

미국에서는 마음에 드는 낯선 사람에게 접근할 때 Have we ever met before?를 흔히 사용한다. "우리 어디서 만난 적 있던가요?"의 뜻이다. 그렇다면 상대는 "그럴 리가요. 그랬다면 제가 기억했겠죠"라고 I would've remembered!를 쓰게 된다. 본문에서는 이 판에 박힌 대화를 주고받으면서 바비와 켄이 서로 웃으며 자연스레 가까워지고 있다.

96 You don't know me from GI Joe. 당신은 나를 전혀 몰라요.

보통 "너는 나를 전혀 모른다"라고 말할 때는 You don't know me from Adam.이라고 한다. 인류의 조상 Adam에 빗대어 "나하고 아담하고 구별 조차 못한다" 즉, "내가 누군지 전혀 모른다"의 뜻으로 쓰고 있는 것이다. 바비의 남자친구인 Ken은 1961년에 태어났다. 당시는 베트남전이 한창인 때라 미국의 남자군인(GI Joe)이 대단히 상징적이고 중요한 인물이었다. 그래서 본문에서는 Ken이 자신을 GI Joe에 빗대어 말하고 있는 것이다.

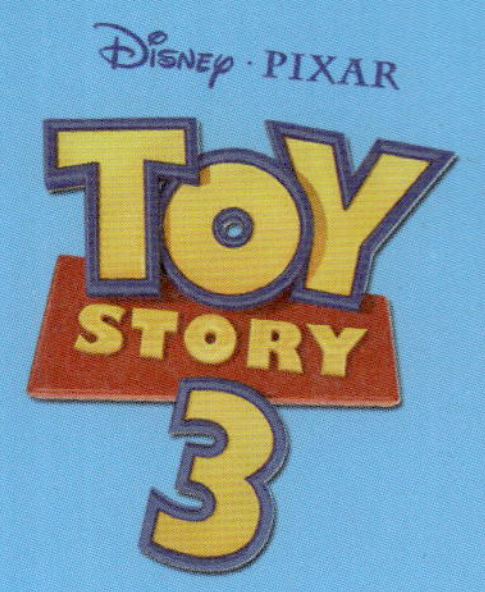

Woody and Toys With Separate Lives
우디와 친구들 각자의 새로운 삶

새로운 삶을 원하는 친구들을 뒤로하고 우디는 혼자서 탁아
소를 탈출한다. 하지만 우여곡절 끝에 꼬마 보니의 손에 들
어가게 된다. 같은 시간 친구들의 행복감은 거친 아이들의
돌진으로 무참히 무너진다. 보니와 함께 새로운 즐거움을 경
험하게 된 우디와는 달리.

Through the windows, the sounds of children laughing and playing are heard. The toys turn, gazing at the sound.

HAMM : Sounds like kids to me.

REX : Oh, I wanna get played with! Why can't time go faster?

JESSIE : How many you reckon are out there?

MRS. POTATO HEAD : Oh, they sound so sweet!

Woody looks at them—innocent in their desire for play. He steps forward, knowing he's fighting a losing battle.

WOODY : Look, everyone, it's nice here, I admit. But we need to go home!

JESSIE : We can have a whole new life here, Woody. A chance to make kids happy again.

SLINKY : Why don't you stay?

REX : Yeah, Woody! Stay with us!

HAMM : Come on, Woodster!

MR. POTATO HEAD : You'll get played with…

MRS. POTATO HEAD : Stay here!

JESSIE : You can make a new kid happy!

창문을 통해 아이들이 웃고 노는 소리가 들린다. 장난감들은 고개를 돌려 소리 나는 쪽을 바라본다.

햄 :	애들 소리 같은데.
렉 스 :	애들하고 빨리 놀고 싶다. 시간이 왜 이렇게 빨리 안 가는 거야?
제 시 :	저기 애들이 몇 명이나 있을까?
감자머리 여사 :	애들 목소리만 들어도 좋다!

우디는 친구들을 바라본다―놀고 싶다는 욕망에 사로잡힌 친구들에게 무슨 죄가 있단 말인가. 우디는 앞으로 걸음을 내딛는다. 이미 이길 수 없는 싸움임을 우디는 잘 알고 있다.

우 디 :	애들아, 그래, 여기 정말 좋아, 나도 인정해. 하지만 우린 집으로 가야 돼!
제 시 :	우디, 우린 이곳에서 완전히 새로운 삶을 살 수 있어. 아이들을 행복하게 해줄 수 있는 기회를 다시 한 번 갖게 되는 거란 말이야.
슬링키 :	너도 그냥 있으면 안돼?
렉 스 :	그래, 우디! 우리하고 같이 있자!
햄 :	그렇게 해, 우디!
미스터 감자머리 :	애들이 놀아주는…
감자머리 여사 :	여기 있어라!
제 시 :	새로운 아이를 행복하게 만들 수 있는 거잖아!

□ **reckon**
생각하다, 예상하다

□ **innocent**
무고한, 순진한

□ **desire**
갈망, 바램

□ **fight a losing battler**
질 수 밖에 없는 싸움을 하다

□ **admit**
인정하다

Zoom In

▪ How many you reckon are out there?

동사 reckon에는 '생각하다' 이외에 '정확히 세지 않고 대충의 숫자를 짐작하다'의 뜻이 포함되어 있다. 그래서 본문을 "밖에 있는 아이들의 숫자가 대강 얼마나 되는 것 같아?" 정도로 이해하게 된다.

▪ innocent in their desire

형용사 innocent에는 '무죄의' 이외에 '악의 없는', '순진한' 등의 뜻이 포함되어 있다. desire는 '욕구', '갈망' 등의 뜻이므로 본문은 '전혀 악의 없이 순수한 그들의 바램'으로 이해한다.

WOODY :	I can't! No, no! Guys, really, no! I have a kid, You have a kid. Andy! And if he wants us at college, or in the attic, well, then our job is to be there for him! Now I'm going home! Anyone who wants to join me is welcome! Come on, Buzz!

He heads off. Buzz stays put. Woody turns back.

WOODY :	Buzz?
BUZZ :	Our mission with Andy's complete, Woody.
WOODY :	What?!
BUZZ :	And what's important now is we stay together.
WOODY :	<u>We wouldn't even be together if it weren't for Andy!</u> Look under your boot, Buzz! You too, Jessie! Whose name is written there?
REX :	Maybe Andy doesn't care about us anymore.
WOODY :	Of course he does! He cares about all of you! He was putting you in the attic—I saw! You can't just turn your back on him now!
JESSIE :	Woody! Wake up! It's over! Andy is all grown up!

우 디 : 난 못해! 아니야, 안돼! 얘들아, 정말이야, 안돼! 나한테는 이미 아이가 있어. 너희들도 마찬가지고. 앤디 말이야! 지금 앤디가 우리를 원하고 있어. 대학에 데려가든, 다락에 두든, 그러니까, 앤디가 그렇게 하길 원한다면 우리는 앤디를 위해서 그 자리에 있어줘야 되는 거야. 난 집에 갈 거야! 누구든 나하고 같이 가기를 원하면 환영이야! 자, 가자, 버즈야!

우디가 자리를 뜬다. 버즈는 움직이지 않고 그 자리에 그대로 있다. 우디가 뒤를 돌아본다.

우 디 : 버즈, 너?

버 즈 : 앤디와의 우리 임무는 끝났어, 우디.

우 디 : 뭐라고?!

버 즈 : 그리고 지금 중요한 건 우리가 다 같이 함께 하는 거야.

우 디 : 앤디가 없으면 우린 결코 함께 있는 게 아니야. 네 신발 바닥을 봐, 버즈! 제시, 너도. 거기에 누구 이름이 적혀 있니?

렉 스 : 앤디가 더 이상 우리를 신경 쓰지 않는 건 아니고.

우 디 : 절대 그렇지 않아! 앤디는 우리 모두를 항상 신경 쓰고 있어. 앤디는 너희들을 다락에 넣어두려고 했다니까 그래— 내가 봤어! 너희들 지금 앤디를 배신하면 안 되는 거야.

제 시 : 우디! 정신 차려! 다 끝났어! 앤디는 이제 어른이 됐단 말이야.

□ **head off**
자리를 뜨다

□ **stay put**
있던 자리에 그대로 있다

□ **complete**
완료된

□ **turn one's back on**
~을 배신하다

□ **wake up**
정신을 차리다

□ **be over**
끝나다

Zoom In

▪ Buzz stays put.

put은 동사가 아니라 형용사로 쓰이고 있다. '정지한', '정착한' 등의 의미를 갖는다. '놓여 있는 상태 그대로'의 느낌이다. 결국 stay put은 '움직이지 않고 가만히 있는 상태를 유지하다'로 이해한다.

▪ turn one's back on ~

'~에 등을 돌리다'가 직역이고 그 직역 그대로 해석된다. 등을 돌리는 상대가 누군가로 한정되어 있음을 알리기 위해서 전치사 on을 쓰고 있다. 본문을 같은 의미의 다른 단어로 바꾸면 betray 즉, '배신하다'이다.

WOODY :   Okay, fine! Perfect! I can't believe how selfish you all are. So this is it? After all we've been through?

Woody looks at the toys—angry, sad, hurt. He fixes his hat, turns to go. Buzz steps forward and offers a handshake.
Woody looks at Buzz's hand, but his anger and pride get the better of him, and he turns away.
Woody walks towards the hallway door. Bullseye follows him. Woody notices.

WOODY :   Bullseye, no! You need to stay! Bullseye, no, I said stay! Look, I don't want you left alone in the attic, okay? Now, stay.

Bullseye retreats, hurt. Jessie puts a consoling hand on him.
Jangling keys in the lock. The toys turn.

BONNIE'S MOM :   Bonnie? Bonnie!

Woody feels awful, but doesn't know what else to say.

WOODY :   I, I gotta go.

The toys scatter, and Woody hides behind the door, just as it opens and Bonnie's Mom enters.

BONNIE'S MOM :   Bonnie? You in here?

Woody sneaks out the open door, into the hallway. Buzz and Jessie are watching.

우 디 :　　　그래, 알았어! 됐어! 너희들 모두 어쩜 그렇게 이기적이니. 정말 믿어지지 않을 정도야. 그래, 이렇게 끝내자는 거야? 동고동락한 우리가 이렇게?

우디는 친구들을 본다―화나고, 슬프고, 마음이 아프다. 우디는 모자를 고쳐 쓰고 돌아서 간다. 버즈는 앞으로 나서며 우디에게 악수하자고 손을 내민다.
우디는 버즈의 손을 본다. 그러나 화와 자존심이 앞선다. 그래서 몸을 돌리고 만다.
우디는 복도 문을 향해 걸어간다. 불즈아이가 우디를 따른다. 우디가 그 모습을 본다.

우 디 :　　　불즈아이, 안돼! 넌 여기 있어! 불즈아이, 안 된다니까, 여기 있으라고 했잖아! 봐, 난 네가 다락에 혼자 남는 걸 원치 않아. 알았어? 자, 넌 여기에 그냥 있어.

불즈아이는 상심한 채 뒤로 물러선다. 제시가 불즈아이에게 손을 올려 놓으며 위로한다. 자물쇠에서 열쇠소리가 난다. 장난감들은 돌아서서 제 자리로 간다.

보니의 엄마 :　　보니야? 보니야!

우디는 기분이 엉망이다. 하지만 더 이상 무슨 말을 해야 할 지 모른다.

우 디 :　　　나 가야겠어.

장난감들은 흩어지고 우디는 문 뒤에 숨는다. 그때 문이 열리고 보니의 엄마가 들어온다.

보니의 엄마 :　　보니야? 이 안에 있니?

우디는 열린 문으로 몰래 빠져나가 복도로 나선다.
이 모습을 버즈와 제시가 지켜보고 있다.

□ **fix**
바로 잡다

□ **get the better of**
~을 이기다

□ **turn away**
외면하다

□ **consoling hand**
위로의 손길

□ **scatter**
황급히 흩어지다

□ **sneak out**
살짝 빠져나가다

Zoom In

■ So this is it?

직역하면 "그래 이게 그거야?"가 된다. this는 '이 결과'를, it은 '원래 생각했던 결과'를 의미한다. 결국 "이게 다야?", "이게 원래 원했던 결과야?", "그래 이걸로 끝내자는 거야?" 등의 의미로 해석된다.

■ After all we've been through?

after all이 하나의 묶음이 아니라 after와 all we've been through의 만남이다. all we've been through는 '우리가 함께 겪었던 모든 것'이다. 여기에 after가 추가된 것이다.

INT. HALLWAY

Teachers chat in the hallway.
Woody peeks out from behind a garbage can. As he tiptoes into the hallway, a whistling janitor approaches.
Woody gasps and falls limp.
The janitor is pushing a trash can on a rolling cart. Woody holds on to the underside of the cart.
The cart plods toward the door…

WOODY :   (whispers) Come on, come on.

…but then veers off into a bathroom.

WOODY :   No, no.

INT. BATHROOM - CONTINUOUS

The janitor begins cleaning the sinks. Woody looks out from behind the trash can and sneaks into a nearby stall. Looking up, he sees an open window. An idea.
Woody leaps up to the toilet paper roll, then jumps up to the
top of the stall where he backs towards the window,
tiptoeing onto the window sill.
At the sink, the janitor looks into the mirror, starts.

JANITOR :   What the heck?

Woody freezes. The janitor stares in the mirror, Woody is visible in its reflection.
The janitor reaches up to wipe a stain off the mirror's surface.

JANITOR :   Now, that's better.

내부. 복도에서

선생님들이 복도에서 대화를 나누고 있다.
우디는 쓰레기통 뒤에서 그 모습을 훔쳐보고 있다. 우디가 발끝으로 살금살금 복도를 걸어갈 때 일하는 아저씨가 휘파람을 불면서 다가온다.
우디는 숨을 멈추고 바닥에 쓰러져 있다.
아저씨는 바퀴 달린 카트 위에 올려져 있는 쓰레기통을 밀고 있다. 우디는 카트의 바닥을 붙들고 있다. 카트가 천천히 문을 향한다…

우 디 :　　　(혼잣말로 속삭인다) **좋아요, 좋아요, 계속 그리로 가세요.**

…그러나 도중에 아저씨는 갑자기 방향을 바꾸고 화장실로 향한다.

우 디 :　　　**안돼, 안돼.**

내부. 화장실 – 계속

일하는 아저씨는 싱크대를 닦기 시작한다. 우디는 쓰레기 통 뒤에서 그 모습을 보다가 몰래 옆에 있는 화장실 칸으로 들어간다. 고개를 들어보니 열린 창문이 보인다. 아이디어가 떠오른다. 우디는 두루마리 화장지 위로 올라가서 화장실 칸 위로 뛰어 오른다. 거기에서 뒷걸음쳐서 창문으로 향한다. 그리고 발끝으로 창문 틀 위로 올라간다.
싱크대에 있던 아저씨가 거울을 보다가 흠칫 놀란다.

일하는 아저씨 :　뭐야 이거?

우디는 얼음이 된다. 아저씨는 거울을 뚫어지게 본다. 우디의 모습은 거울로 제대로 보인다.
아저씨는 손을 들어 거울표면에 묻은 더러운 얼룩을 닦아낸다.

일하는 아저씨 :　이러니까 훨 좋구만.

□ **fall limp**
　축 늘어지다(원래 인형의 모습)

□ **plod**
　터벅터벅 걷다, 천천히 향하다

□ **veer off into**
　~쪽으로 방향을 바꾸다

□ **back towards**
　~을 향해서 뒤로 걷다

□ **start**
　흠칫 놀라다

□ **reflection**
　거울에 비친 모습

□ **wipe a stain off**
　~에서 얼룩을 닦아내다

Zoom In

■ veer off into a bathroom

동사 **veer**는 '방향을 바꾸다'의 의미이다. 방향을 바꾼다는 것은 원래 방향에서의 이탈(off)을 의미하고 새로운 방향으로의 진입(into)을 뜻한다. 그래서 본문을 '방향을 바꾸어 화장실로 들어가다'로 해석한다.

■ Woody is visible in its reflection.

형용사 **visible**은 뭔가 시야에 들어오는 것에 대한 결과이다. 그래서 '눈에 보이는'을 기본 뜻으로 한다. 본문의 **its**는 앞에 나왔던 **mirror**를 가리키고 **in its reflection**은 '거울에 비친 모습의 상태로'를 뜻한다.

Woody's gone.
Outside the window, Woody finds himself above a corner of the playground. Below him,
Bonnie is singing and playing hopscotch by herself. Her mom walks over to her.

BONNIE'S MOM :   Bonnie? Oh, there you are. Come on, honey, it's time

to go home.

EXT. PLAYGROUND

Woody makes his way to a drainage pipe and climbs up onto the daycare roof.
Woody scrambles up and quickly makes his way across to the other side, stopping short at
the ledge.
He scrambles a few feet back up the roof and looks both ways.
Woody frowns—no way out. Then a gust of wind lifts his hat off and blows it across the
roof.

WOODY :   Huh? Oh, no, no, no, no…!

His hat lands underneath a kite that's stuck on the roof.
Woody stares at the kite—another idea.
Woody—hat back in place—runs across the roof, kite clasped in his hands. Picking up
speed, he runs straight for the ledge and leaps, soaring over the playground and safely
over the wall.
Woody glides toward the ground, making a perfect landing.
He laughs, pleased. Then another gust hits, yanking him back high up into the air.
The wind wreaks havoc, taking the kite higher still, all the while dipping and swirling
frenetically.
Woody almost loses his grip. Panicking, he wraps himself around the kite's crossbar,
hanging on for dear life until the bar snaps.
The kite and Woody plummet to the ground below.
Woody tries desperately to flap the kite like wings, but it does little to slow his fall.

우디가 사라졌다.

창 밖에서 우디는 자기의 위치가 운동장 구석 위라는 것을 알게 된다. 우디 아래에 서는 보니가 혼자서 노래를 부르며 사방치기놀이를 하고 있다. 보니의 엄마가 보니 에게 다가간다.

보니의 엄마 : 보니야? 아이구, 거기에 있었구나. 자, 이젠 집에 갈 시 간이다.

외부. 운동장

우디는 배수파이프를 통해서 탁아소 지붕으로 기어 올라간다.

우디는 재빨리 몸을 일으켜 빠른 속도로 지붕의 반대편으로 뛰어간다. 그러다가 끝 부분에서 급히 멈추어 선다.

지붕 위에서 몇 발자국 뒷걸음을 친 우디는 좌우를 살핀다.

우디가 인상을 찌푸린다—탈출할 곳이 없다. 그때 갑자기 바람이 불어와 우디의 모 자가 반대편 쪽으로 날아간다.

우 디 : 어? 아이고, 안돼, 안돼, 안돼, 안돼!

우디의 모자가 지붕에 묶여 있는 연 아래로 떨어진다.

우디는 그 연을 뚫어지게 바라본다—또 다른 아이디어가 떠오른다.

모자를 다시 고쳐 쓴 우디는 지붕을 달려간다. 연을 두 손으로 움켜쥐고 있다. 속력 을 내며 우디는 곧장 지붕 끝으로 달려가 뛰어 오른다. 운동장 하늘을 솟구쳐 안전 하게 벽 너머로 날아간다.

우디는 땅을 향해 활공하여 완벽하게 착륙한다.

우디는 소리 내 웃으며 기뻐한다. 그러다 갑자기 다시 돌풍이 불어와 우디는 공중으 로 치솟는다. 바람은 대단히 심해서 연을 끝없이 하늘 높이 날려보내다가 갑작스런 수직 낙하, 그리고 빙빙 돌기를 반복시키며 정신을 잃게 만든다.

우디는 연을 잡은 손을 놓칠 지경이다. 공포감에서 우디는 연을 지탱하는 가로막대 에 몸을 올린다. 필사적으로 막대를 붙들고 있지만 가로막대가 부러지고 만다.

연과 우디는 땅 아래로 곤두박질친다.

우디는 부러진 연을 날개인 것처럼 필사적으로 펄럭여보지만 곤두박질치는 속도가 줄지는 않는다.

□ **stop short**
갑자기 멈추다

□ **wreak havoc**
엄청나게 심하다. 심한 피해를 주다

□ **lose one's grip**
꽉 쥔 게 풀리다

□ **for dear life**
필사적으로

□ **do little to**
~에 효과가 거의 없다

□ **slow one's fall**
떨어지는 속도를 늦추다

Zoom In

■ **make one's way to ~**

직역하면 '자기의 길을 만들며 ~로 향한다' 이다. 걸어가면서 자기가 정하는 방향이 결 국은 자기가 만드는 길이기 때문에 **make one's way**를 쓰고 그 뜻은 '앞으로 나아가 다'이다. 전치사 **to**는 '~을 향해서'로 이해 한다.

■ **pick up speed**

직역하면 '속도를 들어올리다'이다. 뭔가를 들어올린다는 것은 '바닥에서 위로 상승하 다', '좋아지다', '힘이 더해지다' 등의 느낌 을 준다. 결국 **pick up speed**는 '속도를 높 이다', '속도에 힘을 가하다' 등으로 이해한 다.

He crashes into a tall tree in front of the daycare and falls through the tree, once again losing his hat. He seems to collide with every branch on the way down.
Finally, he tumbles out the bottom of the tree, somehow stopping just short of the pavement.
Almost afraid to open his eyes, he opens one eye and looks down, just as he's lifted upward.

WOODY : (voice box) **Reach for the sky!**

Woody dangles from a branch, attached by his pull string. He flails, trying to unstick himself, but to no avail.
Bonnie's wandered off from her mom and is again singing and amusing herself with hopscotch, which puts her on a collision course with the dangling Woody.
She looks around, wondering if this suspended toy belongs to someone, but there are no other kids in sight.
She tugs on Woody, and the string comes off the branch, and retracts.

WOODY : (voice box) **You're my favorite deputy.**

She holds him, looking at him when…

BONNIE'S MOM : Bonnie!

BONNIE : Coming!

Bonnie shoves a hatless Woody into her backpack, zips it up and runs over to her mom.

WOODY : Oh, great!

As Bonnie and her mom drive off, Woody's hat lies on the ground.

우디는 탁아소 앞에 있는 커다란 나무 아래로 떨어지며 다시 한 번 모자를 잃어버린다. 나무 아래로 추락하면서 모든 나뭇가지에 한 번씩 다 걸리는 듯하다.
마침내 나무를 빠져 나와 나무 바닥까지 떨어졌지만 어쨌든 인도 거의 코앞에서 멈춘다.
두려워 눈을 제대로 뜨지도 못하지만 한 쪽 눈을 뜨고 아래를 내려다 본다. 그때 몸이 다시 위로 당겨지며 올라간다.

우 디 :　　　(목소리 상자에서) **꼼짝 마라!**

우디는 가지에 매달려 있다. 잡아당기는 줄이 가지에 걸린 것이다. 우디는 팔다리를 흔들며 벗어나 보려고 하지만 아무 소용 없다.
보니는 엄마에게서 떨어져 나와 혼자 걷고 있었다. 다시 노래를 부르며 사방치기놀이에 바쁘다. 보니가 걸어오는 길이 매달려 있는 우디와 정확히 부딪히는 자리이다.
보니는 주변을 둘러보며 줄에 걸려 있는 이 장난감의 주인이 있는 지를 확인한다. 하지만 다른 아이들이 전혀 눈에 띄지 않는다.
보니는 우디를 잡아당긴다. 줄은 가지에서 떨어져 나와 우디의 몸 속으로 다시 감겨 들어간다.

우 디 :　　　(목소리 상자에서) **넌 내가 가장 좋아하는 부관이야.**

보니는 우디를 쥐고 쳐다본다. 그때…

보니의 엄마 :　　**보니!**

보 니 :　　　**가요!**

보니는 모자를 쓰지 않은 우디를 자기 배낭가방에 밀어 넣고 지퍼를 닫은 후에 엄마에게 뛰어간다.

우 디 :　　　**그래, 차라리 잘된 일이야!**

보니와 엄마는 차를 타고 떠나고 우디의 모자는 땅바닥에 놓여 있다.

□ **collide with**
　～에 부딪히다

□ **stop short of the pavement**
　인도 거의 앞에서 멈추다

□ **flail**
　팔 다리를 마구 흔들다

□ **unstick oneself**
　자신을 (줄에서) 잡아떼다

□ **suspended**
　매달려있는, 걸려있는

□ **tug on**
　～을 힘껏 당기다

Zoom In

■ crash into/collide with

crash는 자동차가 방향을 이탈해서 상대 자동차의 방향으로 진입해 들어가(into) 부딪히며 그 결과 큰 피해와 소음이 나는 것이고 **collide with**는 두 대의 차가 동등한 입장에서 각자의 길을 가다가 갑자기 일어나는 충돌 그 자체다.

■ wander off from her mom

정확한 해석은 '이리저리 거닐다가(wander) 원래의 방향에서(from) 이탈하여(off) 엉뚱한 곳에서 헤매다(wander)'이다. 본문에서 그 원래의 방향의 중심에는 엄마(her mom)가 있는 것이다.

Rough Play

INT. CATERPILLAR ROOM
Bullseye is inconsolable in the wake of Woody's leaving. He whinnies unhappily. Jessie
tries to console him.

JESSIE :	Oh, it's gonna be okay, Bullseye.
BUZZ :	Woody's going to college with Andy. It's what he's always wanted.
MR. POTATO HEAD :	Ah, he's crazy! College is no place for a toy!
MRS. POTATO HEAD :	Toys are for playtime!
HAMM :	Oooh! Speaking of playtime! They're lining up out there!
BUZZ :	How many?
HAMM :	There must be dozens!
REX :	Ohhh. I can hardly wait!
BUZZ :	Places, everyone!

Buzz turns and notices the other caterpillar room toys edging away from the door. They
turn and flee, ducking, hiding, diving for cover wherever they can.
Abruptly, a bell rings. Kids shriek. Footsteps thunder towards the door.
Rex can't contain himself. He spreads his arms and runs towards the door.

거친 놀이

내부. 애벌레 방
불즈아이는 우디가 떠난 후에 슬픔을 가눌 길이 없어 슬프게 울고 있다. 제시가 불즈아이를 위로한다.

제 시 :	불즈아이, 괜찮아질 거야.
버 즈 :	우디는 앤디와 함께 대학으로 갈 건데 뭘. 그게 우디가 늘 원하던 거였잖아.
미스터 감자머리 :	우디는 제 정신이 아니야. 대학은 장난감이 있을 곳이 아니라고!
감자머리 여사 :	장난감은 애들 놀이시간에 필요한 거거든.
햄 :	와! 놀이시간 얘기를 하다 보니 아이들이 저기에 죄다 줄 서있어!
버 즈 :	몇 명이나 돼?
햄 :	수 십 명은 되겠어.
렉 스 :	오! 얘들아 빨리 들어와라.
버 즈 :	다들 원위치로!

버즈는 고개를 돌려 다른 애벌레 방 장난감들이 종종걸음으로 문에서 먼 곳으로 움직이는 걸 목격한다. 재빨리 도망가고, 몸을 완전히 숨기고, 안 보이는 곳에 숨고, 위에서 아래로 뛰어내리면서까지 몸을 감추고 있다.
갑자기 종이 울리고 아이들은 소리를 지른다. 발걸음 소리가 문을 향해서 천둥 치듯이 밀려온다.
렉스는 감정을 억누를 수가 없다. 렉스는 팔을 벌려 문을 향해 뛰어간다.

□ **inconsolable**
슬픔을 가눌 수 없는

□ **in the wake of**
~의 결과로, ~에 뒤이어

□ **edge away from**
살살 움직여 ~에서 멀리 이동하다

□ **flee**
도망하다

□ **shriek**
비명을 지르다

□ **contain oneself**
자신의 감정을 억누르다

# Zoom In

■ **in the wake of Woody's leaving**

명사 wake에는 '배가 지나간 자리'라는 의미가 포함되어 있으며 in the wake of 는 '~이 지나가면서 나중에 그 결과로'의 의미를 갖는다. 그 결과는 대체적으로 좋지 않게 나타난다. 본문은 '우디가 떠난 후에'이다

■ **I can hardly wait!**

부사 hardly는 '열심히'가 아니라 '거의 ~하지 않는'이다. 그래서 본문을 직역하면 "나는 거의 기다릴 수가 없다"이고 "빨리 그렇게 됐으면 좋겠다"로 이해한다. I can't wait.를 좀 더 강조한 느낌이다.

REX :	At last! I'm gonna get played with!
BUZZ :	Uh, Rex?
REX :	Come to papa!

Wham! The doors burst open, swatting Rex across the room. A horde of squealing, hyped-up toddlers enter. The toys go limp. Buzz quickly closes his helmet.
With shrieks of delight, the toddlers descend on Andy's toys.
The toys are snatched up by eager, excited hands.
Through the window, Buzz sees a class of four-and-five-year-olds (the Butterfly Room) playing happily.

THE BUTTERFLY ROOM
The children play gently and lovingly with Lotso and the other toys in the room.

THE CATERPILLAR ROOM
Buzz stares: why is it heaven in there, and hell in here? Abruptly, a hand grabs him and pulls him back into the fray.

INT. BONNIE'S BEDROOM

WOODY :	(voice box) There's a snake in my boot! I'd like to join your posse, boys, but first I'm gonna sing a little song.
BONNIE :	A sheriff!

She plunks Woody onto a chair, sliding it over to a small table surrounded by toys—a hedgehog, a unicorn, and a triceratops.

BONNIE :	Move over, Mr. Pricklepants! We have a guest! You want some coffee? It's good for you, but don't drink too much or you'll hafta… hafta… Be right back!

렉 스:	마침내! 놀아줄 아이들을 만나는 거야!
버 즈:	어, 렉스?
렉 스:	자, 걱정 말고 어서 와라!

쾅! 문이 벌컥 열리며 렉스는 방 저편으로 나가 떨어진다. 한 무리의 아이들이 몹시 흥분한 상태로 비명을 지르며 들어온다. 장난감들은 원래대로 늘어진 상태이다. 버즈는 잽싸게 헬멧을 쓴다.
기쁨의 비명소리와 함께 아이들은 앤디의 장난감들에게 달려든다. 장난감들은 격하고 흥분된 아이들의 손에 붙잡힌다.
창문 너머로 버즈는 너덧 살 아이들의 반(나비 방)을 보게 된다. 평화로운 모습이다.

나비 방
아이들은 방에서 랏소와 다른 장난감들과 함께 다정하고 사랑스럽게 놀고 있다.

애벌레 방
버즈가 나비 방을 응시하고 있다: 왜 저 방은 천국이고, 이 방은 지옥일까? 갑자기. 어린아이가 버즈를 잡고 난동 속으로 데려간다.

내부. 보니의 방

| 우 디: | (목소리 상자) 내 부츠에 뱀이 한 마리 있다! 나도 너희들 치안대와 함께 하고 싶어. 하지만 먼저 노래를 한 곡 부르겠다. |
| 보 니: | 보안관이다! |

보니는 우디를 의자 위에 내려놓고 그 의자를 밀어서 작은 테이블 앞에 놓는다. 테이블은 장난감들로 둘러져 있다—고슴도치, 일각수, 그리고 트라이세라톱스다.

| 보 니: | 저리 좀 비켜, 프리클팬츠! 손님이 오셨잖아! 커피 마실래? 커피가 몸에 좋아. 하지만 너무 많이 마시진 마. 안 그러면 그게… 그게… 잠깐만! |

□ **swat**
  세게 치다. 장타를 치다

□ **a horde of**
  ~의 무리

□ **hyped-up**
  흥분한

□ **descend on**
  ~달려들다. 다가오다

□ **fray**
  소동

□ **plunk**
  내려놓다

Zoom In

▪ The doors burst open.

동사 **burst**는 뭔가가 터지면서 그 안에 있던 내용물이 밖으로 정신 없이 흩어져 나온다는 뜻이다. 본문은 "문이 터지듯이 열리며 문 밖에 있던 뭔가가 이쪽으로 쏟아져 들어온다"는 느낌이 강하다.

▪ The toys go limp.

형용사 **limp**는 '활기가 없는, 축 늘어진'이고 **go limp**는 '활기를 잃다, 축 늘어지다'로 해석한다. 본문에서는 인형들이 원래의 모습대로 돌아감을 의미한다. 동사 **go**에 '~의 상태가 되다'의 뜻이 포함되어 있다.

She runs out the door.
Woody comes alive, looks around. The other toys stay frozen

WOODY :	Hey! Hello! Hi. Excuse me.
MR. PRICKLEPANTS :	Shhh!
WOODY :	Can you tell me where I am?
MR. PRICKLEPANTS :	Shhhhhhhh!
UNICORN :	The guy's just asking a question.
MR. PRICKLEPANTS :	Well, excuse me, I'm trying to stay in character!
UNICORN :	My name's Buttercup. You've met Baron von Shush.
MR. PRICKLEPANTS :	Shhhhh!
TRICERATOPS :	Hello! I'm Trixie!
MR. PRICKLEPANTS :	Shhhh!
TRIXIE :	Shhhh!
BOTH :	Shhhhhhhhhh!
WOODY :	Guys, hey, guys! Look, I don't know where I am!
TRIXIE :	We're either in a café in Paris, or a coffee shop in New Jersey. I'm pretty sure I just came back from the doctor with life-changing news!
BUTTERCUP :	We do a lot of improv here. Just stay loose, have fun, you'll be fine.

보니는 문밖으로 달려나간다.
우디는 살아나서 주변을 둘러본다. 다른 장난감들은 부동의 상태다.

우 디 : 저기요! 안녕하세요! 저기. 잠깐만요.

프리클팬츠 : 쉬!

우 디 : 여기가 어딘지 말해줄 수 있어요?

프리클팬츠 : 쉬!

일각수 : 지금 질문하는 건데 왜 그래.

프리클팬츠 : 좀 조용해 줄래? 난 지금 내 캐릭터에 충실하고 있는 거
야.

일각수 : 내 이름은 버터컵이야. 방금 말한 애는 바론 본 셔쉬야.

프리클팬츠 : 쉬!

트라이세라톱스 : 안녕! 난 트릭시야.

프리클팬츠 : 쉬!

트릭시 : 쉬!

둘 다 : 쉬!!!

우 디 : 저기요! 잠깐요, 여기가 어딘지 몰라서 말이에요.

트릭시 : 우린 지금 파리의 한 카페에 있던가 뉴저지의 커피 숍에
있겠지. 분명한 건 내가 지금 막, 병원에서 의사를 만나
고 왔다는 사실이야. 내 인생에 엄청난 변화를 줄 수 있
는 소식을 듣고 말이지.

버터컵 : 우리끼리 즉흥연기를 자주해. 그냥 편히, 즐기도록 해.
괜찮아질 거야.

□ **come alive**
살아나다

□ **stay frozen**
계속 얼어있다

□ **life-changing**
삶에 엄청난 영향을 주는

□ **improv**
즉흥연기

□ **stay loose**
편하게 있다

□ **have fun**
즐기다

Zoom In

▪ stay frozen / stay loose

동사 stay는 '머물다' 이외에 '어떤 상태를
계속 유지하다'의 뜻을 갖는다. 그래서 뒤에
형용사의 도움을 흔히 받는데 frozen은 '얼
음처럼 굳은 상태'이고 loose는 '긴장을 푼
상태'를 뜻한다. Stay loose!는 "긴장 풀어!"
이다.

▪ Have fun.

fun이 명사로 쓰였다. '재미, 즐거움'의 뜻
이다. 그래서 본문을 "재미있게 잘 지내,
즐겁게 지내" 등으로 이해한다. Are you
having fun?은 "재미있어?"이고 I had a lot
of fun.은 "정말 재미있었어."가 된다.

WOODY :	No, no, no, no, I…

A toilet flushes. Woody quickly gets back into his pose. Bonnie runs back in.

BONNIE :	Who wants lunch? It has a secret ingredient Jellybeans!

Bonnie eats a jellybean, then pulls Woody's pullstring.

WOODY :	(voice box) Somebody's poisoned the water hole!
BONNIE :	Poison?!

She spits out the jellybean—it sticks to Mr. Pricklepants' head.

BONNIE :	Who would do such a mean thing?!

She slowly turns, revealing a doll on the shelf behind her.

BONNIE :	The scary witch! Look out! She's using her witchy powers! I know where to hide!

The toy box at the foot of her bed creaks open. Bonnie and Woody peek out, Bonnie grabs a stuffed Totoro and closes it again.

INT. TOY BOX
Bonnie and Woody huddle in the darkness.

BONNIE :	She'll never find us in here!

우 디 : 아니, 아니, 아니, 아니, 난…

화장실 물이 내려간다. 우디는 재빨리 원래 자세로 돌아간다. 보니가 달려 들어온다.

보 니 : 누구 점심 먹을래? 비밀 재료가 들어갔어. 젤리빈!

보니는 젤리빈을 먹는다. 그리고 등 뒤에 달린 우디의 줄을 잡아당긴다.

우 디 : (목소리 상자) 누군가 물웅덩이에 독극물을 넣었다!
보 니 : 독극물을?!

보니는 젤리빈을 뱉는다―젤리빈이 프리클팬츠의 머리에 들러붙는다.

보 니 : 누가 그런 나쁜 짓을 했을까?

보니는 천천히 고개를 돌린다. 뒤의 선반 위에 놓인 인형이 나타난다.

보 니 : 무서운 마녀다! 조심해! 마녀가 지금 마법을 쓰고 있어.
　　　　　　어디에 숨으면 좋은지 내가 알아.

보니의 침대 아래에 놓인 장난감 상자. 소리를 내며 상자가 열린다. 보니와 우디가
내다본다. 보니는 토토로를 집어 들고 다시 상자를 닫는다.

내부. 장난감 상자 속
보니와 우디가 어둠 속에서 마녀를 피해 웅크리고 있다.

보 니 : 여기에 있으면 마녀가 우리를 찾지 못할 거야.

□ **flush**	물리 왈칵 쏟아지다
□ **spit out**	입에 있는 것을 뱉다
□ **mean**	비열한, 나쁜
□ **scary**	무서운
□ **look out**	조심하다
□ **huddle**	무서워서 옹송그리다

Zoom In

■ stick to Mr. Pricklepants' head

동사 stick에는 '들러붙다'의 기본 뜻이 포함되어 있다. 본문은 '프리클팬츠의 이마에 들러붙다'의 뜻이다. Stick to your idea.라고 하면 "네 생각에 들러붙어라" 즉, "네 생각을 끝까지 밀고 나가라"가 된다.

■ Who would do such a mean thing?

조동사 would를 쓰면서 가정법의 느낌을 살리고 있다. 형용사 mean은 '비열한', '심술궂은', '나쁜' 등의 의미를 포함한다. 그래서 본문은 "누구라야 그런 나쁜 짓을 할 수 있을까"의 느낌이다.

Bonnie surreptitiously lifts the doll into view. She looks at Woody, puzzled.

BONNIE : What's wrong?

INT. BONNIE'S BEDROOM
She turns and sees the doll, screams. The toy box tips over, spilling Bonnie and her toys. She runs off into the closet.

BONNIE : She found us! We need a spaceship to get away from the witch!

The toys come alive.

TRIXIE : You're doing great!

MR. PRICKLEPANTS : Are you classically trained?

WOODY : Look, I just need to know how to get out of here.

BUTTERCUP : There IS NO WAY OUT! Just kidding. Door's right over there.

DOLL : (to Woody) Well, cowboy, you just jumped right in didn't you? I'm Dolly.

WOODY : ...uh, Woody.

DOLL : "Woody"? Really? You're gonna stick with that?

WOODY : Well, uh…

보니는 인형을 눈에 보이게 몰래 들어올린다. 보니는 어리둥절해하며 우디를 본다.

보 니 :　　왜 그래, 무슨 문제라도 있어?

내부. 보니의 침실
보니는 고개를 돌려 인형을 보고 소리를 지른다. 장난감 상자가 넘어지며 보니와 장난감들이 쏟아진다. 보니는 벽장 속으로 달려 들어간다.

보 니 :　　마녀가 우리를 발견했다! 우주선을 타고 마녀로부터 도망가야 돼!

장난감들이 살아난다.

트릭시 :　　와, 너 연기 진짜 잘한다!

프리클팬츠 :　　수업을 제대로 받은 거야?

우 디 :　　이봐, 난 여기를 어떻게 빠져나가는 지를 알아야 된단 말이야.

버터컵 :　　빠져나갈 방법은 없어! 아냐, 그냥 농담한 거야. 문은 바로 저쪽에 있어.

인 형 :　　(우디에게) 카우보이, 괜히 남의 일에 잘못 끼어들어 고생이지? 난 돌리야.

우 디 :　　…어, 난 우디.

돌 리 :　　"우디"? 진짜? 그 이름 계속 그대로 쓸 거야?

우 디 :　　어, 그게…

Zoom In

▪ You just jumped right in.

jump in은 '어느 장소로 뛰어들다'가 직역이다. 남들이 대화하고 있는데 누군가 갑자기 뛰어든다는 느낌이다. 결국 '방해하다', '대화에 갑자기 끼어들다'로 이해한다. 본문에서는 "느닷없이 남의 일에 끼어들다"이다.

▪ You're gonna stick with that?

stick with는 '뭔가를 계속 고수하다. 설사 그것이 힘든 일이더라도'의 느낌을 담고 있다. 본문에서는 that이 'Woody라는 이름'이므로 "너 그 (촌스러운) 이름을 계속 가지고 갈 거야?" 정도로 이해한다.

DOLL :	'Cause now's your chance to change it, new room and all. That's coming from a doll named "Dolly".

A pea pod toy zips open behind Woody.

PEA#1 :	Who's the new guy?
PEA#2 :	Are you a real cowboy?
WOODY :	Well, actually, I…
PEA#3 :	'Course he's not, pea-brain! He don't even have a hat!
WOODY :	I do too have a… My hat?!
PEA#3 :	Told you!
BONNIE :	I found the spaceship!
MR. PRICKLEPANTS :	Showtime!
BONNIE :	Quick, get in! Fasten your seatbelts! Close your tray tables! Hold on, it might get a little bumpy. 3, 2, 1! BLAST-OFF!

Bonnie launches the toys into the air.
Woody and the others fall onto the bed. Bonnie flops down with them, hugging them close, laughing.

BONNIE :	Yeee-haaaaa! You saved us, cowboy! You're our hero!

She pulls Woody up close to her cheek.
Woody glances at Bonnie, the others. They smile at him. He smiles back—exhilarated. That was great.

돌 리 : 지금이 네 이름을 바꿀 수 있는 기회야. 여긴 완전 새로운 공간이잖아. 내 이름도 "돌리"인 주제에 그런 말 하는 게 좀 그렇지만.

완두꼬투리 모양의 인형이 우디 뒤에서 지퍼를 연다.

완두#1 : 새로 온 쟤는 누구야?

완두#2 : 너 진짜 카우보이야?

우 디 : 사실, 난…

완두#3 : 멍청아, 당연히 아니지. 모자도 안 썼잖아.

우 디 : 나도 모자는… 어, 내 모자?!

완두#3 : 거봐 내가 뭐래!

보 니 : 우주선을 찾았다!

프리클팬츠 : 공연시작!

보 니 : 빨리, 어서 타! 안전벨트 꽉 붙들어 매! 쟁반 테이블 접고! 꽉 붙들어. 조금 흔들릴 수도 있으니까. 셋, 둘, 하나! 발사!

보니는 장난감들을 공중으로 날린다.
우디와 다른 장난감들은 침대 위로 떨어진다. 보니는 침대 위에 털썩 드러누워 장난감들을 끌어안고 소리 내어 웃는다.

보 니 : 이야! 카우보이, 네가 우리를 구했어! 너는 우리의 영웅이야!

보니는 우디를 볼에 가까이 댄다.
우디는 보니와 다른 장난감들을 흘긋 본다. 장난감들이 우디에게 미소를 던진다. 우디도 미소로 답한다―기분이 좋다. 느낌이 아주 좋았다.

□ **hold on**
꽉 붙들다

□ **bumpy**
울퉁불퉁한, 요동치는

□ **blast-off**
발사, 이륙

□ **launch**
진수시키다, 발진시키다

□ **flop down**
털썩 드러눕다

□ **exhilarated**
기분이 대단히 좋은

Key Expressions

106 We wouldn't even be together if it weren't for Andy!

우리는 결코 함께가 아니야. 앤디가 없으면 말이야!

대표적인 가정법 과거문장이다. 가정법은 말 그대로 '가정'이기 때문에 현실 속에서는 절대 일어나지 않는 일을 가정하게 된다. 현실 속에서 일어나지 않으려면 철저하게 과거의 일을 가정해야 한다. 그러면 왜 과거의 일을 가정하는 일이 발생하는 것일까? 현재의 어쩔 수 없는 사실을 강조하기 위해서다. 과거에 그런 일이 없었거나 일어났더라면 지금의 이 현실이 바뀌었을 수도 있지 않았겠냐는 아쉬움, 원망 등의 감정을 통해서 현실을 강조한다. 결국 이미 과거의 사실은 바꿀 수 없으니 현재에 순응하면서 잘 지낼 수 밖에 없다는 게 가정법 과거 사용의 의도이다. 본문에서는 앤디가 있었기 때문에 우리가 함께 있게 된 것이므로 그 사실을 바꿀 수도 없고, 결국 현재 우리의 운명은 앤디와 함께일 수 밖에 없다는 것이다.

108 His anger and pride get the better of him.

그는 화도 나고 자존심도 있고 해서 평소에 하지 않던 행동을 한다.

get the better of 는 말 그대로 '~보다 나은 상태가 되다'이다. 그래서 '~을 이기다', '~을 능가하다' 등의 뜻을 갖는다. 그러나 주어로 감정(感情)을 쓰면 그 감정이 정상적인 나를 물리치는 상황이 되어서 결국 '감정에 치우쳐서 평상시에 하지 않던 행동을 하게 되다'의 의미를 갖게 된다. My curiosity finally got the better of me.는 "나는 호기심 때문에 평상시에 하지 않던 행위를 하게 되었다"의 뜻이다.

 **110 look into the mirror / stare in the mirror**

거울을 보다/거울을 빤히 쳐다보다

보통 '~을 보다'라고 하면 look at과 stare at을 생각한다. 그것은 '목표물의
외관을 보다'의 뜻이다. 즉, look at the mirror나 stare at the mirror라고 하면
'거울의 모양을 보다'의 뜻이 된다는 것이다. 하지만 '거울을 들여다보다'의
느낌, 즉 '거울을 통해서 자신의 모습을 보다'의 느낌이라면 거울의 모양이
아닌 거울 속에 비친 내 모습을 보는 것이므로 look into the mirror, 또는
stare in the mirror를 써야 한다.

 **112 The wind wreaks havoc.** 바람이 큰 피해를 준다.

동사 wreak는 '큰 피해를 주다'의 뜻이고 havoc은 '큰 피해'라서 wreak havoc은 '큰
피해를 주다', '큰 문제를 일으키다' 등의 뜻으로 사용된다. It wreaked havoc on our
economy.는 "그것이 우리 경제에 엄청난 타격을 주었다"로 이해하며 The virus can
wreak havoc.은 "그 바이러스 때문에 엄청난 피해가 있을 수 있습니다"로 해석한다.

 **126 glance at / smile at** ~을 흘끗 보다/~에 미소를 짓다

흘끗 본다는 뜻의 glance나 미소를 짓다의 smile에는 그 최종목표가 있기 마련이다.
'내 시선과 미소가 머무는 장소' 말이다. 이렇게 시선이나 미소, 또는 공격의 최종점
을 가리킬 때 전치사 at을 이용하게 된다. 어딘가를 향해서 돌을 던질 때는 throw a
stone at, 어딘가를 향해서 손가락을 가리킬 때는 point at을 쓴다. 막연하게 어느 쪽
을 향할 때는 to를 쓰지만 정확한 지점을 잡아서 향할 때는 at을 쓴다는 사실을 기억
한다.

영화정보

픽사 애니메이션 스튜디오에서 제작하고 월트 디즈니에서 출시된 Toy Story 세 번째 영화이다. 감독은 Lee Unkrich이고 대본은 Michael Arndt가 썼다.

주인공 우디의 목소리는 Tom Hanks(톰 행크스), 버즈 라잇이어는 Tim Allen(팀 앨른), 제시는 Joan Cusack(조안 쿠색)이 맡았으며 바비는 Jodi Benson(조디 벤슨), 바비의 연인인 켄은 Michael Keaton(마이클 키튼)의 목소리이다. 랏소의 심복으로 등장하는 스트레치는 Whoopi Goldberg(우피 골드버그)가 맡았다. 대부분 전편의 목소리들 그대로이지만 1편, 2편에서 슬링키 독을 맡았던 Jim Varney(짐 바니)는 3편 제작 전에 세상을 떠나서 Blake Clark(블레이크 클락)이 역할을 대신했다.

　이 영화는 2010년 6월부터 10월에 걸쳐 전 세계적으로 개봉되어 미국 내에서는 **Shrek The Third**가 가지고 있던 애니메이션 개봉일 최고의 수익을 경신했다. 또한 픽사필름 역사상 개봉 주말에 최고의 수익을 올린 작품이기도 하며 당시 6월에 개봉된 모든 영화들 중 개봉 주말 가장 높은 수익을 올린 작품이다.

　기록은 여기에서 멈추지 않는다. 2010년 미국과 캐나다에서 개봉된 모든 영화를 대상으로 했을 때 최고의 수익을 올린 영화, 그리고 전 세계적으로도 2010년 최고의 수익영화에 올랐다. 또한, 6월 개봉 이후 2개월 만인 8월 초에 Shrek 2를 앞서 세계 애니메이션 역사상 최고의 수익을 올렸고 8월 말에는 애니메이션 영화로는 최초로 10억 달러를 넘는 엄청난 수익을 세계에서 벌어들였다. 이 액수는 일반 영화들과 비교해도 역사상 5위에 오르는 엄청난 기록이다. 참고로 이 영화를 만드는데 들어간 비용은 총 2억 달러이다. 결과적으로 제작비 대비 5배의 수익을 올린 영화이다.

6

Toys Begin to Understand Andy
앤디를 이해하기 시작하는 장난감들

버즈는 위험에 빠지고 결국 장난감 출시 당시의 모드로 바뀌어져 랏소의 심복으로 전락하고 만다. 친구들은 우연히 앤디의 진심을 알게 되어 그에게 돌아가고 싶어한다. 한편, 우디는 보니와의 우연한 만남에서 행복감을 느끼긴 하지만 여전히 앤디를 원하고 있다.

INT. CATERPILLAR CLASSROOM

The toys come to life, groaning in pain like soldiers on a battlefield.

SLINKY :	Oh, I've got a kink in my slink.
REX :	My tail! Where's my tail?!
HAMM :	Someone need a hand?
MR. POTATO HEAD :	Where's my nose?
MRS. POTATO HEAD :	Here it is.
MR. POTATO HEAD :	Here's your arm.
MRS. POTATO HEAD :	Give me that. That's mine.
MR. POTATO HEAD :	Honey, the moustache?
BUZZ :	I don't recall playtime being quite that strenuous.
REX :	Andy never played with us like that!
JESSIE :	We're just gonna have to make the best of it.
MR. POTATO HEAD :	But these toddlers! They don't know how to play with us!
REX :	They're too young!
HAMM :	They're sticky!
SLINKY :	We should be in the Butterfly Room!
MRS. POTATO HEAD :	With the big kids!
MR. POTATO HEAD :	That's right!
HAMM :	You said it!

내부. 애벌레 교실
장난감들이 살아난다. 전쟁터 병사들처럼 고통의 신음소리를 낸다.

슬링키 :	아이고 이거 허리가 완전히 휘었네.
렉 스 :	내 꼬리! 내 꼬리 어디 갔어?
햄 :	손 필요한 사람?
미스터 감자머리 :	내 코 어디에 있는 거야?
감자머리 여사 :	여기요.
미스터 감자머리 :	여기 당신 팔.
감자머리 여사 :	이리 줘요. 내 꺼야.
미스터 감자머리 :	자기, 내 콧수염은?
버 즈 :	이렇게 놀아보기는 또 처음이네. 더럽게 힘들군.
렉 스 :	앤디는 우리를 이렇게 다룬 적이 없었는데!
제 시 :	앞으로는 어떻게든지 이 상황을 이겨내야지 어쩌겠어.
미스터 감자머리 :	하지만 뭐 애들이! 어떻게 노는 건지를 모르잖아.
렉 스 :	애들이 너무 어려!
햄 :	애들이 깔끔하지 못하고 더러워!
슬링키 :	우린 나비 방으로 가야 돼.
감자머리 여사 :	거긴 큰 애들 방이잖아!
미스터 감자머리 :	맞아!
햄 :	옳소!

□ **groan in pain**
  아파서 신음소리를 내다

□ **kink**
  비정상적인 뒤틀림

□ **strenuous**
  몹시 힘든, 격렬한

□ **make the best of**
  ～의 힘든 상황을 극복해나가다

□ **sticky**
  끈적거리는, 불쾌한

Zoom In

- ## quite that strenuous

  that은 형용사 앞에서 '그 정도로'의 의미를 전한다. that strenuous는 '그 정도로 힘든'의 뜻이다. 여기에 quite을 더해서 '그렇게 대단히 힘든'이 된다. "그녀가 그 정도로 예쁘진 않아"는 She's not that beautiful.이다.

- ## You said it.

  직역하면 "네가 그 말을 했다"이다. "해야 할 바로 그 말을 네가 했다"는 뜻이라서 "맞는 말이야"로 해석한다. 같은 의미의 표현들로 You bet.과 You can say that again.이 대표적이다.

BUZZ : We'll get this straightened out. I'll go talk to Lotso about moving us to the other room.

He strides to the bathroom door, clambers up a table and leaps to the door knob, but it doesn't move.

BUZZ : Blast. Try that one!

JESSIE : It's locked!

SLINKY : Same here!

BUZZ : Try the windows.

HAMM : Eh, negatory. It's a Fenster Schneckler 380. Finest childproof lock in the world.

MRS. POTATO HEAD : We're trapped!

BUZZ : Wait! Did anyone notice the transom?

Atop the hall door is an open transom. It seems forbiddingly high.

MR. POTATO HEAD : Oh, great! How do we get up there?!

The toys cluster along the length of a Fisher Price Corn Popper, Buzz at the rear.

BUZZ : All right, everyone! On three! One, Two…

JESSIE : Three!

Buzz is taken by surprise. They take off, pushing the popper at top speed.

버 즈 :	이건 분명히 짚고 넘어가야겠어. 내가 가서 랏소와 애기를 할게. 다른 방으로 옮겨 달라고 말이지.

버즈가 화장실 문으로 성큼성큼 걸어가서 테이블 위를 기어오른다. 문 손잡이를 뛰어 잡지만 손잡이는 움직이지 않는다.

버 즈 :	제기랄. 그쪽 문 열어봐.
제 시 :	잠겼어!
슬링키 :	여기도!
버 즈 :	창문 열어봐.
햄 :	틀렸어. 펜스터 쉬네클러 380이야. 세계 최고의 어린이 보호용 자물쇠지.
감자머리 여사 :	우린 갇힌 거야!
버 즈 :	잠깐! 저기 창문 가로대 봤어?

현관문 위쪽 창문이 열려 있다. 하지만 엄청 높아 보인다.

미스터 감자머리 :	아이고! 저길 어떻게 올라가?

모두들 콘파퍼 옆에 몰려 서 있고 끝 부분에 버즈가 있다.

버 즈 :	자, 다 준비됐지? 셋 센다. 하나, 둘…
제 시 :	셋!

버즈가 깜짝 놀란다. 모두들 달리기 시작하여 파퍼를 최대속도로 밀어붙인다.

- **stride**
  성큼성큼 걷다

- **negatory**
  부정적인

- **be trapped**
  갇히다, 덫에 걸리다

- **forbiddingly**
  무서울 정도로, 엄청

- **cluster**
  무리를 이루다

- **take by surprise**
  깜짝 놀라게 하다

Zoom In

■ get this straightened out

직역하면 '이것이 똑바로 펴지게 하다'이다. 뭔가를 완전히(out) 곧게 편다(straighten)는 것은 '오해의 소지를 완전히 풀다'의 뜻을 전한다. 그래서 본문은 '뭔가 오해가 있었던 문제가 확실히 해결되게 하다'로 해석한다.

■ Buzz is taken by surprise.

동사 take에는 '잡다, 장악하다' 등의 뜻이 포함되어 있다. by surprise는 '기습적으로'의 뜻이다. 결국 be taken by surprise는 '기습공격을 당하다'가 되어서 '깜짝 놀라다'의 뜻으로도 파생된다.

JESSIE :	Let go!

As they gain velocity the toys drop away. Buzz uses a broom to propel his jump to the transom. Buzz lands and casts a length of yarn down to the toys.

REX :	He did it!
JESSIE :	Way to go, Buzz!

Buzz turns to the hallway, stops.
In the hall below, a couple of tough-looking daycare toys, Twitch (Bug Man) and Chunk (Rock Monster) saunter past the door.

CHUNK :	You think they had a fun playtime?
TWITCH :	Shhh! They might hear you!

Buzz frowns. The sound of giggling. Down the hall, Ken and Barbie are saying a lovey-dovey goodbye at the door.

KEN :	OK. Now you start.
BARBIE :	I…
KEN :	…love…
BARBIE :	…you.
KEN :	See? That time I said "love". Okay, now, me first.
BARBIE :	Okay, okay, okay!
KEN :	I…

제 시 :	이제 놔!

속도가 높아지자 모두들 파퍼를 손에서 놓는다. 버즈는 빗자루를 이용해 창문 가로대 위로 올라간다. 창문에 무사히 착지한 버즈는 실을 친구들에게 내려준다.

렉 스 :	해냈어!
제 시 :	최고야, 버즈!

버즈는 복도 쪽으로 향하다 멈춘다.
아래 복도에서 두 명의 터프해 보이는 탁아소 장난감들, 트위치와 청크가 문을 지나 느긋하게 걸어온다.

청 크 :	걔들 재미있게 놀았을까?
트위치 :	쉬! 들으면 어쩌려고!

버즈가 인상 쓴다. 키득거리는 소리가 들린다. 복도 아래에서 켄과 바비가 문 앞에 서서 달콤한 작별인사를 하고 있다.

켄 :	좋아. 자기가 시작해봐.
바 비 :	나는…
켄 :	…사랑합니다…
바 비 :	…당신을.
켄 :	알겠어? 지금 내가 "사랑합니다"라고 했지. 자, 이번에는, 내가 먼저 한다.
바 비 :	그래, 그래, 그래.
켄 :	나는…

□ **let go**
놓다, 풀어주다

□ **velocity**
속도

□ **Way to go!**
잘했어!

□ **saunter**
느긋하게 걷다

□ **frown**
인상 쓰다

□ **lovey-dovey**
애정표현이 달콤한

Zoom In

▪ Way to go!

일을 잘 마무리했거나 특별한 일을 해냈을 때 칭찬으로 던지는 말이다. "잘했어!", "최고야!", "짱이야!" 등으로 해석할 수 있다. 또한 "잘한다, 밀어붙여!"의 느낌도 포함되어 있다. 우리말의 "아자!"와 같다.

▪ They might hear you!

조동사 might은 '가능성'의 의미로 '~일지 모른다'라고 해석한다. 실현 가능성은 그다지 크지 않다. hear you는 '네가 하는 말을 듣다'라서 본문을 "그들이 네가 하는 말을 들을지도 몰라. 살살 얘기해" 정도로 이해한다.

BARBIE :	…love…
KEN :	…you! You see what I mean? It changes every time!
BARBIE :	You are so smart!

As the tough toys pass, they pry Ken away from Barbie.

TWITCH :	Come on, Romeo. We're late.
BARBIE :	I'll wait up for you.
KEN :	Kisses!

Buzz rappels down—via the red yarn—into the hallway.
He unties the yarn and steals off down the hall. He reaches the teacher's lounge, approaching cautiously.

INT. TEACHER'S LOUNGE
Buzz peeks in. He sees Ken, Twitch and Chunk walk toward the vending machine. Ken opens the bottom flap and they all go inside. Buzz frowns.
He walks toward the vending machine. He pushes open the dispenser flap and climbs in. Buzz climbs up and gets to the top, peers towards the light. In the top of the vending machine, a gang is gathered around a "Farmer Says" toy.

KEN :	All right. Place your bets! Come on, everybody! Come on! Any splits? Here we go!
STRETCH :	Let's go. Let's go. Let's go!
GANG :	Come on, Duck! Come on, Horsie! Gobble, gobble! Come on! Let me have the Duck!
KEN :	All right. That's it. No more bets.

The spinning arrow stops on "Duck".

바 비 : …사랑합니다…

켄 : …당신을! 무슨 말인지 알겠어? 매번 바뀌는 거야.

바 비 : 자기 정말 똑똑하다!

터프한 두 장난감이 지나다가 켄을 바비에게서 떼어놓는다.

트위치 : 로미오, 그만해라. 늦었어.

바 비 : 안 자고 기다릴게.

켄 : 키스!

버즈는 빨간 실을 이용해서 복도로 내려온다.
버즈는 실을 풀고 복도를 몰래 달려가 선생님 라운지에 이른다. 조심스럽게 접근하는 버즈.

내부. 선생님 라운지
버즈는 안을 훔쳐본다. 켄, 트위치, 그리고 청크가 자판기를 향해 걸어간다.
켄이 자판기 아래 덮개를 열고 모두들 그 안으로 들어간다. 버즈가 인상을 쓴다.
버즈는 자판기로 걸어간다. 역시 덮개를 열고 안으로 들어간다. 버즈는 기어올라 자판기 꼭대기에 도착한다. 그리고는 빛을 향해서 시선을 모으고 조심스레 걸어간다.
자판기 꼭대기에서 한 무리가 Farmer Says 장난감 주위에 모여있다.

켄 : 자. 다들 베팅해! 자, 모두들! 어서! 스플릿 할 사람? 자 돌려!

스트레치 : 가자. 가자. 가자.

모두들 : 오리에 서! 말에 서! 칠면조, 칠면조! 돈다, 돈다! 오리 한 번 먹자!

켄 : 자, 자. 그만. 베팅은 그만.

화살핀이 "오리"에 멈춘다.

□ pry A away from B
A를 B에게서 떼어놓다

□ via
~을 통하여

□ untie
매듭을 풀다

□ steal off
도망치다

□ cautiously
조심스럽게

□ dispenser flap
용기 덮개

Zoom In

▪ I'll wait up for you.

I'll을 쓰면 순간적인 의지를 말하게 된다. wait for you는 '당신을 기다리다'이지만 wait up for you는 '잠을 안 자고 당신을 기다리다'로 해석한다. up이 '잠에서 깨어 있는 상태'를 뜻하는 대표 어휘이다.

▪ see them walk toward ~

지각동사 see 다음에 목적보어로 동사원형 walk가 왔다. 이렇게 동사원형을 쓸 때는 처음부터 끝까지 일거수일투족을 다 보고 있는 경우이다. 그래서 본문은 '그들이 ~을 향해서 걸어가는 모습을 계속 지켜보다'로 이해한다.

FARMER SAYS TOY : Here is a duck. "Quack, quack".

STRETCH : I won!

KEN : Stretch takes the round.

STRETCH : You lost!

KEN : Okay, minimum bet. Five monopoly. Coyotes wild. Changing two double AA's. Hey, what do you guys think of the new recruits? Any Keepers?

STRETCH : Oh, please! Landfill!

KEN : Cowgirl? Dinosaur?

TWITCH : Toddler fodder!

KEN : What about that space guy? He could be useful.

CHUNK : He ain't the sharpest knife in the place where they keep the knives.

SPARKY : Neither are you, Chunk.

TWITCH : You got a little keeper yourself, didn't you, Ken?

KEN : Hey! Lay off, Twitch! Barbie's different.

STRETCH : Mr. Softy over here!

CHUNK : What do you expect from a girls' toy?

KEN : I'm not a girls' toy! I'm not! Why do you guys keep saying that?

TWITCH : All them toys are disposable. We'll be lucky if they last us a week!

화머세즈토이 :	여기가 오리구나. "꽥, 꽥".
스트레치 :	이겼다!
켄 :	스트레치가 이번 라운드의 승자.
스트레치 :	네가 진 거야!
켄 :	자, 최소 베팅이야. 모노폴리 다섯 개. 코요테 와일드. 건전지 AA 두 개 교환. 애들아, 너희들 이번에 새로 온 애들 어때? 지킴이로 쓸만한 애들 있을까?
스트레치 :	왜 이래! 다 쓰레기들이야!
켄 :	카우걸 어때? 공룡은?
트위치 :	애들이나 가지고 놀 것들이지!
켄 :	그 우주인 애는 어때? 쓸만하겠던걸.
청 크 :	모아 놓은 칼들이 있다면 그것들 중에서 가장 잘 드는 칼은 아니야. 뭐 그다지 똑똑하지는 않을 것 같다는 말씀.
스파키 :	너도 그렇잖아, 청크.
트위치 :	너야말로 귀여운 지킴이 하나 얻었잖아. 안 그래, 켄?
켄 :	헤이! 그렇게 말하지 마, 트위치! 바비는 달라.
청 크 :	저 감성적이고 부드러운 것 좀 봐!
스트레치 :	여자애들 장난감이 그렇지 뭐.
켄 :	난 여자애들 장난감이 아냐! 왜 너희들은 계속 그렇게 말하는 건데?
트위치 :	걔들은 다 일회용들이야. 1주일을 맡겨둘 수 있다면 우리가 운수대통인 거지!

□ **recruit**
새로 들어온 애

□ **landfill**
매립 쓰레기

□ **fodder**
~에 만 쓸모 있는 사람[것]

□ **Lay off!**
그만해! 그런 소리 마!

□ **disposable**
일회용의

□ **last us**
우리에게 계속 쓰이다

Zoom In

■ What do you think of ~?

What are you thinking?은 "너 지금 무슨 생각하고 있어"이며 본문은 여기에 of ~가 붙은 형태이다. 그래서 '~에 대해서 무슨 생각을 하는가?'가 직역이고 보통은 '~에 대해서 어떻게 생각해?'로 해석한다.

■ What do you expect from ~?

동사 expect는 '기대하다, 기다리다, 예상하다' 등의 뜻을 갖는다. 본문은 '~로부터 무엇을 기대해?'의 빈정대는 듯한 의미로 흔히 사용된다. "난 걔한테 아무 것도 기대 안 해"는 I expect nothing from him.이다.

Buzz is taken aback. Then, determined to warn the others, he turns to go. He bumps headlong into Big Baby.
Big Baby grabs Buzz, tosses him out into the spotlight.
Buzz lands hard, face-down.
The gang, surprised, quickly surrounds Buzz, grabbing him. Buzz struggles but can't escape from their grip.

KEN :	Well, well, looky who we have here.
BUZZ :	Let me go!
KEN :	Take him to "The Library".
BUZZ :	Nooooo!

INT. BONNIE'S BEDROOM

Bonnie is sleeping. Woody tiptoes across the length of the bed, then pauses to look around the room.
He focuses in on Bonnie's backpack hanging from her bedroom door handle.
Quickly and quietly, he jumps to the floor and pushes a chair to the door. He climbs on the chair and pushes the jacket away from the backpack. The address on the backpack is fully revealed—1225 Sycamore Street.

WOODY :	1225 Sycamore!
MR. PRICKLEPANTS :	Woody! What're you doing?
WOODY :	I gotta get out of here!
TRIXIE :	You're leaving?
BUTTERCUP :	But, didn't you have fun today?
WOODY :	Oh, of course I did! More than I've had in years, but, you see, I belong to someone else.

버즈는 깜짝 놀란다. 그리고는 친구들에게 이 사실을 알려주고자 한다. 몸을 돌려 자리를 뜬다. 버즈는 머리부터 빅 베이비에 부딪힌다.
빅 베이비는 버즈를 잡아서 환한 조명 안으로 던져 넣는다.
버즈는 바닥에 세게 떨어진다. 엎드린 채로.
무리들이 놀라며 잽싸게 버즈를 둘러싸 잡는다. 버즈는 발버둥을 치지만 그들의 손아귀에서 벗어날 수가 없다.

켄 :	아이고, 이게 누구신가?
버즈 :	놔라!
켄 :	도서관으로 끌고 가.
버즈 :	안돼!

내부. 보니의 침실
보니는 자고 있다. 우디는 발끝으로 침대를 가로질러 멈추어 서서는 방 주위를 둘러본다. 그의 시선이 보니의 침실 문 손잡이에 걸려 있는 배낭가방에 멈춘다.
신속하게, 그리고 조용히 우디는 바닥으로 뛰어내려 의자를 문으로 밀어놓는다. 우디는 의자 위로 올라가 가방에 걸쳐져 있는 자켓을 옆으로 민다. 가방에 적혀 있는 주소가 나타난다—시커모어 스트리트 1225번지

우 디 :	시커모어 1225번지.
프리클팬츠 :	우디! 뭐해?
우 디 :	나 여기서 나가야 돼!
트릭시 :	떠나겠다고?
버터컵 :	하지만, 오늘 재미있지 않았어?
우 디 :	물론 재미있었지. 지난 몇 년간 이렇게 재미있었던 적 없었어. 하지만, 봐, 난 주인이 따로 있어.

□ **taken aback**
깜짝 놀라다

□ **determine**
~을 하기로 결정하다

□ **bump headlong into**
황급히 가려다 ~에 부딪히다

□ **face-down**
엎드린 상태로

□ **pause**
멈추다

□ **belong to**
~에 속하다, ~의 소유이다

ZOom In

■ **Looky who we have here.**

looky는 감탄사로서 '보아라, 자!' 등의 의미이다. 본문은 "여기 우리 앞에 누가 있는지 보아라"가 직역이며 "아니 이게 누구야!"로 이해한다. 일반적으로는 looky대신에 look을 쓴다. Look who's here!와 같은 의미의 문장이다.

■ **I gotta get out of here!**

gotta는 '필요에 의해서, 또는 어쩔 수 없이 ~을 해야만 하다'의 의미이다. got to를 발음 나는 대로 적은 것이다. 본문은 "어쩔 수 없어. 난 지금 여기를 빠져 나가야 돼"로 이해한다.

Woody holds up his boot.

BUTTERCUP :	(reading) Who's "Ydna"?
MR. PRICKLEPANTS :	I believe it's pronounced, "yid-nay".
DOLLY :	Guys, it says "Andy".
WOODY :	He's my Bonnie. And he's leaving soon. I gotta get home!
PEA POD :	Where is home?
WOODY :	Elm Street. 234 Elm. (thinking) You guys have a map?
DOLLY :	We're on it, Cowboy. Trixie?
TRIXIE :	I'll fire up the computer!

INT. STORAGE CLOSET

The sock is pulled off Buzz's head. He's tied to a toy chair. Buzz struggles against the ties, to no avail.

BUZZ :	Unhand me, you cowards! I demand to talk to Lotso!
KEN :	Zip it, Buck Rogers! You don't talk to Lotso 'til we say you can--

Abruptly, the door opens. Buzz looks up, squints in the light. Lotso stands— astonished.

LOTSO :	Ken?! What's going on here? Why is this toy tied up?

우디는 부츠를 들어 보인다.

버터컵 :	(읽는다) "이드나"가 누구야?
프리클팬츠 :	"이드내이"라고 발음해야 될 것 같은데.
돌 리 :	얘들아, 저건 "앤디"라고 적혀 있는 거야.
우 디 :	우디가 내 보니인 거야. 게다가 앤디는 곧 떠나기로 되어 있어. 나 집에 가야 돼!
완두꼬투리 :	집이 어딘데?
우 디 :	엘름가. 엘름가 234번지야. (생각하면서) 너희들 지도 있어?
돌 리 :	있다마다, 카우보이. 트릭시?
트릭시 :	컴퓨터 가동!

내부. 수납장

양말이 버즈의 머리에서 벗겨진다. 장난감 의자에 묶여 있는 버즈는 벗어나려고 애를 쓰지만 소용없다.

버 즈 :	어서 풀어줘, 이 겁쟁이들아! 랏소와 대화하게 해달란 말이다!
켄 :	닥쳐라, 버크 로저즈! 넌 우리가 허락하기 전까진 랏소와 절대 대화 못해.

갑자기, 문이 열린다. 버즈는 고개를 들어 빛 때문에 눈을 찡그린다. 랏소가 놀란 상태로 서있다.

랏 소 :	켄? 지금 뭐 하는 거야? 이 친구가 왜 묶여 있는 거지?

---

be on it
그걸 소유하고 있다

struggle against ~
~에 대항하여[벗어나려고] 저항하다

to no avail
소용이 없는

unhand
놓아주다

squint
눈을 찡그리고 보다

astonished
깜짝 놀란

Zoom In

■ He's leaving soon.

진행형을 통해서 미래의 의미를 전하고 있다. 이미 정해진 사실을 말할 때 그렇게 한다. 본문은 '그는 곧 떠날 거야'로 해석한다. **I'm leaving early for a doctor's appointment.**는 "난 병원에 가봐야 해서 일찍 나갈 거야"이다.

■ You don't talk to Lotso.

만일 **You can't talk to Lotso.**라고 하면 가능성의 **can**이라서 "너는 랏소와 대화할 수 없을 거야"정도의 느낌인데 **don't**를 쓰면 명령을 통해서 확실한 사실을 선포하게 된다. "랏소와 절대 대화 못해!"인 것이다.

KEN : Uh… He got out, Lotso.

LOTSO : Got out? Oh, no! No, no, no! This isn't how we treat our guests!

Lotso closes the door, approaches Buzz, and begins untying him.

LOTSO : F.A.O. my Schwartz! There you go, I'm so sorry.

BUZZ : Lotso, there's been a mistake.

LOTSO : A mistake?

BUZZ : The children in the Caterpillar Room are not age-appropriate for me and my friends. We respectfully request a transfer to the Butterfly Room.

LOTSO : Well, request granted!

KEN : But, Lotso…

LOTSO : Hush now, Kenneth! This toy's shown initiative! Leadership! Why, I'd say we found ourselves a keeper! (to others) Hear that, everyone! We got a keeper! We're calling you up to the big leagues, son! From now on, you'll have anything you want!

BUZZ : Excellent! I'll go get my friends.

LOTSO : Whoa, whoa! Hold on there, boss! Those Caterpillar kids need someone to play with!

켄 : 어… 이놈이 탈출을 했어요, 랏소.

랏 소 : 탈출? 아이고, 아니야! 이건 아니지, 아니야! 손님들을 이런 식으로 다루면 안되지.

랏소는 문을 닫고 버즈에게 다가가서 풀어준다.

랏 소 : 아이고 이런 소중한 우리 친구를! 자 됐어요. 정말 미안하게 됐어요.

버 즈 : 랏소, 실수가 좀 있었어요.

랏 소 : 실수라니?

버 즈 : 애벌레 방 아이들은 나하고 내 친구들과는 나이대가 맞지 않아요. 우리를 나비 방으로 옮겨줄 것을 정중하게 요청 드립니다.

랏 소 : 좋아요, 그 요구 받아들이죠!

켄 : 하지만, 랏소…

랏 소 : 케네스, 닥쳐! 이 친구는 결단력을 보여줬어. 리더십 말이야! 자, 이 정도면 우리의 지킴이로서 충분하다고 보는데. (다른 인형들에게) 다들 잘 들어라. 우리에게 지킴이가 생겼다! 우리는 앞으로 자네를 빅리그로 초대하겠네. 지금부터는 자네가 원하는 모든 것을 갖게 되는 거야.

버 즈 : 잘됐군요. 가서 친구들을 데려오겠습니다.

랏 소 : 아니, 잠깐만! 대장, 거기 서봐. 거기 애벌레 방 아이들도 가지고 놀 누군가가 필요하잖아.

- **age-appropriate**
  연령이 적절한

- **respectfully**
  정중하게

- **transfer**
  이동

- **granted**
  인정해. 맞아.

- **hush**
  쉿, 조용히 해

- **initiative**
  결단력, 리더십

Zoom In

■ F.A.O. my Schwartz!

F.A.O. Schwartz는 1862년에 미국에서 만들어진 완구판매점이고 그 창업주의 이름이 바로 Frederick Schwartz이다. 랏소가 F.A.O. my Schwartz!라고 말한 것은 자신이 버즈와 같은 지붕아래 장난감 동기임을 말하는 것이다.

■ There you go.

직역하면 "저기 당신이 간다"이지만 "편하게 움직여도 좋다"는 느낌을 전한다. 본문에서는 "자 이제 됐어요"의 의미이다. 손님에게 다과를 내어 놓으며 이 말을 쓰면 "이거 편하게 좀 드세요"의 뜻이 된다.

BUZZ :	But, my friends don't belong there!
LOTSO :	Oh, none of us do! I agree! Which is why—for the good of our community—we ask the newer toys, the stronger ones, to take on the hardships the rest of us can't bear anymore.
BUZZ :	Well, I guess that makes sense. But I can't accept. We're a family—we stay together.
LOTSO :	Family man, eh? I understand. Put him back in the "Time Out" chair.
BUZZ :	What are you...? What? Unhand me!
LOTSO :	Bring in The Bookworm.
BOOKWORM :	Here it is! It was filed under "Lightyear".

An aged toy—The Book Worm—pushes aside some files and peeks out. He tosses a small booklet to Lotso.
Lotso opens up the booklet and flips through it. Buzz looks close and reacts. It's the Buzz Lightyear Instruction Manual.

LOTSO :	Let's see here. Accessories. Maintenance. Oh, here we go! (reading) "Remove screws to access battery compartment."

Big Baby and Chunk push Buzz down, holding him while Sparky opens Buzz's battery compartment. Screws drop to the floor.

버 즈 :	하지만, 내 친구들은 그쪽이 아니에요!
랏 소 :	그건 우리들 누구도 마찬가지야. 나도 동의한다고. 그래서, 우리 커뮤니티의 이익을 위해서, 우린 새로 들어온 친구들, 힘이 센 친구들에게 부탁하는 거야. 다른 친구들이 더 이상은 견딜 수 없는 그 힘든 일을 감당해달라고 말이야.
버 즈 :	일리 있는 말씀이에요. 하지만 전 받아들일 수 없습니다. 우린 가족이에요—우린 함께 있어야 된다고요.
랏 소 :	가정적인 친구군, 그렇지? 무슨 소린지 알았어. 이 자를 다시 "타임 아웃" 의자에 묶어라.
버 즈 :	너 지금… 뭐야? 날 풀어줘!
랏 소 :	책벌레 박사 불러.
책벌레 :	여기 있어. "라잇이어"라는 이름으로 보관되어 있었군.

나이든 장난감 책벌레가 파일들을 옆으로 젖히고 밖으로 고개를 내밀며 소책자를 랏소에게 던진다.
랏소는 책자를 열고 넘겨본다. 앞에서 책자를 유심히 보던 버즈는 놀라는 반응을 보인다: 그 책자는 버즈 라잇이어 취급 설명서였다.

| 랏 소 : | 어디 보자. 액세서리. 점검. 아, 여기 있군! (읽는다) "나사를 풀고 건전지 넣는 곳으로 간다." |

빅 베이비와 청크가 버즈를 아래로 숙여 붙들고 있는 동안 스파키가 버즈의 건전지 넣는 공간을 연다. 나사가 바닥에 떨어진다.

□ **take on**
~을 떠맡다

□ **hardship**
어려움, 곤란

□ **bear**
지탱하다, 책임을 지다

□ **be filed under ~**
~로 보관되어 있다

□ **aged**
나이든, 늙은

□ **access**
접근하다

Zoom In

▪ I can't accept.

동사 accept는 단순히 '받아들이다'의 뜻 뿐 아니라 '어렵고 힘든 일을 받아 들이다'의 느낌을 전할 때도 있다. 본문에서가 바로 그렇다. I can't accept his death.는 "그의 죽음을 받아들일 수가 없어"이다.

▪ It was filed under Lightyear.

be filed under ~는 '문서가 ~라는 이름으로 보관되어 있다'라는 뜻이다. 전치사 under의 활용에 주의한다. I made a reservation under the name, Sara.는 "사라라는 이름으로 예약을 했습니다"의 뜻이다.

BUZZ :	What are you doing? Stop! Let go of me!
LOTSO :	(reading) "To return your Buzz Lightyear Action Figure to its original factory settings, slide the switch from PLAY to DEMO."
BUZZ :	Stop! No! No! Noooo!

INT. CATERPILLAR ROOM

The toys sit near the door, idly playing dominoes. The muffled echo of Buzz's scream is heard. They turn.

JESSIE :	What was that?
HAMM :	Sounds like it came from the hall!
MRS. POTATO HEAD :	I'll see what it was!

She marches to the door and plucks out her remaining eye. She holds it under the door.
Mrs. Potato Head's eye, held by her hand, looks up and down the hallway.
The toys gather around Mrs. Potato Head.

JESSIE :	What do you see? Anything?
MRS. POTATO HEAD :	Nah, just a dark hallway and… Wait, wait! I see Andy!
JESSIE :	What?
MR. POTATO HEAD :	That's impossible!

버 즈 :	지금 뭐 하는 거야? 그만해! 날 놔줘!
랏 소 :	(읽는다) "버즈 라잇이어 인형을 처음 공장에서 세팅되어 나온 상태로 돌리려면 스위치를 "Play"에서 "Demo"로 밀어 옮긴다."
버 즈 :	멈춰! 안돼! 안돼! 안돼~~~~!

내부. 애벌레 방

장난감들이 문 가까이에 앉아서 무료하게 도미노게임을 하고 있는데 버즈의 비명소리가 나지막이 울린다. 소리 나는 쪽으로 모두 얼굴을 돌린다.

제 시 :	무슨 소리야?
햄 :	복도에서 난 소리 같은데!
감자머리 여사 :	뭔 소린지 내가 알아볼게.

여사는 문으로 씩씩하게 걸어가서는 자기의 남아 있는 눈을 잡아 뽑는다. 눈을 문 아래로 가져간다.
감자머리 여사의 눈은 그녀의 손에 쥐어진 채 복도를 위아래로 훑어본다.
친구들은 감자머리 여사의 옆에 모인다.

제 시 :	뭐가 보여? 보이는 게 있어?
감자머리 여사 :	아니, 그냥 컴컴한 복도야. 잠깐, 잠깐! 앤디가 보여!
제 시 :	뭐?
미스터 감자머리 :	뭔 말도 안 되는 소리야!

- **original**
  원래의

- **slide the switch**
  스위치를 밀다

- **muffled**
  소리가 죽은

- **march**
  행군하듯 걷다

- **pluck out**
  잡아 뽑다

- **remaining eye**
  남아있는 눈

Zoom In

■ The muffled echo is heard.

동사 **muffle**은 위에 뭔가를 덮어씌워서 소리가 작아지고 분명하지 않게 만든다는 의미이다. 본문은 "작아진 소리의 울림이 들렸다"는 뜻이다. 수동태는 '주어의 상태'를 강조하기 위해서 사용한다.

■ I'll see what it was.

동사 **see**는 단순히 '보다' 뿐 아니라 '확인하다'의 의미도 포함한다. 그래서 본문은 "뭐였는지 내가 확인해볼게"가 된다. 목적어로 절(節)이 올 때 그 절에 의문사가 쓰였어도 문장의 형식은 평서문이어야 함을 기억한다.

MRS. POTATO HEAD : No, no, I really see him! In his room! My other eye! The one I left behind!

INT. ANDY'S ROOM
Andy crosses frame, carrying another box.

MRS. POTATO HEAD : This is so weird. He's packing up. Uh-oh. Oh, here comes Buster. Out of the way! Get away! Okay, Andy's out in the hall. He's looking in the attic. Wait, there's Mom. Why is he so upset? Oh, no! Oh, this is terrible.

INT. CATERPILLAR ROOM
Mrs. Potato Head puts her eye back in, looks at the others.

MRS. POTATO HEAD : He's looking for us! Andy's looking for us!

JESSIE : He's looking for us?

REX : So, Andy does want us! I knew it! I just knew it!

MRS. POTATO HEAD : I think he did mean to put us in the attic!

SLINKY : Well, then, Woody was telling the truth!

MR. POTATO HEAD : Holy cow!

HAMM : And you didn't believe him!

MR. POTATO HEAD : Hey, you didn't believe him first!

JESSIE : Guys, we gotta, we gotta go home!

Creak. A door opens. Light spills in. The toys turn. Lotso enters, with Big Baby and the rest of his gang.

감자머리 여사 :   아니, 아니야, 진짜 보여. 앤디 방이야. 내 다른 쪽 눈. 집에 두고 온 눈 말이야!

내부. 앤디의 방
장면 건너편에서 앤디가 박스를 옮기고 있다.

감자머리 여사 :   정말 이상하긴 하다. 앤디가 지금 짐을 싸고 있어. 어. 버스터가 다가오네. 비켜 버스터! 안 보여, 비켜! 그렇지, 앤디가 복도로 갔어. 다락을 보는데. 잠깐, 엄마야. 앤디가 왜 화났을까? 아이고, 이런! 이를 어쩐다.

내부. 애벌레 방
감자머리 여사가 자신의 눈을 붙인 후 다른 사람들을 쳐다본다.

감자머리 여사 :   앤디가 지금 우리를 찾고 있어! 앤디가 우리를 찾고 있다고!

제 시 :   앤디가 지금 우리를 찾는다고?

렉 스 :   그러니까, 앤디는 우리를 원하고 있는 거야! 내가 그럴 줄 알았어. 난 다 알고 있었다고!

감자머리 여사 :   정말 우리를 다락에 두려고 했었나 봐!

슬링키 :   그러면 우디가 한 말이 맞았던 거네!

미스터 감자머리 :   아이고 이런!

햄 :   넌 우디 말을 안 믿었잖아!

미스터 감자머리 :   야, 네가 제일 먼저 안 믿었었지!

제 시 :   얘들아, 우리, 우리 집으로 가야 돼!

삐걱. 문이 열린다. 빛이 안으로 들어온다. 모두들 돌아본다. 랏소가 들어온다. 빅 베이비와 나머지 무리를 몰고.

□ **weird**
이상한

□ **upset**
화난, 속이 상한

□ **mean**
의도하다

□ **tell the truth**
사실을 말하다

□ **Holy cow!**
이런! 저런!

Zoom In

▪ I think he did mean to ~

동사의 의미를 강조하기 위해서 동사 앞에 **do**를 쓴다. 그리고 동사의 시제는 **do**가 책임진다. 동사 **mean**에 '의도하다'의 뜻이 있으므로 본문은 '나는 개가 ~할 의도였다고 생각하는데?' 즉, '~하겠다는 거 아니었어?'로 이해한다.

▪ You didn't believe him.

동사 **believe**의 의미를 정확히 이해해야 한다. 뒤에 사람이 바로 오면 '그 사람의 말을 믿는다'이고 **believe in**다음에 사람이 오면 '그 사람을 믿는다'가 된다. 그래서 "내 말을 믿어"는 **Believe me**.라고 한다.

EXT. CATERPILLAR ROOM. DUSK
Lotso, cheerful and relaxed, saunters in with his gang.

JESSIE :	Lotso!
LOTSO :	Hey there. How're you all doing this fine evening?
JESSIE :	Thank goodness! Have you seen Buzz?
MRS. POTATO HEAD :	There's been a mistake! We have to go!
LOTSO :	Go? Why, you just got here! In the nick of time, too! We were running low on volunteers for the little ones! They just love new toys, now don't they?
MR. POTATO HEAD :	Love? We've been chewed! Kicked! Drooled on!
MRS. POTATO HEAD :	Just look at my pocketbook!
LOTSO :	Well, here's the thing, Sweet Potato. You ain't leaving Sunnyside.

Mrs. Potato Head is incensed.

MRS. POTATO HEAD :	Sweet Potato? Who do you think you're talking to? I have over thirty accessories and I deserve more respect…

Abruptly, Lotso, never dropping his cheerful facade, reaches over and yanks her mouth off. Everyone is shocked.

LOTSO :	Ahh! That's better!

내부. 애벌레 방. 느지막한 저녁
랏소가 경쾌하고 여유 있는 모습으로 무리들과 함께 느긋하게 걸어 들어온다.

제 시 :　　　　　 랏소!

랏 소 :　　　　　 잘들 있었어요? 이 좋은 저녁에 어떻게들 계신가?

제 시 :　　　　　 정말 다행이에요! 버즈 보셨어요?

감자머리 여사 :　 실수가 좀 있었어요. 우리 가야 돼요.

랏 소 :　　　　　 간다고? 아니, 언제 왔다고 벌써 간다는 소리야? 게
　　　　　　　　　다가 딱 적절한 때 와놓구선. 마침 어린 애들과 놀아
　　　　　　　　　줄 지원자들이 고갈된 상태였거든. 애들은 새로운 장
　　　　　　　　　난감들을 사랑하잖아, 안 그런가?

미스터 감자머리 :　 사랑? 물어 뜯기고, 발로 차이고, 침 묻히는데!

감자머리 여사 :　 여기 내 가방을 좀 봐요!

랏 소 :　　　　　 내 말 똑바로 들어요, 고구마아가씨. 아가씨는 서니사
　　　　　　　　　이드를 절대 떠나지 못해요.

감자머리 여사는 단단히 화가 났다.

감자머리 여사 :　 고구마? 지금 어따 대고 고구마야? 내가 갖고 있는
　　　　　　　　　액세서리만 해도 30개가 넘어. 내가 당신한테 그 따
　　　　　　　　　위 소리 들으려고…

갑자기, 랏소는 겉으로는 경쾌한 모습을 결코 잃지 않으며 앞으로 다가서서 여사의
입을 확 잡아 뽑는다. 모두들 충격 받는다.

랏 소 :　　　　　 아이고! 훨씬 낫군!

□ **in the nick of time**
아주 적절한 시간에

□ **run low on ~**
~이 고갈되다

□ **drool on**
~에 침을 흘리다

□ **incense**
몹시 성나게 하다

□ **deserve**
~의 값어치가 있다

□ **facade**
허울, 표정

Zoom In

▪ Here's the thing.

the thing은 중요한 사실이나 이유를 말하기 전에 던지는 유도 어휘에 해당한다. 그래서 Here's the thing을 "중요한 얘기니까 내 말 똑바로 들어", "사실은 말이야" 등으로 해석하게 된다.

▪ I deserve more respect.

동사 deserve는 '~을 받을만한 값어치가 있다'의 뜻이다. 그래서 본문은 "나는 더 많은 존중을 받을만한 값어치가 있다"가 직역이고 "나를 이런 식으로 대하면 안되지. 좀 더 존중해줄 수 없어?"의 느낌을 전한다.

MR. POTATO HEAD :	Hey! No one takes my wife's mouth! Except me! Give it back, you furry air freshener!
JESSIE :	Come on, guys. We're going home.
LOTSO :	Whoa there, Missy! You're not going anywhere.
JESSIE :	Oh, yeah? And who's gonna stop us?

Jessie turns and nearly collides with a blank-faced Buzz. She and the other toys are thrilled to see him.

REX :	Buzz! You're back!

He runs, arms open, to greet him, but Buzz makes a kung-fu warrior sound, striking a battle-ready pose.

REX :	Buzz?

Wham! Buzz tackles Rex, slamming him to the floor.

JESSIE :	Hey!
HAMM :	Look out!
SLINKY :	Buzz!

The toys fall to the floor, stunned and dazed. Buzz stands atop the pile of toys and salutes Lotso.

BUZZ :	Prisoners disabled, Commander Lotso.
JESSIE :	Buzz? What are you doing?

미스터 감자머리 :	이봐! 아무도 내 아내의 입을 가져가지 못해! 나 말고는! 돌려줘, 이 털 덮인 방향제 같은 놈아!
제 시 :	얘들아, 가자. 집으로 가는 거야.
랏 소 :	잠깐만, 아가씨. 너희들은 아무 데도 못 가.
제 시 :	그래? 누가 우리 길을 막을 건데?

제시는 몸을 돌리다가 무표정한 버즈와 부딪힐 뻔한다. 제시와 다른 친구들은 버즈를 보자 좋아서 어쩔 줄 모른다.

렉 스 :	버즈! 돌아왔구나!

렉스는 달려와서 팔을 벌리고 버즈를 맞으려 하지만 버즈는 쿵후 전사 소리를 내며 전투자세를 취한다.

렉 스 :	버즈, 왜 그래?

쿵! 버즈는 렉스에게 태클을 걸어 바닥에 쓰러뜨린다.

제 시 :	헤이!
햄 :	조심해!
슬링키 :	버즈!

장난감들은 바닥에 쓰러지고 정신을 못 차리며 멍한 기분이다. 버즈는 친구들 더미 위에 올라서서 랏소에게 거수경례를 한다.

버 즈 :	죄수들을 체포했습니다, 랏소 사령관님.
제 시 :	버즈? 지금 뭐 하는 거야?

---

furry
털로 덮인

blank-faced
무표정한

strike a pose
자세를 취하다

slam to the floor
바닥에 세게 내던지다

dazed
멍한, 아찔한

disabled
활동능력이 없는, 장애를 가진

Zoom In

▪ You're not going anywhere.

문법은 진행형 미래가 쓰였으며 그 의미는 이미 정해진 사실이므로 "너희들은 아무 데도 못 가도록 되어 있어" 즉, "너희들은 여기를 벗어날 수 없어"로 이해한다. 문법의 올바른 이해는 정확한 해석을 이끈다.

▪ strike a pose

동사 strike의 느낌에 주목한다. 갑작스러움, 예기치 않았던 일이나 상황의 시작 등을 의미한다. 그래서 본문은 '갑작스럽게 자세를 취하다'가 되고 strike up a conversation은 '갑작스레 대화를 시작하다'로 이해한다.

BUZZ :	Silence, minions of Zurg! You're in the custody of the Galactic Alliance!
REX :	Zurg?
MR. POTATO HEAD :	Galactic Alliance?
HAMM :	Oh-boy.
LOTSO :	Good work, Lightyear. Now lock them up!
BUZZ :	Yes, sir!

Jessie fights—taking on Chunk and Sparky. Stretch grabs her from behind, puts her in a wire cubby, and shuts it.

STRETCH :	Where do you think you're going?

Jessie reaches her hand through the wire-mesh and places a hand on Buzz's shoulder—pleading.

JESSIE :	Buzz? We're your friends!

He roughly removes her hand from his shoulder.

BUZZ :	Spare me your lies, temptress! Your emperor is defeated. And I'm immune to your... bewitching good looks.

Big Baby lifts Mrs. Potato Head to put her in a cubby.

버 즈 :	조용하라, 저그 똘만이들아. 너희들은 은하계 연방에 체포되었다.
렉 스 :	저그라고?
미스터 감자머리 :	은하계 연방?
햄 :	이런!
랏 소 :	잘했다, 라잇이어. 다들 철창 안에 가둬라.
햄 :	알겠습니다.

제시는 싸운다—청크, 스파키와 힘겨루기를 한다. 문어가 뒤에서 제시를 잡아서 철조망 보관함에 넣고 닫아버린다.

| 스트레치 : | 지금 어딜 가는 거야? |

제시는 철망 사이로 손을 뻗어 버즈의 어깨 위에 놀려놓고 애원한다.

| 제 시 : | 버즈야! 우린 친구잖아! |

버즈는 어깨에 올린 제시의 손을 거칠게 뿌리친다.

| 버 즈 : | 이런 요부같으니라고. 내게 거짓말할 생각 말아라. 저그 황제는 패했다. 그리고 나는 너의 그 황홀한 외모에 완전 면역된 상태다. |

빅 베이비가 감자머리 여사를 들어서 보관함에 넣는다.

□ **in the custody of ~**
　~의 보호를 받는

□ **wire cubby**
　철로 된 보관함

□ **place a hand on**
　~에 손을 올려놓다

□ **temptress**
　요부

□ **immune to**
　~에 면역성이 있는, ~의 영향을 받지 않는

□ **bewitching**
　황홀한

Zoom In

▪ Where do you think you're going?

단순히 "지금 어디를 가는 거야?"라고 묻는 Where are you going?과는 다르다. 본문의 완전한 문장은 Where do you think you're going?이며 그 정확한 뜻은 "어디가? 네가 하는 짓을 알기나 알아?"이다.

▪ I'm immune to your good looks.

immune to는 '~에 면역이 되어서 전혀 영향을 받지 않는다'이며 good looks는 '잘생긴 용모나 미모'를 뜻한다. 결국 본문은 "나는 이제 면역이 되어서 아무리 예쁜 사람을 봐도 흔들리지 않아"로 해석한다.

MR. POTATO HEAD : Hey, Mongo! Keep your paws off my wife! Hey, let go of me, you drooling doofus!

LOTSO : Not him. I think this potato needs to learn himself some manners! (to Big Baby) Take him to The Box.

MR. POTATO HEAD : Hey! Put me down, you moron! Where are you taking me? Bad baby! Bad baby!

Confused, Barbie walks into the classroom.

BARBIE : Ken? What's going on?

KEN : Barbie! I told you to wait in the Dream House!

BARBIE : What are you doing to my friends?

Barbie looks over shoulder as Lotso's laughing henchmen roughly lock up the Aliens.

TWITCH : Get in there!

Stretch slides the cubby shut.
Barbie sizes up the situation.

BARBIE : Hmmph!

Furious, she slaps Ken's arm away and turns around to join the toys in solidarity. Ken tries to grab her.

KEN : Barbie, wait!

미스터 감자머리 : 야, 이 몽고족 같은 놈아! 내 마누라한테서 그 손 못 놔! 야, 나한테서 손 치워, 침흘리개 멍청이 같은 놈아!

랏 소 : 그놈은 거기에 넣지 말아라. 이 감자머리는 예의범절을 좀 배워야겠구나. (빅 베이비에게) 그놈은 상자에 가둬라.

미스터 감자머리 : 야! 내려 놔! 이 바보 같은 놈아! 날 어디로 데려가는 거야? 싸가지 없는 놈아! 이 어린 나쁜 놈아!

혼란스러운 상태에서 바비가 교실 안으로 들어온다.

바 비 : 켄? 도대체 무슨 일이야?

켄 : 바비! 드림 하우스에서 기다리라고 했잖아.

바 비 : 자기 지금 내 친구들한테 무슨 짓을 하는 거야?

바비는 어깨너머로 랏소의 심복들이 낄낄거리며 외계인들을 가두는 모습을 본다.

트위치 : 저리로 들어가!

스트레치가 보관함을 밀어 닫는다.
바비가 상황파악을 한다.

바 비 : 흥!

화가 난 바비는 켄의 팔을 뿌리치고 몸을 돌려 친구들에게로 간다. 고통을 함께 나누고자 하는 뜻이다. 켄은 바비를 잡으려고 한다.

켄 : 자기, 잠깐!

□ **doofus**
멍청이, 얼간이

□ **learn himself manners**
스스로 매너를 배우다

□ **size up**
평가하다, 판단을 내리다

□ **furious**
몹시 화가 난

□ **slap**
철썩 때리다

□ **solidarity**
결속, 연대

Zoom In

▪ I told you to wait.

동사 tell은 '말을 전하다, 명령하다' 등의 느낌이 강하다. 결국 본문은 "내가 기다리라고 했잖아"가 되는데 그 속뜻은 "내가 분명히 기다리라고 당부했을 텐데 왜 나왔어?"로 강한 느낌을 담고 있다.

▪ size up the situation

동사 size는 '치수를 재다', 부사 up은 '완전히'의 뜻을 포함한다. 결국 본문은 '상황의 치수를 완전히 재다'이므로 '상황을 완전히 파악하다'로 이해한다. I already sized up the situation.은 "난 이미 상황파악 끝났어"이다.

| BARBIE : | Don't touch me! We're through! And give me my scarf back! |
| KEN : | Oww! |

She ties it around her head and joins the other toys.
Barbie is slammed into her own cubby.

LOTSO :	Lightyear! Explain our overnight accommodations.
BUZZ :	Sir! Yes, sir! Prisoners sleep in their cells! Any prisoner caught outside their cell spends the night in The Box! Roll call at dusk and dawn! Any prisoner misses roll call spends the night in The Box! Prisoners do not speak unless spoken to! Any prisoner talks back spends the night…
JESSIE :	In the box. We get it.

Buzz whips around. Lotso stops him with his cane.

| LOTSO : | At ease, soldier! They're neutralized! But remember. They'll say anything to make you doubt yourself! |
| BUZZ : | Don't worry, Commander! Any doubt I had got pounded out of me at the Academy! |

Lotso climbs up on a podium of blocks and addresses the toys.

바 비 :　나 만지지 마! 우린 끝났어! 내 스카프 돌려줘!
켄 :　이런!

바비는 스카프를 머리에 두르고 친구들과 합류한다.
바비는 보관함에 혼자 갇힌다.

랏 소 :　라잇이어! 밤사이에 지켜야 할 수칙을 설명해라.
버 즈 :　사령관님! 알겠습니다! 죄수들은 지정된 보관함에서 잠을 잔다! 자기 보관함 밖에서 잡히는 죄수는 상자 안에서 밤을 보내게 된다. 해질 때와 새벽에 점호가 있다! 점호에 빠지는 죄수는 상자 안에서 밤을 보내게 된다. 우리 쪽에서 말을 먼저 걸기 전에는 죄수들은 절대 말할 수 없다. 말대구를 하는 죄수는 밤을…
제 시 :　상자 안에서 보낸다. 알아, 안다구.

버즈는 휙 돌아선다. 랏소가 지팡이로 버즈를 멈추어 세운다.

랏 소 :　그만 쉬게, 병사! 어차피 쟤들 힘 없어! 하지만 기억해. 저것들이 너로 하여금 스스로를 의심하게 만드는 말들을 무턱대고 지껄일 거야.
버 즈 :　걱정 마십쇼, 사령관님! 제게 있었던 그 어떤 의심도 이미 학교에서 교육 받으며 완전히 깨부순 상태입니다!

랏소는 몇 개의 블록으로 만들어진 단상에 올라가 장난감들에게 연설을 한다.

□ **accommodations**	합의 사항, 조항
□ **roll call**	점호
□ **whip around**	휙 돌아서다
□ **At ease!**	쉬어!
□ **neutralized**	무기력해진, 무력해진
□ **pound**	가루가 되도록 찧다
□ **podium**	단, 지휘대

Zoom In

▪ talk back

내가 무슨 말을 하면 그 말에 대한 응답이 무례하고 불순한 상태로 내게 돌아온다는 의미이다. 우리는 이것을 '말대답하다', '말대꾸하다' 등으로 표현한다. "나한테 말대꾸하지마"는 Don't talk back to me.라고 말한다.

▪ make you doubt yourself

동사 doubt는 '~을 의심하다'의 뜻이라서 doubt oneself는 '스스로를 의심하다'가 된다. Don't let anything make you doubt yourself.는 "어떤 일이 있어도 스스로를 의심하지 않도록 해"로 이해한다.

LOTSO :   Listen up, folks—we got a way of doing things here at Sunnyside! If you start at the bottom, pay your dues, life here can be a dream come true! But if you break our rules, step out of line, try to check out early, well...

He tosses Woody's hat. It slides across the floor, coming to a rest outside Jessie's cubby.

LOTSO :   ...You're just hurting yourselves.

The toys gasp in horror.

JESSIE :   Woody! (to Lotso, furious) What did you do to him?

LOTSO :   You all get a good night's rest! You got a full day of playtime tomorrow.

Lotso chuckles as he and his cronies drive off.
Buzz remains behind, standing guard over the "cell block".

랏 소: 제군들, 들으라—여기 서니사이드에는 우리만의 행동양식이 있다. 바닥에서부터 시작하면 그에 합당한 권위와 지위를 갖게 된다. 여기에서의 삶은 꿈의 실현일 수 있는 것이다! 하지만 규칙을 어기고 그릇된 행동을 하고 일찍 이곳에서 나가려고 애를 쓴다면, 글쎄…

랏소는 우디의 모자를 던진다. 모자는 바닥에 떨어져 미끄러지며 제시의 보관함 앞에 멈춘다.

랏 소: …그렇게 되면 제군들은 스스로를 다치게 하는 것이다.

친구들은 공포 속에 숨이 막힌다.

제 시: 우디! (화나서 랏소에게) 우디에게 무슨 짓을 한 거야?
랏 소: 모두들 푹 자면서 쉬도록 해라! 내일은 하루 종일 애들과 놀아줘야 할 테니까.

랏소는 웃으며 무리들과 함께 자리를 뜬다.
버즈는 남아서 교도소의 보관함들을 지킨다.

□ **listen up**
열심히 귀담아 듣다

□ **pay one's dues**
권리를 차지하다

□ **step out of line**
그릇된 행동을 하다

□ **come to a rest**
멈추어 서다

□ **chuckle**
빙그레 웃다

□ **stand guard**
보초서다, 감시하다

Key Expressions

 **136 We're just gonna have to make the best of it.**

어차피 이렇게 된 상황이면 힘들어도 최선을 다해야 되는 거야.

1) be going to have to는 '필요에 의해서 분명 뭔가를 할 수밖에 없는 상황이다'로 이해한다. be going to는 '이미 확실히 정해진 미래'를 뜻하고 have to는 '필요에 의해서 당연히 뭔가를 해야 하다'의 뜻을 전하기 때문이다. "우리는 지금 이런 상황이라면 그들의 제안을 받아들이는 수밖에 없는 거야"는 We're just gonna have to accept their offer.로 표현한다.

2) make the best of it은 '현재의 상황이 좋지 않더라도 있는 그대로 받아들이고 그 안에서 상황을 더 좋게 만들기 위하여 애를 쓰다'의 의미를 갖는다. I won't give up. I'm going to make the best of it.은 "난 포기하지 않아. 좀 힘들더라도 더 좋은 상황을 만들기 위해서 최선을 다할 거야"의 뜻이다.

144 He ain't the sharpest knife in the place where they keep the knives. 걔 그다지 똑똑하지는 않아.

1) ain't는 isn't, am not, are not, have not, has not 등을 줄인 말이다. Why ain't[aren't] you going with him?은 "너 왜 그 사람하고 같이 안 가?"이며 I ain't[haven't] got all day.는 "나 지금 시간 없어. 시간이 하루 종일 있는 게 아니란 말이야"로 이해한다.

2) not the sharpest knife in the place where they keep the knives는 '소장된 칼들 중에서 가장 날카로운 칼은 아니다'가 직역이며 '그다지 똑똑하지 않다'는 의미를 전한다. not the sharpest knife in the drawer에서 파생된 표현이다.

 ## 144 Why do you guys keep saying that?

왜 너희들은 계속 그 말을 하는 거야?

1) 동사 keep에는 '계속'의 느낌이 포함되어 있다. 그렇기 때문에 keep의 목적어로 오는 동사에도 '계속'의 느낌을 줘야 한다. keep의 목적어로 진행형을 쓰는 이유이다. I keep meaning to drop by, but I never get a chance.는 "계속 들른다 들른다 하면서 시간을 못 내고 있어"로 이해한다.

2) say that을 통해서 알 수 있는 것은 동사 say가 타동사라는 사실이다. 절대 say about that이라고 하지 않는다. "나한테 그런 소리 마"는 Don't say that to me.이다.

 ## 162 Spare me your lies. 내게 거짓말 같은 건 하지마.

동사 spare에는 '나쁜 뭔가를 경험하지 않게 하다'의 의미가 포함되어 있다. 그래서 본문은 "내가 너의 거짓말을 경험하지 않게 하라" 즉, "나한테 거짓말할 생각하지 마"로 이해하는 것이다. Spare me the jokes.는 "나한테 그런 농담하지 마"이다.

 ## 166 Prisoners do not speak unless spoken to!

죄수들은 말을 걸어오기 전까지는 절대 말하지 않는다!

완전한 문장은 Prisoners do not speak unless they are not spoken to.이다. I spoke to her는 "나 그녀와 대화를 좀 나누었어"의 뜻이며 She spoke to me.라고 하면 "걔가 말을 걸어서 대화를 좀 했지"가 된다. 즉, 주어가 먼저 말을 거는 꼴이 되는 것이다. 그래서, 수동태인 I was spoken to by her.는 "나는 그저 그녀가 말을 걸어와서 대화를 한 겁니다"로 이해한다. 이런 이유로 본문의 unless spoken to는 '우리 쪽에서 말을 걸어와서 말을 하게 되는 경우가 아니라면'이라는 해석이 가능한 것이다.

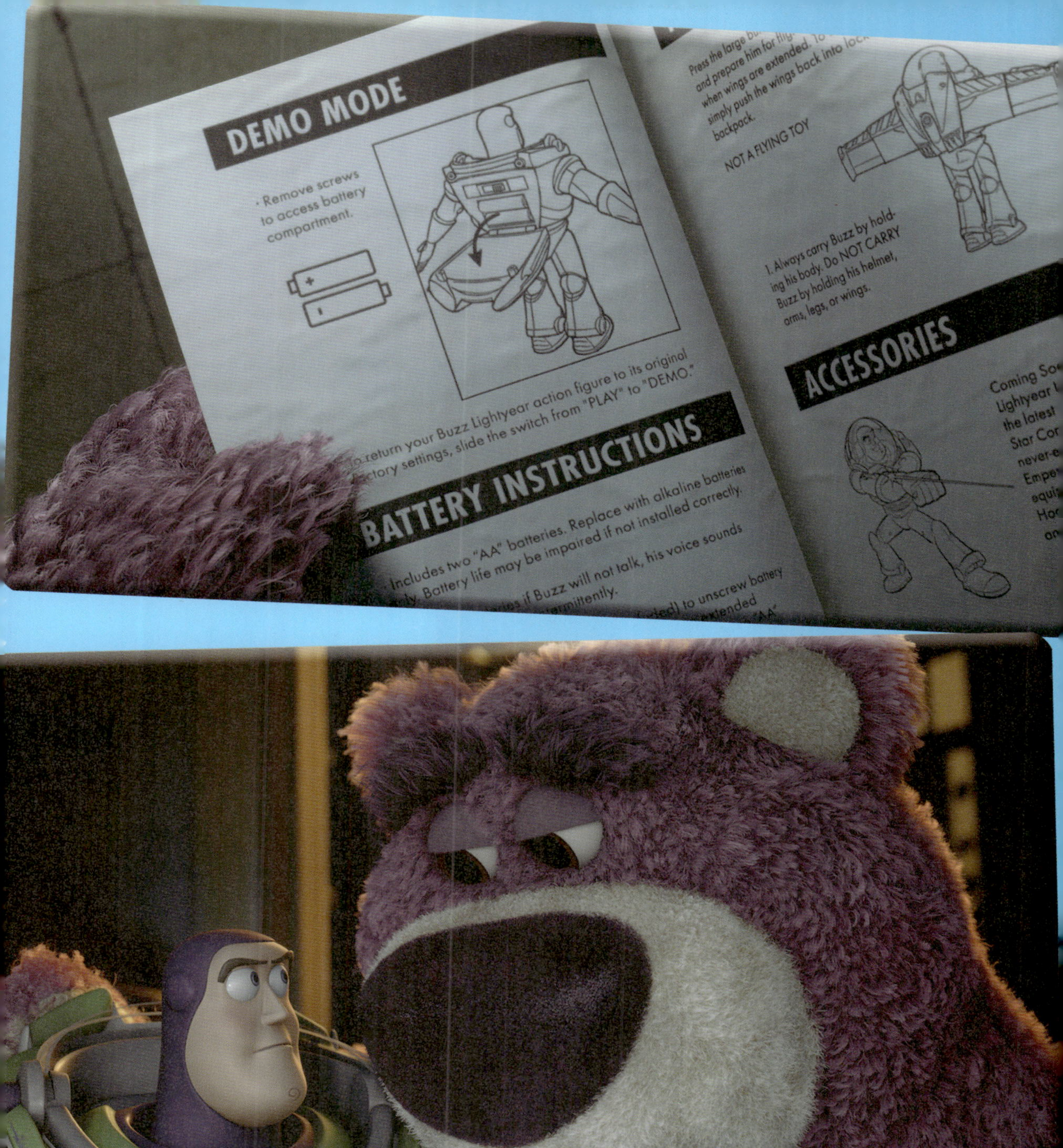

DEMO MODE
• Remove screws to access battery compartment.
return your Buzz Lightyear action figure to its original
ctory settings, slide the switch from "PLAY" to "DEMO."
BATTERY INSTRUCTIONS
Includes two "AA" batteries. Replace with alkaline batteries
Battery life may be impaired if not installed correctly.
ries if Buzz will not talk, his voice sounds
rmittently.
led) to unscrew battery
xtended
"AA"
Press the large bu
and prepare him for flig
when wings are extended. To
simply push the wings back into loc
backpack.
NOT A FLYING TOY
1. Always carry Buzz by hold-
ing his body. Do NOT CARRY
Buzz by holding his helmet,
arms, legs, or wings.
ACCESSORIES
Coming Soe
Lightyear I
the latest
Star Cor
never-e
Empe
equip
Ho
a
SPACE RANGER LIGHTYEAR

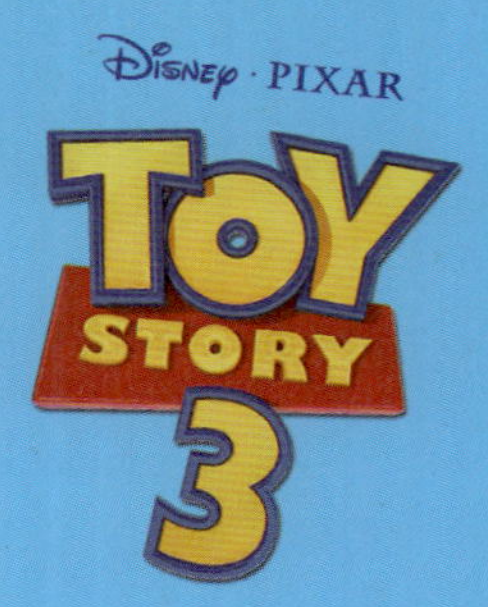

Woody Comes Back to Rescue Friends
친구들을 구하기 위해서 돌아오는 우디

보니의 장난감들을 통해서 탁아소의 폭군 랏소의 이야기를 자세히 듣게 된 우디는 다시 탁아소로 돌아가 친구들을 구하겠다고 결심한다. 탁아소의 친구들은 이미 랏소의 지휘하에 버즈의 감시를 받고 있는 신세로 전락했다. 친구들 앞에 나타난 우디, 놀라는 친구들.

INT. KITCHEN

A computer keyboard—Hands typing: Woody's.

WOODY : 1, 2, 2, 5. Syca…

Suddenly an IM Window pops up on the screen.

WOODY : Who's "VelociSTAR237"?

TRIXIE : Oh! That's just a dinosaur toy down the street, that's nothing. Lemme just take care of that. Just a dinosaur.

WOODY : All right. Sy—ca—more… Okay, "Enter"!

Trixie hits the Return key. Slowly, a map begins to assemble itself. Woody watches intently.

WOODY : Please don't be far! Please, please!

The map resolves itself. The route from Bonnie's to Andy's—less than two blocks away. Woody is amazed.

WOODY : (surprised) Right around the corner? (ecstatic) It's right around the corner! I'm going to college! Look at me, I'm big toy on campus! Hello! Hey! I'll see you at the sock hop!

DOLLY : Okay, Potsie!

WOODY : Oh, hey, listen—if any of you guys ever get to Sunnyside Daycare, you tell them Woody made it home!

내부. 부엌

컴퓨터 키보드—타이프를 치고 있는 손: 우디의 손.

우 디 :　　1225번지 시커…

갑자기 메신저 창이 스크린 위에 뜬다.

우 디 :　　"VelociSTAR237"이 누구야?

트릭시 :　　아! 저 아래 동네에 사는 장난감 공룡이야. 아무 것도 아니야. 내가 처리할게. 그냥 공룡일 뿐이야.

햄 :　　알았어. 시—커—모어… 됐어, "엔터"!

트릭시가 엔터 키를 누르니 지도가 나타난다. 우디는 나타나는 지도를 골똘히 본다.

우 디 :　　너무 멀면 안돼. 제발, 제발!

지도표시가 완성되어서 나타난다. 보니의 집에서 앤디의 집까지 이르는 길—두 블록도 채 떨어져 있지 않다. 우디는 몹시 놀란다.

우 디 :　　(놀라면서) 코너만 한 번 꺾어지면 되는 거야? (열광하면서) 바로 코 앞이다! 나 대학 간다. 날 좀 봐. 나도 이젠 다 커서 대학 캠퍼스로 가는 거야. 안녕! 야, 이따 쏙홉 파티에서 보자.

돌 리 :　　그래, 팟씨!

우 디 :　　아, 내 말 좀 들어봐—만일 너희들 중 누구라도 서니사이드 탁아소에 가게 되면? 거기 애들한테 좀 말해줘. 우디가 마침내 집에 도착했다고 말이야!

■ **Lemme just take care of that.**

Lemme는 Let me를 발음 나는 대로 적은 것이다. let에는 '허락'의 의미가 포함되어 있다. '내가 그러고 싶으니까 그렇게 할 수 있게 허락해달라'는 것이다. take care of는 '처리하다', '알아서 하다' 등의 뜻이다.

■ **Woody made it home.**

make it은 '해내다', '성취하다', 또는 '~에 성공적으로 도착하다'의 의미를 갖는다. '~에 도착하다'의 의미일 때는 make it to ~의 형태를 쓰는데 home이 부사[부사는 전치사의 의미 포함]라서 to가 생략된 것이다.

DOLLY : You came from Sunnyside?

TRIXIE : But, how'd you escape?

WOODY : Well, it wasn't easy, I… What do you mean "escape"?

MR. PRICKLEPANTS : Sunnyside is a place of ruin and despair, ruled by an evil bear who smells of strawberries!

WOODY : (disbelieving) Lotso?

BUTERCUP : The guy may seem plush and huggable on the outside. But inside, he's a monster!

WOODY : But… How do you know that?

MR. PRICKLEPANTS : Chuckles… He'll tell you!

CHUCKLES : Yeah, I knew Lotso. He was a good toy. A friend. Me and him, we had the same kid. Daisy.

INT. DAISY'S LIVING ROOM. FLASHBACK

A freckle-faced five-year-old, DAISY, unwraps a gift under a Christmas tree and finds a fresh, smiling Lotso inside.

CHUCKLES : I was there when Lotso got unwrapped. Daisy loved us all, but Lotso, Lotso was special. They did everything together. You never seen a kid and a toy more in love. One day, we took a drive. Hit a rest stop, had a little playtime. After lunch, Daisy fell asleep.

돌 리 :	너 서니사이드에서 왔던 거야?
트릭시 :	아니, 거기에서 어떻게 탈출했어?
우 디 :	그게, 쉽지는 않았지, 난… 무슨 소리야, "탈출"이라니?
프리클팬츠 :	서니사이드는 파멸과 절망의 장소야. 딸기냄새 나는 사악한 곰에 의해서 지배되는 곳이지.
우 디 :	(믿어지지 않는다는 듯이) 랏소 말이야?
버터컵 :	고급스럽고 안아주고 싶은 놈일 수도 있지. 겉으로 보기엔. 하지만 속은? 그놈 완전히 괴물이야.
우 디 :	그런데… 너희들이 어떻게 알아?
프리클팬츠 :	처클즈. 쟤가 말해줄 거야.
처클즈 :	그래, 내가 랏소를 잘 알고 있었지. 아주 좋은 놈이었어. 친구였지. 나하고 그놈, 우리 주인은 같았어. 데이지.

내부. 데이지의 거실. 회상

주근깨 얼굴을 한 다섯 살짜리 꼬마 데이지는 크리스마스 트리 아래에서 선물을 풀고 그 안에서 깨끗하고, 미소 짓고 있는 랏소를 발견한다.

| 처클즈 : | 랏소가 선물포장에서 나올 때 난 그 자리에 있었어. 데이지는 우리 모두를 사랑했지만 랏소, 랏소는 특별했지. 둘은 모든 걸 함께했어. 아이와 장난감이 그렇게 사랑에 빠질 수 있다는 걸 넌 본 적이 없을 거야. 어느 날, 우린 차를 타고 소풍을 갔어. 휴게실에 도착해서 잠깐 노는 시간을 가졌지. 점심을 먹은 후에 데이지는 잠들었어. |

- **escape**
  탈출하다

- **despair**
  절망

- **rule**
  지배하다, 다스리다

- **plush**
  고급의

- **freckle-faced**
  주근깨 얼굴

- **unwrap**
  포장을 풀다

Zoom In

▪ hit a rest stop

동사 **hit**에는 '때리다, 공격하다' 이외에 '~에 도착하다'의 의미가 포함되어 있으며 **a rest stop**은 '휴게실'을 뜻한다. 그래서 본문은 '휴게실에 도착하다'이다. **How about hitting a rest stop?**은 "휴게실에 들를까?"이다.

▪ After lunch, she fell asleep.

after lunch는 '점심을 먹은 후'이다. 동사 **fall**은 '떨어지다' 이외에 '어떤 상태에 빠지다'의 의미를 갖는다. 그래서 **fall asleep**은 '잠들다'의 뜻을 갖게 된다. 결국 본문은 "점심을 먹은 후에 그녀는 잠들었다"로 이해한다.

Moments later—Daisy's Mom clicks the seat belt around the sleeping Daisy. The car drives off. Daisy's toys sit up and watch from the distance, seeing their worst fears—being left behind—come true.

CHUCKLES : She never came back. Lotso wouldn't give up. It took forever, but we finally made it back to Daisy's. But by then, it was too late.

Tucked under her arm is a brand-new pink Lotso Bear. Lotso's universe is shattered.

CHUCKLES : Something changed that day inside Lotso. Something snapped.

LOTSO : She replaced us. Come on!

YOUNG CHUCKLES : No, she only replaced you!

Lotso turns on Chuckles, intimidating him.

LOTSO : She replaced all of us! Didn't she?

Big Baby looks down at his pendant, then turns and looks back, reaching up towards Daisy's window, yearning.
Lotso walks back to Big Baby, seething.

LOTSO : She don't love you no more! Now come on!

He rips the pendant off Big Baby's neck and throws it away.

잠시 후에—데이지의 엄마는 자고 있는 데이지를 차에 태우고 안전벨트를 채운다.
자동차는 떠나버린다.
데이지의 장난감들은 자리에 앉아서 떠나는 자동차를 멀리 지켜보고 있다. 최악의
두려움이—버려진다는 것—현실화되고 있음을 보고 있다.

처클즈 :   데이지는 돌아오지 않았어. 랏소는 포기하지 않았지. 엄
            청 오랜 시간이 걸려서 우린 결국 데이지의 집으로 돌아
            갔지. 그런데 그땐 이미, 너무 늦었어.

데이지의 팔에는 새로 산 핑크색 랏소 곰이 안겨 있다. 랏소의 우주가 산산조각 나
는 순간이다.

처클즈 :   바로 그날 랏소의 내면에 변화가 생겼어. 내면에서 뭔가
            가 폭발한 거야.
랏 소 :   데이지가 우리를 버리고 다른 놈을 데려왔어. 가자!
어린 처클즈 : 아니야, 데이지는 너만 바꾼 거잖아.

랏소는 처클즈에게 달려들며 겁을 준다.

랏 소 :   우리 모두를 바꾼 거야! 안 그래?

빅 베이비는 자기 목걸이를 내려다본다. 그리고는 뒤돌아보며 데이지를 잊지 못해
창문을 향해 올라간다.
랏소가 빅 베이비에게 걸어가며 분노한다.

랏 소 :   데이지는 너를 더 이상 사랑하지 않아! 이리 와!

랏소는 빅 베이비의 목에서 목걸이를 떼어내어 바닥에 팽개친다.

□ **give up**
포기하다

□ **tuck**
밀어 넣다

□ **snap**
감정이 한 순간에 무너지다

□ **replace**
바꾸다, 대체하다

□ **intimidate**
위협하다, 겁주다

□ **seethe**
분노로 마음이 부글거리다

Zoom In

■ click the seat belt around the sleeping Daisy

click the seat belt는 '찰칵 소리를 내며
좌석벨트를 매다'의 뜻이며 around the
sleeping Daisy는 '자고 있는 데이지의 몸
에'이다. '벨트를 매다'는 put on a seat belt
라고한다.

■ Something changed inside Lotso.

동사 change를 자동사로 쓰고 있는 것에
주의한다. 자발적으로, 또는 세월이 흘러
서 자연스럽게 변할 때는 자동사를 쓴다.
Everything changes.는 "세상의 모든 건 자
연히 변한다"이다.

EXT. TRUCK BUMPER

Lotso, Chuckles, and Big Baby hunch on the bumper of a delivery truck as it drives through swirling rain. Their eyes are dead, hopeless.

CHUCKLES :　　We were lost. Cast off. Unloved. Unwanted.

The truck hits a bump, knocking them off the bumper. They hit the pavement and tumble into a puddle.

EXT. SUNNYSIDE DAYCARE, FRONT ENTRANCE

It's dark. Rain pours. Lotso, Chuckles, and Big Baby lift their faces from the puddle. Something glows above them.
A FLASH of lightning reveals the Sunnyside daycare center.

CHUCKLES :　　Then we found Sunnyside. But Lotso wasn't my friend anymore. He wasn't anyone's friend. He took over Sunnyside and rigged the whole system.

WOODY :　　So… How'd you get out?

CHUCKLES :　　I got broke. Bonnie found me, took me home. Other toys, they weren't so lucky. It ain't right, what Lotso done! New toys, they don't stand a chance!

WOODY :　　But, my friends are in there!

BUTTERCUP :　　You can't go back!

MR. PRICKLEPANTS :　　Returning now would be suicide!

외부. 트럭 범퍼 위
랏소와 처클즈, 그리고 빅 베이비는 화물배달 트럭의 범퍼 위에 등을 구부리고 앉아 있다. 트럭은 소용돌이치듯 내리는 빗속을 달린다. 그들의 눈은 생기가 없고 절망적이다.

처클즈 : 우리는 갈 곳을 잃었어. 버려졌어. 사랑을 잃었어. 그리고 아무도 원치 않는 존재가 되어버린 거였어.

트럭은 도로 위 돌출된 곳에 부딪히며 그들은 범퍼에서 떨어진다. 바닥에 부딪힌 그들은 물웅덩이 안으로 굴러들어간다.

외부. 서니사이드 탁아소, 입구 앞
어둡다. 비가 쏟아진다. 랏소. 처클즈. 그리고 베이비는 물웅덩이에서 고개를 든다. 그들 위에서 뭔가가 빛을 낸다
번갯불로 인해서 서니사이드 탁아소 센터가 보인 것이다.

처클즈 : 그러다 우리는 서니사이드를 발견했지. 하지만 랏소는 더 이상 내 친구가 아니었어. 그는 누구의 친구도 아니었지. 랏소는 서니사이드를 장악했고 전체 시스템을 제멋대로 통제했어.

우 디 : 그러면⋯ 넌 어떻게 빠져나온 거야?

처클즈 : 망가졌어. 보니가 망가진 나를 발견해서 집으로 데려온 거지. 다른 장난감들은 모두 운이 없었던 거야. 옳지 않아. 그동안 랏소가 해온 행위가 말이지! 새로 들어온 장난감들, 걔들한테는 아무런 희망도 없어.

우 디 : 하지만, 지금 내 친구들이 그 안에 있어!

버터컵 : 돌아가면 안돼, 우디.

프리클팬츠 : 지금 돌아가는 건 자살행위야!

□ **hunch**
등을 구부리다

□ **swirling rain**
소용돌이 치는 빗줄기

□ **hopeless**
희망이 없는, 절망적인

□ **be cast off**
버려지다

□ **take over**
인계하다, 접수하다, 장악하다

□ **rig**
부정한 방법으로 조작하다

Zoom In

▪ They don't stand a chance.

stand a chance는 '뭔가를 이룰 수 있는, 또는 성공할 수 있는 가능성이 있다'는 뜻이다. Do you think I stand a chance of landing the job?은 "당신 생각엔 내가 그 일을 하게 될 가능성이 있을 것 같아?"이다.

▪ You can't go back!

이 문장에서 조동사 can의 역할은 '능력'도 '가능성'도 아니다. '명령'의 느낌이 강하다. 그래서 "너는 돌아가면 안돼!"로 이해해야 한다. You can't take care of this alone은 "이걸 너 혼자 해결하려 들면 안돼"이다.

DOLLY :	But what about your "Andy"?
TRIXIE :	Isn't he leaving? For college?

Woody is torn.

INT. CATERPILLAR ROOM
The room is dark and still. A harmonica plays mournfully.
Hamm sits playing a harmonica.
Suddenly, from above, Buzz pounds on Hamm's cubby.

BUZZ :	Quiet, musical hog! Knock it off!

Hamm stops playing, sighs. Buzz moves off, continuing his patrol.
Bullseye looks at Woody's hat, whimpers forlornly. Jessie reaches through the bars and pats him.

JESSIE :	Oh, Bullseye. I miss Woody, too. But he ain't ever coming back.

Jessie lifts her foot and looks at the "ANDY" written underneath.
Her eyes fill with regret. Her lip trembles.
The bathroom door bursts open. A Tonka truck races into the room. Lotso sits in the back of the truck, grinning. His gang rides with him.
The truck comes to a stop in front of the "prison block".

LOTSO :	Rise and shine, campers!
BUZZ :	Commander Lotso, Sir! All quiet! Nothing to report!
LOTSO :	Excellent, Lightyear! Come on. We need you back at Star Command!

돌 리 :	하지만 네 주인인 "앤디"는 어쩌고?
트릭시 :	앤디가 떠나는 거 아니야? 대학에?

우디의 마음이 찢어진다.

내부. 애벌레 방
방은 어둡고 고요하다. 하모니카 소리가 애절하게 들린다.
햄이 앉아서 하모니카를 불고 있다.
갑자기, 위에서, 버즈가 햄의 보관함을 세게 친다.

| 버 즈 : | 조용해, 음악 돼지! 집어치우라고! |

햄은 한숨을 쉬며 연주를 멈춘다. 버즈는 자리를 뜨고 계속 순찰을 돈다.
불즈아이는 우디의 모자를 보면서 쓸쓸히 훌쩍인다. 제시는 보관함 창살을 통해서
불즈아이에게 손을 뻗어 토닥거린다.

| 제 시 : | 불즈아이야. 나도 우디가 그리워. 하지만 우디는 돌아오
지 않아. |

제시는 자기 발을 들어 바닥에 쓰여진 글씨 "앤디"를 본다.
제시의 눈에는 후회가 가득하다. 그녀의 입술이 떨린다.
화장실 문이 벌컥 열린다. 통카 트럭이 방안에서 질주한다. 랏소는 트럭 뒤에 앉아서
활짝 웃고 있다. 랏소의 무리들이 랏소와 함께 타고 있다.
트럭은 죄수구역 앞에 선다.

랏 소 :	어서 일어나게나, 캠핑객들!
버 즈 :	랏소, 사령관님! 이곳은 이상 없습니다. 보고사항 없습 니다!
랏 소 :	훌륭해, 라잇이어! 자 이리 와서 올라 타. 스타 사령부로 복귀해야지.

□ **torn**
마음이 찢어지는

□ **mournfully**
애절하게

□ **whimper**
훌쩍이다

□ **forlornly**
쓸쓸히, 절망적으로

□ **tremble**
떨다

□ **report**
보고하다

Zoom In

■ Knock it off!

직역하면 "그것을 때려서 없애!"이다. 그렇다고 실제로 때리라는 것이 아니라 '싹을 잘라 없애라'는 것이다. 본문은 누군가 계속 짜증나는 행위를 할 때 그 행위의 싹을 잘라 없애라는 뜻이 되어서 "집어치워!"정도로 이해한다.

■ Her eyes fill with regret.

fill with는 '~이 가득 고이다'의 뜻이며 regret은 '후회'이다. 그래서 본문은 "그의 눈은 후회로 가득하다'로 이해한다. "그의 눈에 눈물이 고였다"는 His eyes filled with tears.이다.

MRS. POTATO HEAD :   Wait! What have you done with my husband?

LOTSO :   Big Baby?

Big Baby steps forward and tosses a dazed Mr. Potato Head into the room—coughing, groaning, covered in sand.

MRS. POTATO HEAD :   Sweetheart!

MR. POTATO HEAD :   It was cold! And dark! Nothing but sand and a couple of Lincoln Logs.

HAMM :   I don't think those were Lincoln Logs.

LOTSO :   You all get ready. You got a play-date with destiny.

A bell—ringing.

INT. BUTTERFLY ROOM
Doors open. Kids pour in. Jackets and backpacks are deposited.
Bonnie drops off her backpack at the cubbies, then rushes off to join the other kids.
Bonnie's backpack unzips. Woody peers out, looks around, then surreptitiously scrambles to the top of a bookshelf where he can reach the ceiling.

INT. CATERPILLAR ROOM
Woody pulls up a ceiling tile and drops onto the top of a bookshelf. He makes his way to an empty reading loft. He creeps to the edge of the loft and scans the room.
Below him, a toddler is using Rex's head to beat a bongo drum.
Another toddler has a Potato Head in each hand. The child throws them down on the ground with all his might.
All of their pieces break off and scatter.
A child plays "airplane" with Jessie, swinging her around by her hair, then releasing her.
Woody is horrified. A toy-phone bell rings.
Woody turns. A smiling Fisher Price Toy Phone, The Lifer, wheels into view. He rings again, knocks his receiver off its base, and retreats into the shadows. Woody creeps to the phone and lifts the receiver, hesitant.

감자머리 여사 :   잠깐! 너희들 내 남편한테 무슨 짓을 한 거야?

랏 소 :   빅 베이비?

빅 베이비가 한 걸음 앞으로 내디디며 멍한 상태에 있는 미스터 감자머리를 방안으로 던져 넣는다. 감자머리는 기침과 신음소리를 내며 모래에 뒤덮여 있다.

감자머리 여사 :   여보!

미스터 감자머리 :   추웠어! 어둡고! 모래와 링컨 통나무 몇 개 뿐이었어.

햄 :   그게 과연 링컨 통나무였을까?

랏 소 :   모두 준비해라. 운명의 놀이시간이다.

벨이 울린다.

내부. 나비 방
문이 열린다. 아이들이 쏟아져 들어온다. 자켓과 배낭가방이 제 위치에 놓인다.
보니는 가방을 보관함에 놓고 서둘러 다른 아이들에게 합류한다.
보니의 가방이 열린다. 우디가 밖을 보며 주위를 살핀다. 그리고 나서 재빨리 움직여 책장 위로 올라간다. 천장에 오를 수 있는 위치이다.

내부. 애벌레 방
우디는 타일을 들어올리고 책장 위로 내려온다. 우디는 빈 독서실로 향한다. 그는 독서실 끝으로 살금살금 다가가서 아래 보이는 방을 유심히 살핀다.
우디 아래에서, 한 아이는 렉스의 머리로 봉고드럼을 치고 있다.
다른 아이는 양 손에 감자머리를 들고 있다. 그 아이는 온 힘을 다해서 감자머리를 바닥에 집어 던진다. 감자머리 부품들이 부서지며 흩어진다.
한 아이는 제시를 들고 "비행기" 놀이를 한다. 제시의 머리를 잡고 빙글빙글 돌리다가 놓는다.
우디가 기겁한다. 장난감 전화벨이 울린다.
우디가 돌아본다. 미소를 짓고 있는 Fisher Price 장난감 전화 리퍼가 바퀴를 굴리며 시야에 들어온다. 리퍼는 다시 한 번 벨을 울리고 수화기를 바닥에 떨어뜨리며 그림자 속으로 다시 들어간다. 우디는 살금살금 전화기로 다가가 망설이면서 수화기를 든다.

□ **nothing but**
오직, 그저 ~일뿐

□ **Lincoln Logs**
새김 눈이 있는 미니어처 통나무 장난감

□ **deposit**
정해진 곳에 두다

□ **surreptitiously**
몰래

□ **scan**
유심히 살피다

□ **hesitant**
주저하는, 망설이는

Zoom In

▪ Kids pour in.

동사 pour는 '들어붓다', '쏟아지다' 등의 느낌이다. 물을 부을 때나 비가 쏟아질 때의 느낌이다. pour in이라면 '쏟아져서 안으로 밀려 들어오다'의 뜻이다. 그렇게 아이들이 안으로 밀려 들어온다는 게 본문의 뜻이다.

▪ All of their pieces break off and scatter.

break off은 '깨지고(break) 원래의 자리에서 떨어져(off) 나가다'의 느낌이다. 그 느낌을 확실히 뒷받침해주는 동사가 바로 '흩어지다'의 scatter이다. 부사 off의 느낌을 정확히 이해하는 것이 중요하다.

WOODY :	Uh… Hello?
LIFER :	You shouldn't have come back, Cowboy. They cracked down hard since you left. More guards. More patrols. You and your friends ain't ever getting out of here now.
WOODY :	I made it out once.
LIFER :	You got lucky once. Want my advice? <u>Keep your heads down. You'll</u> survive.
WOODY :	Yeah? For how long?
LIFER :	I've been here years. They'll never break me. There's only one way toys leave this place.

The Phone rolls forward, gestures. Woody looks. Through the window, the janitor—across the yard—dumps garbage bags into trash chute. Amongst the bags is a broken toy. The janitor dumps it in the chute with the rest of the trash. Woody shudders—he's witnessed a toy death.

LIFER :	Poor fella. Trash truck comes at dawn. Then it's off to the dump.
WOODY :	Look, I appreciate your concern, old timer. But we have a kid waiting for us. Now we're leaving. If you'd help us, one toy to another, I'd sure be grateful.

우 디 : 어… 여보세요?

리 퍼 : 카우보이, 돌아오지 말았어야지. 네가 떠난 뒤로 단속이 심해졌어. 경비원이 많아졌고 순찰도 잦아졌어. 너와 네 친구들은 이제 여기를 절대 **빠져나가지** 못해.

우 디 : 한 번은 빠져 나갔잖아.

리 퍼 : 한 번은 운이 좋았던 거지. 충고해줄까? 고개 숙이고 지내. 그러면 생존하게 될 거야.

우 디 : 그래? 얼마 동안이나?

리 퍼 : 나는 여기에서 수 년 동안 지내왔어. 절대 나를 해치지 않을 거야. 장난감이 이곳을 떠나게 되는 방법은 단 하나밖에 없어.

리퍼가 따라오라는 몸짓을 하며 앞으로 굴러간다. 우디가 본다. 창문을 통해서 마당 건너편에서 관리인이 쓰레기 봉투를 쓰레기 활송 장치에 넣는 것이 보인다. 쓰레기 가방 사이로 망가진 장난감이 보인다. 관리인은 그 장난감을 나머지 쓰레기와 함께 활송 장치에 버린다. 우디는 몸서리친다—장난감의 최후를 목격한 것이다.

리 퍼 : 불쌍한 놈. 쓰레기 트럭은 매일 새벽에 와. 그리곤 바로 쓰레기 하치장으로 가지.

우 디 : 있잖아, 고참 양반, 걱정해주는 건 정말 고마워. 하지만 우리는 우리를 기다리는 주인이 있단 말이야. 우린 여길 빠져나가야 해. 네가 우리를 도와주면, 친구들 하나하나 말이야, 그렇게만 해주면 정말 고마울 텐데.

crack down	엄중 단속하다
survive	생존하다
shudder	몸서리치다
witness	목격하다
concern	우려, 걱정
grateful	고마워하는, 감사하는

ZOom In

■ I made it out once.

make it은 '성공하다'의 의미로 쓰이고 있다. make it out은 '나가는 데 성공하다'이고 make it out once는 '한 번 나가는 데 성공하다'이다. 영어는 이렇게 읽는 순서대로 이해하면 된다. 어순에 방해 받지 말라는 뜻이다.

■ It's off to the dump.

be off은 '자리를 이탈하는 동작'이고 to는 '~을 향하여'이다. 결국 be off to는 '자리를 떠서 ~로 향하다'가 된다. 본문은 It's going to the dump.와 같다. Where are you off to?는 Where are you going?의 다른 표현이다.

LIFER :	Well, if you're gonna get out… First thing you gotta get through's the doors. Locked every night—inside and out. Keys are left on a hook in the office.
WOODY :	Got it. What else?
LIFER :	Lotso has trucks patrolling all night long. Hallway. Lobby. Playground.
WOODY :	Yeah, yeah, yeah. What about the wall?
LIFER :	Eight feet high. Cinderblock. No way through it. You go over or under.
WOODY :	That's it? Doesn't seem so bad.
LIFER :	It's not. Your real problem's the monkey. The monkey's the eye in the sky. He sees everything. Classrooms. Hallways. Even the playground. You can unlock doors, sneak past guards, climb the wall. But if you don't take out that monkey, you ain't going nowhere. You wanna get outta here? Get ridda that monkey!

INT. CATERPILLAR ROOM

A bell rings. The toddlers—amid rough play—look up.

| TEACHER : | Recess! Come on, kids! |

리 퍼 :　여기를 정녕 빠져나가겠다면… 너희들이 가장 먼저 통과해야 될 것은 저 여러 개의 문들이야. 매일 밤 안팎으로 완전히 채워지지. 문 열쇠는 사무실 안의 고리에 걸려 있어.

우 디 :　알았어. 다른 건?

리 퍼 :　랏소는 트럭들을 두고 밤새 순찰을 돌게 해. 복도. 로비. 운동장.

우 디 :　알았어, 그래, 알았어. 벽은?

리 퍼 :　벽 높이는 8피트야. 콘크리트 블록이야. 뚫고 통과할 수 있는 방법은 없어. 넘어가던지 아래로 파고 들어가던가 하는 수밖에.

우 디 :　그게 다야? 그다지 어려울 것 같지 않은데.

리 퍼 :　맞아. 진짜 문제는 원숭이야. 원숭이가 바로 공중 전자 감시장치와 같아. 모든 것을 감시하는 거야. 교실. 복도. 심지어는 운동장까지. 너희들이 문을 열 수도 있고 경비 몰래 빠져나갈 수도 있고 벽을 타고 올라갈 수도 있지. 하지만 그 원숭이를 제거하지 못하면 아무 데도 갈 수 없어. 여기에서 빠져나가고 싶어? 그 원숭이부터 없애!

내부. 애벌레 방
종이 울린다. 아이들은 ─ 거칠게 노는 도중에─고개를 든다.

선생님 :　쉬는 시간이다! 가자!

□ **get through**
통과하다

□ **unlock**
열쇠로 열다

□ **sneak past ~**
~을 몰래 지나가다

□ **take out**
빼내다, 제거하다

□ **amid**
(흥분하는) 중에

Zoom In

■ **That's it?**

직역하면 "그것이 그것이야?"이지만 "그게 다야?"로 이해한다. 바꾸어 말하면 That's all we need?이다. 그 all we need를 it 하나로 받은 것이다. "그게 다야"는 당연히 That's it.이다.

■ **Get ridda that monkey!**

ridda는 rid of를 소리 나는 대로 적은 것이다. get rid of는 '~을 없애다, ~을 제거하다, ~을 버리다' 등의 의미를 갖는다. 본문에서는 '제거하다'로 쓰였다. Get rid of your gum.은 "껌 뱉어"이다.

She opens the playground door. The toddlers drop the toys and rush outside. The teacher closes the door behind her. Jessie and the toys sit up, groaning and aching.

WOODY :   Hey guys!

JESSIE :   Woody? Woody!!

REX :   Woody!

MRS. POTATO HEAD : Thank goodness!

SLINKY :   You're alive!

WOODY :   'Course I'm alive! Hey, my hat!

Woody takes his hat from Bullseye, fixes it to his head.

WOODY :   Wait. Where's Buzz?

REX :   Lotso did something to him!

SLINKY :   He thinks he's a real Space Ranger again!

WOODY :   Oh, no…

HAMM :   Oh, yes. "Return of the Astro Nut!"

JESSIE :   Oh, Woody, we were wrong to leave Andy. I… I was wrong.

MR. POTATO HEAD : Jessie's right, Woody. She was wrong!

WOODY :   No, no. It's my fault for leaving you guys. From now on, we stick together.

선생님은 운동장 문을 연다. 아이들은 장난감을 던져 놓고 밖으로 달려간다. 선생님은 문을 닫는다. 제시와 친구들은 앉는다. 신음소리가 절로 나오고 온몸이 쑤신다.

우 디 :	얘들아!
제 시 :	우디야? 우디!
렉 스 :	우디!
감자머리 여사 :	정말 다행이다!
슬링키 :	살아 있었어!
우 디 :	당연히 살아있지! 아이고, 내 모자네!

우디는 불즈아이로부터 모자를 건네 받아 머리에 고쳐 쓴다.

우 디 :	잠깐. 버즈는 어디에 있어?
렉 스 :	랏소가 버즈한테 뭔 짓을 했어.
슬링키 :	자기가 또 진짜 스페이스 레인저인 줄 알아.
우 디 :	아이고, 이거 참…
햄 :	맞아, "우주 천치의 귀환"이지.
제 시 :	우디, 우리가 앤디를 떠난 건 잘못이었어. 내가… 내가 잘못 생각했어.
미스터 감자머리 :	우디, 제시 말이 맞아. 제시가 잘못 생각했던 거야!
우 디 :	아니야, 아니야. 내 잘못이야. 내가 너희들을 두고 떠났잖아. 지금부터는 우리 똘똘 뭉치는 거야.

- **groan**
  신음소리를 내다

- **ache**
  몸이 계속 지끈지끈 아프다

- **alive**
  살아있는

- **fault**
  잘못

- **from now on**
  지금부터, 앞으로는

Zoom In

■ Woody fixes it to his head.

동사 **fix**는 '정리하다', '제대로 고치다', '제대로 자리잡게 하다' 등의 의미를 포함한다. 그래서 본문은 "그의 모자를 자기 머리에 제대로 고쳐 쓰다"의 의미로 이해한다. **Let me fix your hat.**은 "모자 제대로 고쳐 씌워 줄게"이다.

■ We stick together.

stick together는 '함께 뭉치다'이다. **We'll stick together.**라고 미래를 쓰지 않고 현재로 써서 표현한 것은 '언제나 변함없이 그래야 된다'는 사실을 강조하기 위해서이다.

SLINKY :	But, Andy's leaving for college!
JESSIE :	College! Hogtie the mailman! We gotta get you home before Andy leaves tomorrow!
HAMM :	Tomorrow? But, that means…
WOODY :	It means we're busting outta here tonight.
MRS. POTATO HEAD :	What? Impossible!
REX :	But there's no way outta here!
WOODY :	No, there is one way out. One way.

He turns.
Through the window, the trash chute is visible.
Woody turns back to the toys, gestures. They huddle close.

슬링키 :	하지만, 앤디는 대학으로 가잖아.
제 시 :	맞아, 대학! 우체부 아저씨 꼼짝 못하게 묶어놔. 우디를 집으로 보내야 돼. 앤디가 내일 떠나기 전에 말이야.
햄 :	내일? 하지만, 내일이라면…
우 디 :	우리가 오늘 밤에 여기를 빠져나갈 거라는 얘기지.
감자머리 여사 :	뭐라고? 불가능한 일이야!
렉 스 :	하지만 여기를 빠져나갈 방법이 없어!
우 디 :	아니야, 나가는 방법이 하나 있어. 딱 한 가지 방법.

우디는 몸을 돌린다.
창문을 통해서 쓰레기 활송 장치가 보인다.
우디는 친구들 쪽으로 다시 돌아서서 모이라는 동작을 한다. 친구들이 가까이 모인다.

□ **hogtie**
동물의 네 발을 묶다

□ **bust out of here**
여기에서 도망치다

□ **one way out**
하나의 탈출구

□ **huddle**
옹송그리며 모이다

 **176 It's right around the corner!** 바로 코앞이야.

말 그대로 원하는 장소가 코너만 돌면 바로 있다는 뜻이다. 여기에서 파생되어 "아주 가까운 거리에 위치해 있다"라는 의미로 쓰이기도 한다. 그런가 하면 거리가 아니라 시간적으로 매우 가깝다는 말을 할 때도 이 표현을 쓸 수 있다. 예를 들어 "내 생일이 코앞이야"라고 말하고 싶으면 My birthday is right around the corner라고 말할 수 있다는 것이다.

 **180 They see their worst fears—being left behind—come true.**

그들이 가장 두려워하는 것, 즉, 버려지는 것이 현실화 되는 모습을 보고 있다.

지각동사 see의 목적어가 너무 길어서 해석에 혼란이 올 수 있는 문장이다. 지각동사 의 목적보어로 동사원형이 오면 그 목적보어의 움직임을 처음부터 끝까지 계속 느끼거나 보고 있는 것이라고 했다. 결국 본문은 자기들이 버려지는 엄청난 두려움이 현실화 되고 있음을 처음부터 끝까지 지켜보고 있다는 의미이다. 그래서 충격은 두 배로 크다는 느낌을 지울 수 없다. being left behind에는 동명사 being이 쓰였다. 동명사는 동사가 명사화된 것이기 때문에 '움직임'의 느낌이 그대로 살아 있음을 기억해야 한다. 본문에서는 자기들이 지금 주인으로부터 버려지고 있는 모습이 차가 멀어지면서 계속 동작으로 이어지고 있음을 강조하고 있다.

 **180 It took forever, but we finally made it back to Daisy's.**

정말 오랜 시간이 걸렸지만 우리는 결국 데이지의 집으로 돌아가는 데 성공했어.

take forever는 '아주 오랜 시간이 걸리다'의 뜻이며 make it to는 '~에 도착하다'로 이해한다. 또한 Daisy's는 '데이지의 집'이다. 3개의 요소가 하나로 결합되어 꽤 긴 문장을 만들고 있다. 기억해두면 여러모로 활용이 가능한 문장이다.

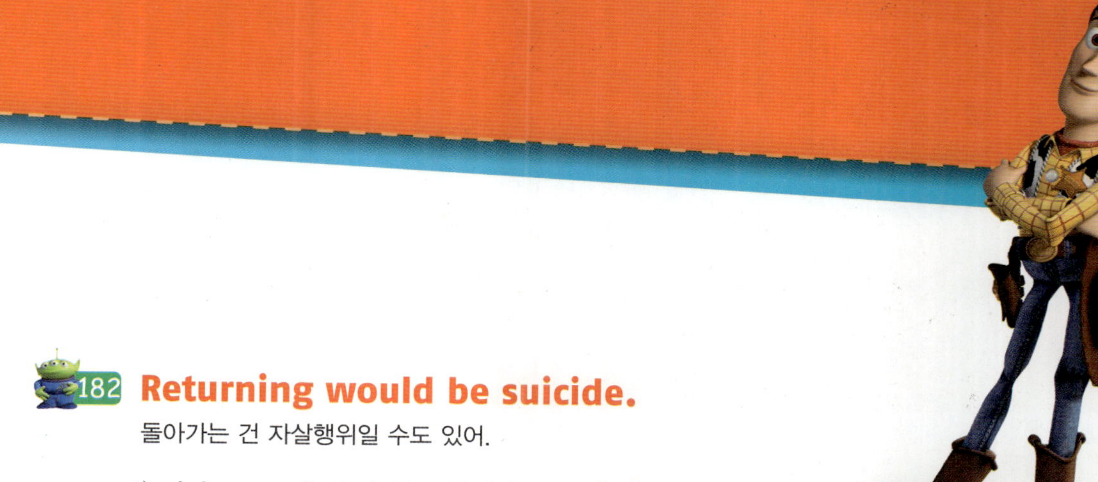

182 **Returning would be suicide.**

돌아가는 건 자살행위일 수도 있어.

1) 명사 return을 쓰지 않고 동명사 returning을 주어로 쓰고 있다.
   이것은 '돌아감' ,'귀환' 등의 상태명사보다는 돌아가는 행위,
   즉 행위명사인 '동명사'가 훨씬 역동적이고 긴박감을 주기 때문이다.

2) 가정법 would를 쓰고 있다. 가정법을 씀으로써 절대 그런 일이 일어나지 않기를
   바라고 있다. 가정은 '일어날 수 없는 일에 대한 가정'이기 때문이다. 결국 본문은
   "돌아가려는 너의 노력은 자살행위일 수 있으니 절대 그런 시도 자체를 하지 않기를
   바래"가 완전한 의미이다.

184 **Rise and shine!**　어서 일어나라!

동사 rise는 '일어나다'이다. 역시 동사 shine은 '빛나다'의 뜻 이외에 '활기차게 움직
이다'의 뜻을 포함한다. 아침에 새로운 빛을 받아서 오늘 하루를 활기차게 움직인다는
뜻이다. 결국 본문은 "어서 일어나서 새로운 하루를 활기차게 시작해야지!"의 느낌으
로 사용한다.

188 **Keep your heads down. You'll survive.**

머리들을 숙여. 그래야 살아남을 수 있어.

1) 머리를 숙이라는 것은 '남의 관심을 끄는 행위를 하지 말라'는 뜻이다. "나대지 말고
   고개 푹 숙이고 얌전히 다녀"의 느낌과 다르지 않다.

2) survive는 '어떤 어려움이 있어도 살아남다'의 뜻이다. 목숨을 말하기도 하고 성공
   적인 삶을 가리키기도 한다.

Prison Break

감옥 탈출

장난감 전화기 리퍼의 도움으로 치밀한 계획하에 우디와 친구들은 탁아소로부터의 탈출을 감행한다. 바비의 임무는 켄을 통해서 버즈가 변하게 된 배경을 알아내는 것이었다. 켄을 속여 그의 아지트로 진입한 바비는 기습공격을 통해 극적으로 버즈의 비밀을 알아낸다.

INT. CATERPILLAR ROOM

Ken, in a dapper evening robe, conducts his nightly roll call. He's trailed by Buzz. Big Baby stands guard.

KEN : Springy Dog.

SLINKY : Present.

KEN : Green guys.

The Aliens squeak.

KEN : Cowgirl.

JESSIE : Here.

KEN : Horse.

Bullseye whinnies.

KEN : Piggy bank.

HAMM : Yo.

KEN : Tyrannosaurus.

REX : Here.

KEN : Barbie.

BARBIE : Here.

KEN : Potato Head. Potato Head?

Silence. Buzz backs up, looks in the cubby. Potato Head lies facing the wall.

BUZZ : Hey! Hey! Tuberous Root Man! Wake up!

내부. 애벌레 방

말쑥한 이브닝 가운을 입은 켄은 밤마다 하는 점호를 지휘하고 있다. 버즈가 켄의 뒤를 따른다. 빅 베이비는 보초를 서고 있다.

켄 :	스프링 달린 개.
슬링키 :	여기.
켄 :	녹색 무리들.

외계인들이 찍 소리를 낸다.

켄 :	카우걸.
제 시 :	여기.
켄 :	말.

불즈아이가 히힝 소리를 낸다.

켄 :	돼지 저금통.
햄 :	여기.
켄 :	티라노사우루스.
렉 스 :	여기.
켄 :	바비.
바 비 :	여기.
켄 :	감자머리. 감자머리?

침묵. 버즈가 다시 뒤로 돌아와 보관함을 들여다본다. 감자머리는 벽을 보고 누워 있다.

버 즈 :	이봐! 이봐! 덩이뿌리 일어나!

□ **dapper**
   말쑥한

□ **evening robe**
   저녁 예복, 이브닝 가운

□ **conduct**
   지휘하다

□ **trail**
   뒤쫓다, 뒤따르다

□ **stand guard**
   보초서다, 감시하다

□ **face**
   ~에 면하다, 얼굴을 ~로 향하다

Zoom In

▪in a dapper evening robe

전치사 in에는 '~을 입은'의 뜻이 포함되어 있다. 사람은 옷 안으로 들어가 있는 형태이므로 사람이 주어로 오면 옷 앞에 in이 붙고 옷이 주어로 오면 옷은 사람 위에 걸쳐 있는 것이므로 전치사 on을 쓴다.

▪lie facing the wall

동사 face는 얼굴이 어느 쪽으로 향해 있는 것이다. 그래서 face the wall이면 눈이 벽을 보고 있는 상태이다. 본문의 경우에는 '벽을 보고 누워 있다'이기 때문에 '옆으로 누워 있다'라고 해석할 수도 있다.

Buzz rattles the bars. An actual potato rolls to the front of the cubby.

BUZZ : Impossible!

Ken and Buzz turn, scan the room, locating Mr. Potato Head on the windowsill, struggling with the window locks.

BUZZ : Hey!

Potato Head turns, sees he's been spotted. Desperate, he jumps off the sill and sprints toward the bathroom door.
Buzz, Ken, and Big Baby chase after him.
Woody pops up from the recess of a hanging lamp, sees the commotion below. He takes out a pipe cleaner, bends it, and uses it to snag the clothing line that kids' paintings are hung from.

INT. FRONT OFFICE
The Jolly Monkey sits in front of the security console, and sees Buzz and Ken cornering Potato Head.

KEN : Little late for a stroll, eh, Potato Head?

MR. POTATO HEAD : That's Mr. Potato Head to you, smoothie!

KEN : Well, well, well… you're turning out to be quite the trouble-maker, aren't you? What did you think you were gonna do? Waltz right outta here?

MR. POTATO HEAD : Yeah, and I would'a got away with it too, if it weren't for you meddling toys!

버즈가 보관함 창살을 흔든다. 진짜 감자가 보관함 앞으로 굴러 나온다.

버 즈 :   우째 이런 일이!

켄과 버즈가 몸을 돌려 방을 유심히 살피다가 미스터 감자머리가 창문 틀에서 자물쇠를 열려고 애쓰는 모습을 발견한다.

버 즈 :   이봐!

감자머리는 고개를 돌려 자신이 발각되었다는 사실을 깨닫는다. 위급함을 느끼고 그는 창문 틀에서 뛰어내려 화장실 문을 향해 전력 질주한다.
버즈와 켄, 그리고 빅 베이비가 감자머리를 쫓는다.
우디는 천정에 걸려있는 램프의 위쪽 파인 부분에서 모습을 드러내 아래에서 벌어지고 있는 소동을 본다. 그는 파이프 클리너를 꺼내서 휜 다음에 아이들이 그린 그림이 걸려 있는 빨랫줄을 걷어 올린다.

내부. 감시 본부
졸리 원숭이가 안전 계기반에 앉아서 버즈와 켄이 감자머리를 구석으로 모는 모습을 보고 있다.

켄 :   감자머리, 산책하기에는 좀 늦은 시간 아닌가?
미스터 감자머리 :   감자머리가 뭐야, 감자머리선생님이라고 해야지, 이 느끼한 놈아!
켄 :   이거 내 참… 알고 보니 정말 엄청난 말썽꾼이군 그래. 지금 뭘 하려다가 잡히신 건가? 여길 유유자적 빠져나가시려고?
미스터 감자머리 :   그래, 그것도 안 붙잡히고 잘 빠져나갈 수 있었지. 집적대는 너희들만 아니었다면 말이다!

□ **rattle**
~을 덜걱덜걱 움직이다

□ **locate**
~의 정확한 위치를 찾아내다

□ **spot**
발견하다, 찾다

□ **sprint**
전력 질주하다

□ **commotion**
소란, 소동

□ **corner**
구석에 가두다

Zoom In

■ **turn out to be quite the trouble-maker.**

turn out은 '밖으로 모습을 드러내다'가 되어서 '결국 ~으로 판명되다'의 뜻을 갖게 되며 quite은 명사 앞에 쓰여서 '대단한'의 뜻을 전한다. 그래서 본문은 '결국 대단한 말썽꾼으로 판명되다'로 해석한다.

■ **Waltz right outta here?**

동사 waltz는 '왈츠를 추다' 외에 '당당하게 걷다'의 뜻을 포함한다. 그래서 본문은 "당당히 걸어서 여기를 제대로 빠져나가시려고?" 정도로 이해하게 된다. outta는 out of를 발음 나는 대로 적은 것이다.

You ascot-wearing pink-noser! You're not a toy, you're an accessory! You're a purse with legs!

He kicks Ken in the shin. Ken yelps and jumps up and down, holding his leg. Humiliated, he turns to Big Baby.

KEN : Take him back to The Box!

MR. POTATO HEAD : No! No! Not the Box! I'm sorry! I didn't mean it. I like ascots! Really! No, no, noooo!

Woody and Slinky watch as Potato Head is dragged off. They close the panel.

WOODY : Okay, check.

Ken turns to Buzz.

KEN : Good work, Lightyear! All right, resume your space-guy thingy!

BUZZ : Yes, sir, well-groomed man!

BARBIE : Ken! Ken?

KEN : What do you want?

BARBIE : (tearful) I can't take it here, Ken! I want to go to the Butterfly Room! With you!

애스콧이나 입고 다니는 이 핑크색 간섭꾼아! 너는 장난감도 아니야. 액세서리지. 넌 다리 달린 여자지 갑이나 마찬가지야, 이놈아!

감자머리는 켄의 정강이를 걷어찬다. 켄은 비명을 지르며 다리를 잡고 펄쩍 뛴다. 굴욕감을 느끼며 켄은 빅 베이비를 향해 말한다.

켄 : 이 자를 다시 상자에 처넣어!

미스터 감자머리 : 아니야! 안돼! 상자는 안돼! 미안해! 진심으로 한 말이 아니었어! 나도 애스콧 제품 좋아해! 정말이야! 안돼, 안돼, 안돼~~~~~!

우디와 슬링키는 감자머리가 끌려가는 모습을 지켜보고 있다. 우디는 천정 타일을 덮는다.

우 디 : 좋아, 됐어.

켄이 버즈를 향해서 말한다.

켄 : 잘했어, 라잇이어! 그럼, 자네 원래 우주인 모드로 돌아가게나.

버 즈 : 알겠습니다, 멋쟁이 상관님!

바 비 : 켄! 켄?

켄 : 왜 그래?

바 비 : (울먹인다) 여긴 못 견디겠어, 켄! 나비 방으로 가고 싶어. 자기하고 함께 있고 싶어.

□ **noser**
간섭을 잘하는 사람

□ **kick in the shin**
정강이를 걷어차다

□ **yelp**
꺅하고 비명을 지르다

□ **humiliate**
굴욕감을 주다, 창피 주다

□ **check**
좋아, 됐어

□ **resume**
다시 시작하다, 재개하다

Zoom In

▪ I didn't mean it.

동사 **mean**에는 '의미하다' 이외에 '의도하다'의 뜻이 포함되어 있다. 그래서 본문은 "내가 진심으로 한 말이 아니야, 내가 의도적으로 한 행위가 아니야, 내가 일부러 그런 거 아닌데" 등으로 해석하게 된다.

▪ I can't take it here.

동사 **take**에는 '받아들이다'의 뜻이 포함되어 있다. 그래서 **can't take it**을 '그것을 받아 들일 수 없다', '그것을 참을 수 없다' 등으로 이해한다. 결국 본문은 "난 여기에 있는 거 못 견디겠어"로 이해한다.

KEN :   Yeah, well, <u>you should'a thought of that yesterday.</u>

BARBIE :   I was wrong! I want to be with you, Ken! I do! In your Dream House! Please, take me away from this! Take me away!

KEN :   Darn it, Barbie! Okay, but, things are complicated around here. You gotta do what I say!

BARBIE :   I will, Ken! I promise!

Satisfied, and a little smug, he pulls open the cubby.

INT. SANDBOX
Big Baby opens the lid of the Sand Box.

MR. POTATO HEAD : Wait! I'll do anything! I'll change your diapers!

EXT. PLAYGROUND
Big Baby tosses Potato Head in and impassively lowers the lid into blackness.

INT. FRONT OFFICE
The Jolly Monkey sits motionless, staring maniacally at the security monitors.
Woody, clutching a small pouch, drops into frame behind the Monkey as Slinky, holding Woody's ankles, lowers Woody—head first—down towards the Monkey.
Woody—dangling, swings back and forth—draws closer and closer to the Monkey.
The Monkey shifts his eyes, sensing something behind him.
The Monkey whips around, screeching, startling Woody and Slinky.
The Monkey leaps off the desk. Woody follows.
Woody lunges for the Monkey, but misses him. Woody grabs the cord of the mic and yanks it, tripping up the Monkey.

켄 :	그래, 어제 진작에 그랬어야지.
바비 :	내가 잘못했어! 켄, 자기와 함께 있고 싶어. 정말이야. 자기 드림 하우스에서 말이야. 제발, 날 여기에서 **빼내줘. 날 좀 빼줘!**
켄 :	에이 참! 알았어, 바비. 하지만 지금은 여기 상황이 좀 복잡해졌어. 내가 시키는 대로 해야 돼!
바 비 :	그럴게, 켄. 정말이야!

만족스러운 기분에. 그리고 약간은 우쭐해 하며 켄은 바비의 보관함을 당겨서 열어준다.

내부. 모래상자
빅 베이비는 모래상자의 뚜껑을 연다.

미스터 감자머리 : 잠깐만! 뭐든 다할게! 네 기저귀도 내가 갈아줄게!

외부. 운동장
빅 베이비는 감자머리를 상자 안에 던져 넣고 냉정하게 뚜껑을 닫아 감자머리를 어둠 속에 갇히게 한다.

내부. 감시 본부
졸리 원숭이는 꼼짝 않고 앉아서 광적으로 보안 모니터를 응시하고 있다.
우디는 가죽으로 만든 작은 주머니를 움켜 잡고 원숭이 뒤쪽에서 화면 안으로 들어온다.
우디의 발목을 잡고 거꾸로 세운 상태에서 슬링키가 우디를 원숭이 쪽으로 내려준다.
우디는 거꾸로 매달린 상태로 몸을 앞뒤로 흔들며 원숭이에게로 점점 가까워진다.
원숭이는 눈을 돌린다. 뭔가 뒤에 있다는 것을 감지한 것이다.
원숭이는 갑자기 뒤돌아보며 비명을 질러 우디와 슬링키를 깜짝 놀라게 만든다.
원숭이는 책상에서 뛰어내리고 우디는 뒤를 쫓는다.
우디는 원숭이를 잡으려고 달려들지만 놓치고 만다. 우디는 마이크 줄을 잡고 홱 잡아당겨서 원숭이를 넘어뜨린다.

□ **smug**
의기양양한, 우쭐해 하는

□ **impassively**
냉정하게

□ **shift**
잽싸게 움직이다

□ **whip around**
재빨리 움직이다

□ **lunge for**
~에 달려들다

□ **trip up**
~을 넘어뜨리다

Zoom In

▪ **Things are complicated around here.**

things는 '상황'의 뜻으로 쓰이고 있다. 상황이라는 것은 여러 가지 일들이 복합적으로 연결되어 있으므로 복수형을 쓰게 된다. be complicated는 '복잡해지다' around here는 '여기', 또는 '주변'으로 이해한다.

▪ **lower the lid into blackness**

lower the lid는 '뚜껑을 내리다'이고 그 결과 into blackness 즉, '어두운 상태로 들어가는 것'이다. 그래서 본문은 '뚜껑을 내려서 결국 어둠 속에 갇히다'로 해석한다.

Woody grabs the Monkey. The Monkey lands on top of Woody and he pulls his cymbals back, crashing them against Woody's head. Between every thrust, Woody cries out.

WOODY : Go get the tape!

Slinky runs to the Scotch tape dispenser, grabs the end of the tape with his teeth, then heads back towards Woody.
The monkey turns, sees Slinky furiously charging towards him, tape in his mouth. Frightened, the monkey screeches.

INT. KEN'S DREAM HOUSE, BUTTERFLY ROOM
Ken and Barbie ride the Dream House elevator to the top floor. Ken opens the door for Barbie.

KEN : And this is where the magic happens.

BARBIE : Look at all your clothes! I can't believe you never brought me up here! Tennis Whites! Mission to Mars!

KEN : I know, I know! Check this out. "Kung Fu Fighting"! "Campus Hero" with matching sports pennant, huh?

BARBIE : Flower Power! Oh, Ken!

KEN : No one appreciates clothes here, Barbie. No one.

BARBIE : Ken. Would you model a few outfits for me? Just a few?

Ken can't believe it—no one's ever asked this.

우디는 원숭이를 잡는다. 원숭이는 우디 위로 올라타며 다시 심벌즈를 들고 우디의 머리를 세게 때린다. 매번 때릴 때마다 우디는 비명을 지른다.

우 디 : 가서 테이프 가져와!

슬링키는 스카치 테이프 통으로 달려가 이빨로 테이프의 끝을 물고 우디에게 돌아간다. 원숭이는 고개를 돌려 테이프를 입에 물고 자신을 향해 맹렬히 돌진해오는 슬링키를 본다.
겁을 먹은 원숭이는 비명을 지른다.

내부. 나비 방에 있는 켄의 드림 하우스
켄과 바비는 드림 하우스 엘리베이터를 타고 꼭대기 층까지 올라간다. 켄은 바비를 위해서 문을 열어준다.

켄 : 그리고 이곳에서 바로 마법이 일어나는 거야.

바 비 : 이 옷들 좀 봐! 진작에 왜 나를 여기에 데리고 올라오지 않았던 거야? 흰색 테니스 복! 화성탐사 복!

켄 : 감동하는 거 잘 알아. 이리 와 이 옷 좀 봐. "쿵푸 복"! 이건 "캠퍼스 영웅 복"이야. 여기에 잘 어울리는 우승기도 달려있잖아. 괜찮지?

바 비 : 오, 60년대 최고의 꽃무늬 남방. 켄, 이건 정말!

켄 : 바비, 아무도 여기 이 옷들의 진가를 인정하지 못해. 아무도.

바 비 : 켄. 날 위해 직접 이 의상들을 좀 입어봐 주겠어? 몇 벌만?

켄은 바비의 이 말이 믿어지지 않는다—이제껏 아무도 이런 부탁을 해온 적이 없던 것이다.

□ **crash A against B**
큰소리를 내며 A를 B에 부딪히다

□ **dispenser**
안에 있는 것을 뽑아 쓸 수 있는 용기

□ **furiously**
맹렬히

□ **charge**
달려가다, 공격하다

□ **appreciate**
진가를 알아보다

□ **outfit**
옷, 복장

Zoom In

▪ Check this out.

check out은 뭔가가 정말 사실인지, 정말 옳은 것인지, 또는 정말 인정하고 받아들여도 좋은 것인지를 '확인한다'는 뜻이다. 결국 한 번 확인된(check) 사실을 다시 한 번 확인한다는 느낌이 강한 것이다.

▪ Flower Power

군국주의와 물질만능주의가 팽배했던 1960년대 후반에서 1970년대 초반까지 미국에 불었던 평화와 사랑을 주창하는 반체제 슬로건이다. 여기에 동조한 사람들의 티셔츠와 모자에는 꽃무늬가 있었다.

INT. OFFICE
Woody and Slinky finish taping up the struggling monkey—including his mouth. Slinky
opens a desk drawer and Woody rolls the monkey into it. Slinky pushes it closed.

SLINKY :   Go get the key!

WOODY :   Where is it? Where is it? Where's the key? Where's
the key?

He finds a set of keys, buried underneath the papers.

WOODY :   Bingo!

INT. OFFICE
Slinky hoists himself on to the top of the desk, and shimmies a security camera joystick
from side to side.

INT. CATERPILLAR ROOM
Jessie and Bullseye gaze up—see the security camera panning back and forth. She turns
and whispers.

JESSIE :   Yodel-Lay-Hee-Hoooo!!!

Hamm and Rex share a look.

HAMM :   Hey! Whadda you think you're doing? I told you.
Keep your hands off of my stuff!

내부. 사무실

우디와 슬링키는 발버둥치는 원숭이를 완전히 테이프로 감았다—입마저도. 슬링키는 책상서랍을 열고 우디는 원숭이를 굴려서 서랍에 넣는다. 슬링키가 밀어서 서랍을 닫는다.

슬링키 :　　　가서 열쇠를 가져와!

우 디 :　　　어디에 있니? 어디야? 어디에 있는 거야? 열쇠 어디에 있어?

우디는 열쇠더미를 찾는다. 종이들 바로 아래에 묻혀 있었다.

우 디 :　　　찾았다!

내부. 사무실. 한 밤중

슬링키는 책상 위로 올라가서 감시 카메라 조이스틱을 좌우로 흔든다.

내부. 애벌레 방. 밤

제시와 불즈아이가 고개를 들고 응시하고 있다—감시 카메라가 좌우로 움직이는 것을 본다. 제시는 몸을 돌려 속삭인다.

제 시 :　　　요들레이 히호!!!

햄과 렉스가 눈빛을 교환한다.

햄 :　　　　야! 너 지금 뭐 하는 거야? 내가 말했지. 내 물건에 손
　　　　　　대지 말랬잖아!

- **hoist oneself**
  올라가다

- **shimmy**
  히프와 어깨를 흔들며 움직이다

- **from side to side**
  좌우로

- **gaze up**
  위쪽을 응시하다

- **pan**
  카메라를 좌우[앞뒤]로 움직이다

- **back and forth**
  좌우로, 앞뒤로

Zoom In

- ### Woody rolls the monkey into it.

  우디는 원숭이를 굴린다(roll). 그 결과 원숭이는 그 안으로 들어간다(into). 이렇듯이 전치사는 앞에 쓰인 동사의 방향과 결과를 말해준다. 결국 전치사의 중요성은 동사의 중요성에 결코 뒤지지 않는다.

- ### Slinky pushes it closed.

  슬링키는 그것을 민다(push it). 그 결과 그것이 닫혔다(closed). 형용사(과거분사 포함)가 결국에는 동사 행위의 결과를 말하고 있다. '밀어서 문을 열다'는 push the door open이다.

In the cell, Rex wields his fists, trying to sound tough.

REX : Make a move, Porky!

Hamm jumps Rex. They grapple with each other. Buzz runs over to them.

BUZZ : Hey, hey, hey! No fighting! Break it up!

He pulls the basket "cell" from the cubby, and they go tumbling out. Buzz runs after them.

BUZZ : Hey, hey!

HAMM : Take that, walnut-brain! No wonder you're extinct!

Jessie and Bullseye break free from their cubby while Buzz gets between Hamm and Rex, holding them apart.

BUZZ : Hey, you can't hit each other! That's my job!

Jessie appears from above, looks down.

JESSIE : Yoo-hoo!

She and Bullseye hold an empty, clear plastic toy bin.
They leap off the bookcase, slamming the bin over Buzz. Hamm and Rex quickly leap on it, pinning it to the floor.

BUZZ : (muffled) Help! Prison riot!

보관함에서 렉스는 격한 소리가 나도록 주먹을 휘두른다.

렉 스 :　　　덤벼, 돼지야!

햄은 렉스에게 달려든다. 둘은 서로 붙들고 싸운다. 버즈가 그들에게 달려간다.

버 즈 :　　　이봐, 이봐, 이봐! 싸우지 마! 싸우지 말라고!

버즈가 보관함에서 바구니 "감방"을 잡아당기자 햄과 렉스는 밖으로 굴러 떨어진다.
버즈는 둘을 추격한다.

버 즈 :　　　이봐, 이봐!
햄 :　　　그거나 먹고 떨어져, 이 호두머리야! 머리가 호두모양이
　　　　　　니까 멸종되는 거야!

제시와 불즈아이는 보관함에서 빠져 나온다. 버즈는 햄과 렉스 사이를 떼어놓느라
정신 없다.

버 즈 :　　　이봐, 너희들 서로 때리면 안돼. 때리는 건 내 일이야,
　　　　　　내 일!

제시가 위에서 나타나 아래를 내려다 본다.

제 시 :　　　유후!

제시와 불즈아이는 빈, 투명 플라스틱 장난감 통을 들고 있다.
둘은 책장에서 아래로 뛰어내리며 통으로 버즈를 세차게 덮는다. 햄과 렉스는 잽싸
게 통 위로 올라가서 통이 움직이지 못하게 눌러 고정시킨다.

버 즈 :　　　(약화된 소리로) 도와줘! 교도소 폭동이다!

□ **wield one's fist**
주먹을 휘두르다

□ **grapple with**
붙잡고 싸우다

□ **tumble out**
밖으로 굴러 떨어지다

□ **extinct**
멸종된

□ **slam the bin over Buzz**
통으로 버즈를 세게 덮다

□ **riot**
폭동

Zoom In

■ Make a move.

가만히 있지 않고 동작(move)을 만들다
(make)이다. 이것이 '일을 시작하다, 떠나
다' 등의 뜻으로 쓰인다. **It's time to make
a move.**는 "이제 슬슬 시작해보자고"로 이
해한다. 본문에서는 "어서 덤벼!"의 뜻으로
쓰이고 있다.

■ break free from ~

break free는 '흐름이 끊어져서 자유로워지
다, 부수고 나와 자유로워지다' 등의 뜻이
다. 그 흐름이 끊어지고 빠져 나온 장소는
from 뒤에 나온다. 그래서 본문은 '~에서
벗어나다, ~에서 자유로워지다' 등의 느낌
이다.

Buzz charges at the side of the bin, trying to knock Hamm and Rex off, but they stay atop it.
With Buzz contained, Jessie turns to Bullseye.

JESSIE :   Get the tortilla!

Jessie opens the lunch box. Jessie grabs the tortilla, dashes to the door, shoves it under
the door, knocks, and runs off.

EXT. PLAYGROUND

The tortilla lies outside the door. From the shadows, one of Mr. Potato Head's arms appear,
hops over, grabs the tortilla, and drags it into the darkness.
One by one, the parts implant themselves.
The Tortilla stands unsteadily, looks around, and then heads off into the playground.

INT. KEN'S DREAM HOUSE, BUTTERFLY ROOM

Ken is behind a screen.

KEN :   Ready?

BARBIE :   Ready!

Ken leaps from behind the screen and does a series of fighting moves, kicking and
punching the air.
He freezes mid-pose, looks around. Barbie isn't there.

KEN :   Uh… Barbie?

Barbie leaps out, tackling Ken.
Ken lands on his chest. Barbie pins him to the floor, spinning it a full 180
degrees to face her.

버즈는 통의 옆면으로 돌진하여 햄과 렉스를 떨어뜨리려 한다. 하지만 둘은 통 위에서 꼼짝도 안 한다.
버즈가 갇힌 상태에서 제시는 불즈아이에게 말한다.

제 시 :   토틸라를 가져와!

제시는 점심 도시락 통을 연다. 토틸라를 집고 문으로 달려가 문 아래로 그 토틸라를 밀어 넣은 후에 제시는 노크를 하고 뛰어 사라진다.

외부. 운동장
토틸라는 문 밖에 놓여 있다. 어둠 속에서 미스터 감자머리의 팔 하나가 나타나 급히 움직여서 토틸라를 잡은 후에 끌고 사라진다.
부품 하나씩 스스로 토틸라에 들러붙는다.
토틸라는 불안정한 상태로 일어서서 주위를 둘러보고 운동장으로 향한다.

내부. 켄의 드림 하우스, 나비 방
켄은 스크린 뒤에 있다.

켄 :   준비됐어?

제 시 :   준비됐어!

켄은 스크린 뒤에서 뛰어나와 발로 차고 허공에 주먹질을 하며 결투동작을 한다.
켄은 자세를 취하는 도중에 멈추고는 주위를 살핀다. 바비가 보이지 않는다.

켄 :   어… 바비?

바비가 뛰어나와 켄을 덮친다.
켄은 바닥으로 엎어진다. 바비는 켄을 바닥에 고정시켜 놓고 켄의 머리를 180도 완전 회전시켜서 자기얼굴과 마주하게 한다.

- **stay atop**
  계속 ~위에 있다

- **dash to ~**
  ~로 급히 서둘러 가다

- **shove**
  거칠게(힘껏) 밀치다

- **implant**
  심다, 주입하다

- **punch the air**
  허공에 주먹질하다

- **pin to the floor**
  바닥에 고정시키다

Zoom In

- ### With Buzz contained

  전치사 with는 '~와 함께' 이외에 '~의 상태에서'의 중요한 뜻을 갖는다. 본문은 '버즈가 갇힌 상태에서'이다. be contained에 '억압되다, 진압되다' 등의 의미가 포함되어 있다.

- ### He freezes mid-pose.

  동사 freeze는 '움직임을 멈추다, 정지하다' 등의 뜻을 포함한다. mid-pose는 부사적으로 쓰여서 '동작의 중간에'의 뜻이 된다. 결국 본문은 "그는 동작을 하던 중간에 얼음이 되어 멈추어 선다"는 뜻이다.

BARBIE :   No more games, Ken. What did Lotso do to Buzz, and how do we switch him back?

KEN :   <u>You can't make me talk!</u> You can't!… But I'd like to see you try.

INT. OFFICE

Inside, Slinky is poised with a key attached to a rubber-band sling shot. Slinky pulls away from the door, extending the slingshot.
Woody signals "Go!"
Slinky releases the slingshot. It shoots the key under the door, across the hall and into the Caterpillar Room.

INT. CATERPILLAR ROOM

Jessie stops the key with her boot, picks it up.

EXT. PLAYGROUND

Mr. Potato Head struggles to hoist himself up a tricycle, climbing it to the classroom window ledge.
He peers in, sees Lotso sleeping in the Butterfly Room.
Potato Head uses the trike's mirror to catch a moonbeam, sending a signal of light into the Caterpillar Room.

INT. CATERPILLAR ROOM

Mrs. Potato Head waits. She sees Mr. Potato Head's signal and uses the key to unlock the door.

바 비 :　게임은 끝났어, 켄. 랏소가 버즈에게 무슨 짓을 한 거야?
　　　　어떻게 해야 버즈를 정상으로 돌아오게 할 수 있는 거야?
켄 :　　　절대 말 못해! 절대! …하지만 어떻게 내 입을 열게 할
　　　　수 있을지 보고는 싶은걸.

내부. 사무실
안에서, 슬링키는 고무줄 새총에 붙은 열쇠를 물고 자세를 취한다. 슬링키는 문에서
점점 멀어지며 새총을 늘린다.
우디가 "놔!"라는 신호를 보낸다.
슬링키는 물고 있던 새총을 놓는다. 새총을 떠난 열쇠는 문 아래로 빠져나가 복도를
가로질러 애벌레 방에 도착한다.

내부. 애벌레 방
제시가 열쇠를 발로 멈추고 집어 올린다.

외부. 운동장
미스터 감자머리는 애써서 세발 자전거 위로 올라가 교실유리창 아래에 나온 턱으
로 기어 오른다.
감자머리는 교실 안을 들여다본다. 랏소가 나비 방에서 자고 있다.
감자머리는 자전거의 거울을 이용해서 달빛을 반사시켜 애벌레 방으로 신호를 보낸다.

내부. 애벌레 방
감자머리 여사가 기다리고 있다. 그녀는 미스터 감자머리의 신호를 보고 열쇠를 이
용하여 문을 연다.

□ **poise**
　자세를 취하다

□ **extend**
　길게 늘리다

□ **release**
　놓다, 풀어주다

□ **tricycle/trike**
　세발자전거

□ **moonbeam**
　달빛

□ **signal**
　신호를 보내다, 신호

Zoom In

▪ With a key attached to ~

with는 역시 '~의 상태에서'로 쓰이고 있다.
attach A to B는 'A를 B에 붙이다'이며 be
attached to는 '주어가 ~에 붙은 상태이다'
의 뜻이다. 결국 본문은 '열쇠가 ~에 붙은
상태에서'로 이해한다.

▪ see Lotso sleeping

지각동사 see의 목적보어로 진행형이 나왔
다. 처음부터 끝까지 지켜본 경우라면 동
사원형을 쓰지만 어떤 행위가 진행되는 도
중에 잠깐 본 것이라면 진행형을 쓰게 되는
것이다. 본문은 "랏소가 자는 모습을 보다"
이다.

EXT. PLAYGROUND

The door opens a crack. Jessie, Bullseye, Mrs. Potato Head and the Aliens quietly slip outside.

INT. KENS DREAM HOUSE, BUTTERFLY ROOM

Ken is tied to a paddle-ball paddle by the ball's string, helpless. He glowers as Barbie browses through the racks of Ken's clothing.

BARBIE :　　　　Let's see. Hawaiian surf trunks.

She holds them up for Ken to see, then rips them apart. Ken is horrified.

KEN :　　　　Oh! Barbie, those were vintage! (steels himself) It's okay! All right, go ahead, rip them! I don't care. They're a dime a dozen!

BARBIE :　　　　Oooohh! Glitter tux!

Ripppp! She tosses the shards of fabric at him. Ken, agonized, moans in torment. He tries to remain defiant.

KEN :　　　　Who cares? Who cares? Sequins are tacky! Who cares?

BARBIE :　　　　Ooooh! A Nehru jacket!

KEN :　　　　Barbie! Not the Nehru!

BARBIE :　　　　This is from, what… 1967?

KEN :　　　　The Gruvvy Formal Collection, yes!

외부. 운동장
문이 살짝 열린다. 제시와 불즈아이, 감자머리 여사, 그리고 외계인들이 조용히 밖으로 빠져 나간다.

내부. 켄의 드림 하우스, 나비 방
켄은 탁구공 라켓에 묶여있어서 꼼짝도 못한다. 그는 바비가 옷걸이에 걸려있는 옷들을 살펴보는 동안 인상을 찌푸리고 있다.

바 비 : 어디 보자. 하와이 서핑용 수영복이네.

바비는 수영복을 켄이 볼 수 있게끔 들어올리더니 찢어버린다. 켄이 공포에 질린다.

켄 : 아이고! 바비, 그건 빈티지였는데. (마음을 단단히 고쳐 먹는다) 괜찮아! 좋아, 계속해. 찢든 말든! 난 상관없어. 한 묶음에 10센트 짜린데 뭐.

바 비 : 오! 반짝이 턱시도!

쫘아악! 바비는 찢은 천 조각을 켄 앞으로 던진다. 켄은 고뇌하며 고통 속에 신음한다. 그러면서도 계속 반항하려고 애쓴다.

켄 : 관심 없어. 그런 거 찢든 말든. 스팽글이야 뭐 싸구려 조잡한 거니까. 어찌됐든 상관없어.

바 비 : 오! 네루재킷이네!

켄 : 바비! 네루재킷은 안돼!

바 비 : 이게 언제 건가? 그러니까… 1967년 거네?

켄 : 오! 그루비 정장 콜렉션이야. 그렇다니까!

□ **helpless**
　무력한

□ **glower**
　상을 찡그리다

□ **browse through ~**
　~을 훑어보다

□ **shard**
　조각

□ **agonized**
　고뇌에 찬

□ **tacky**
　싸구려

Zoom In

■ He tries to remain defiant.

try to ~는 '~하기 위해서 애를 쓰다'이다. 하지만 결과는 흔히 실패로 돌아간다. remain defiant는 '계속 저항하다'의 뜻이다. 결국 본문은 "그는 계속 저항하려 하지만 소용이 없다'는 느낌이다.

■ Who cares?

동사 care는 '관심을 갖다'이다. 그래서 본문을 직역하면 "누가 관심을 갖는데?"가 되고 "아무 상관없어, 그런 건 절대 관심 없어" 등으로 이해한다. I couldn't care less. 와 비슷한 느낌이다.

BARBIE :   What a shame!

KEN :   Oh, no! No! No, no, no, no! There's an instruction manual! Lotso switched Buzz to Demo Mode!

BARBIE :   Where's that manual?

INT. UTILITY CLOSET

A sleepy Bookworm pulls the Buzz Lightyear Manual from his stacks, then approaches a waiting Figure in a space suit.

BOOKWORM :   I don't know why this couldn't wait until morning, Ken, but… Here you go!

INT. CLASSROOM CEILING CRAWL SPACE

SLINKY :   What's taking so doggone long?

There's a knock beneath them. Woody slides the ceiling panel, revealing Barbie in the Space Suit, helmet off.

WOODY :   So, how do we fix Buzz?

Barbie grins and hoists up Buzz's Instruction Manual.

EXT. PLAYGROUND

Tortilla Head edges his way down the ledge. A fluttering noise. His path is suddenly blocked by a Pigeon.

MR. POTATO HEAD :   What are you looking at, Feathers?

바 비 : 안타까워서 어쩐다!

켄 : 아냐, 안돼! 안돼! 안돼, 안돼, 안돼, 안 된다고! 취급설
명서가 있어. 랏소가 버즈를 데모모드로 바꿔놓은 거야.

바 비 : 그 매뉴얼이 어디에 있는데?

내부. 비품실

졸린 책벌레가 자기 책더미에서 버즈 라잇이어 매뉴얼을 뽑아서 우주복을 입고 기
다리고 있는 누구에겐가 다가간다.

책벌레 : 아니 도대체 내일 아침에 가져가면 되지 왜 꼭 지금이
어야 된다는 거야, 켄. 하지만 뭐… 자, 여기 있어.

내부. 교실 천정 좁은 공간

슬링키 : 왜 이렇게 오래 걸리는 거야?

아래에서 노크소리가 들린다. 우디가 천정 판을 열자 바비가 우주복을 입은 상태로
헬멧을 벗으며 나타난다.

우 디 : 그래, 어떻게 버즈를 손봐야 되는 거야?

바비는 웃으면서 버즈의 취급설명서를 올려 놓는다.

외부. 운동장

토틸라머리는 창문 턱에서 조금씩 옆으로 이동한다. 펄럭이는 소리가 난다. 그가 지
나야 할 길을 비둘기가 막아선다.

미스터 감자머리 : 뭘 보는 거야, 이 새야?

□ **stack**

(잘 정돈된) 더미

□ **fix**

고치다, 제대로 해놓다

□ **edge one's way**

서서히 나아가다, 조금씩 이동하다

□ **fluttering**

펄럭이는

□ **block**

막다, 방해하다

Zoom In

▪ What a shame!

명사 shame에는 '수치심, 창피' 이외에 '안
타까움, 애석함' 등의 뜻도 포함되어 있다.
그래서 본문은 "정말 안타깝다, 이걸 어쩌
나!" 등으로 이해하게 된다. **It's shame he
didn't come.**은 "그 애가 안 와서 안타까워"
이다.

▪ What's taking so doggone long?

What's taking so long?은 "왜 이렇게 오
래 걸리는 거야?"의 뜻이고 **doggone**은 '개
(dog)'가 들어간 비속어로 '빌어먹을'의 느
낌이다. 본문에서는 이 말을 '개'가 하고 있
기 때문에 아주 잘 어울린다.

The pigeon pecks, taking a chunk out of his tortilla.

MR. POTATO HEAD : Hey!

The pigeon continues pecking and biting. Mr. Potato Head slaps the pigeon. The pigeon grabs Mr. Potato Head by the forehead, dragging him down the ledge.
Mr. Potato Head struggles and finally gives it a good swift kick.
This breaks him free.
Mr. Potato Head shakes his fist.

MR. POTATO HEAD : Yeah, fly away, you coward!

The remaining tortilla buckles and disintegrates.
In pieces, he drops off the window ledge onto the ground.

MR. POTATO HEAD : Well, that's just great!

His biggest intact sections—each containing one arm and one eye—look around, spot a classroom garden filled with vegetables. The eyes goes wide.

비둘기가 쪼면서 토틸라 덩어리를 떼어간다.

미스터 감자머리 : 야!

비둘기는 계속 쪼고 물어뜯는다. 감자머리는 비둘기를 손바닥으로 후려친다. 비둘기
는 감자머리의 이마 부분을 잡아서 창문 턱에서 끌어내리려고 한다.
감자머리는 저항하다가 결국 비둘기를 날쌔게 제대로 걷어찬다.
이렇게 비둘기는 날아가고 감자머리는 해방된다.
미스터 감자머리는 주먹을 흔든다.

미스터 감자머리 : 그래, 날아가 버려! 겁쟁이야!

남은 토틸라는 휘어지며 분해된다.
산산조각이 난 상태로 감자머리는 창문 틀에서 땅으로 떨어진다.

미스터 감자머리 : 이런, 꼴 좋다!

조각난 것들 중 각각 팔과 눈이 달려 가장 크고 온전하게 남은 조각들이 주위를 둘
러보다가 채소로 가득한 교실 정원을 발견하고 눈이 휘둥그레진다.

□ **peck**
쪼다, 쪼아먹다

□ **swift**
신속한, 재빠른

□ **buckle**
찌그러지다, 휘어지다

□ **disintegrate**
분해되다, 산산조각 나다

□ **intact**
온전한, 다치지 않은

□ **contain**
포함하다

Key Expressions

 **204 I would'a got away with it, if it weren't for you meddling toys.**

무사히 빠져나갈 수 있었을 거야. 너희들 간섭하는 놈들만 없었으면 말이지.

1) would'a는 would have를 발음 나는 대로 적은 것이다. 가정법 과거완료 문장이다. get away with는 '~라는 좋지 않은 짓을 하고도 무사히 넘어가다'의 뜻이다. 결국 I would'a got away with it는 '(네 입장에서는 그게 안 좋은 일이겠지만) 난 별 탈 없이 잘 넘어갈 수 있었을 텐데 말이야'로 이해한다. You can't get away with it.은 "너 그거 그냥 못 넘어간다"의 뜻이다.

2) if it weren't for는 가정법 과거문장이며 보통 without과 같은 의미라고 말한다. 그래서 본문은 without you meddling toys와 같으며 meddle은 '남의 일에 간섭하다'의 뜻이다. Don't meddle in the way I treat them.은 '내가 사람들 다루는 방법에 대해서 간섭하려 들지 마"로 이해한다.

3) 본문은 "내가 무사히 빠져나갈 수 있었는데 말이야. 옆에서 간섭하고 방해하는 너희들만 없었으면 말이야"가 정확한 해석이다.

 **208 You should'a thought of that yesterday.**

어제 그 생각을 했었어야지.

1) should'a는 should have를 발음 나는 대로 적은 것이다. should have+동사의 과거분사형은 과거사실에 대한 후회, 아쉬움 등을 의미한다. You shouldn't have done it.은 "그렇게까지 하지 않아도 되는 건데 그랬어"의 뜻이다.

2) think of는 '~을 생각해내다'이다. 그래서 본문은 "어제 진작에 그 생각을 했었어야지"의 의미가 되는 것이다.

 **212 They finish taping up the struggling monkey.**

저항하는 원숭이를 테이프로 완전히 묶는 작업을 끝낸다.

1) 동사 finish는 '끝내다'의 의미이기 때문에 어떤 동작이 마무리됨을 뜻한다. 그래서 뒤에 이어지는 동사는 움직임을 나타내기 위해서 진행형을 쓰게 된다.

2) tape up은 '~을 테이프로 완전히 묶다'이다. 부사 up에 '완전히'의 느낌이 포함되어 있다.

 **218 You can't make me talk!** 그런다고 내가 말할 것 같아?

1) 조동사 can은 '가능성'의 의미이며 make는 '억지로 강요해서 ~을 하게 만들다'의 의미를 포함한다. 그래서 본문은 "네가 나를 강요해서 말하게 만들 수 있는 가능성은 없다"가 직역이고 "네가 아무리 그래도 난 절대 말 못해"로 의역한다.

2) 사역동사의 목적보어로 to부정사를 쓰지 않고 동사원형을 쓰는 이유는 '명령'의 의미를 부각시키기 위해서이다. 본문에서는 지금 당장 말하라고 명령과 강요를 하는 것이다. 그럴 때는 당연히 동사원형을 쓴다. to부정사를 쓰게 되면 '미래'를 의미하게 되어서 문장의 내용과 어울리지 않는다.

 **222 I don't know why this couldn't wait until morning.**

왜 내일 아침까지 기다리지 못하겠다는 건지 모르겠어.

this couldn't wait until morning을 직역하면 '이 일은 내일 아침까지 기다릴 수 없다'이다. 다시 말하면 '지금 당장 해결해야 될 일'이라는 뜻이다. can't wait, 또는 couldn't wait는 '더 이상 기다릴 수 없음'을 그래서 '지금 당장 해야 함'을 의미한다.

9

Lotso Gets in the Way

방해하는 랏소

마지막 순간에 스위치 작동을 잘못해서 스페인 우주방위대로 바뀐 버즈. 하지만 친구들 편으로 돌아온다. 순조롭게 진행되던 탈출은 랏소의 등장으로 수포로 돌아간다. 그러나 빅 베이비의 뜻밖의 행동으로 랏소와 우디, 그리고 친구들은 같은 입장에 처하게 된다.

INT. CATERPILLAR ROOM

Buzz, still trapped in the bin, keeps jumping up, trying to knock Hamm and Rex off it. His voice is muffled. Rex and Hamm are growing weary of Buzz's relentless effort.

BUZZ :	(muffled) Help! Prison riot!
HAMM :	Oh, give it up. No one can hear you.
BUZZ :	What?
HAMM :	I said no one can hear you!
BUZZ :	What?
REX :	(yelling) He said, "No one can…"
HAMM :	Shhhhhhhhhh!!!! Would you be quiet!

INT. CATERPILLAR ROOM

A ceiling tile opens and Woody, Slinky, and Barbie drop into the room.
On the bin, Rex and Hamm look up.

REX :	Woody! You're back!

Rex and Hamm unconsciously move to the front edge of the bin. Buzz looks up and sees the open ceiling. He runs to the back of the bin and jumps—knocking Hamm and Rex off balance. They fall off the bin. Buzz escapes. Buzz runs across the floor.

WOODY :	Stop him! Don't let him get out!

내부. 애벌레 방

여전히 통 안에 갇힌 버즈는 계속 뛰어오르며 햄과 렉스를 통 위에서 떨어뜨리려고 한다.

버즈의 목소리가 통 안에서 작게 들린다. 렉스와 햄은 버즈의 끈질긴 노력에 점점 피곤해진다.

버 즈 : (멍멍한 소리로) 도와줘! 교도소 폭동이다!

햄 : 아이고, 그만해. 아무도 네 말 못 들어.

버 즈 : 뭐라고?

햄 : 아무도 네가 하는 말을 들을 수 없다고!

버 즈 : 뭐?

렉 스 : (소리를 지르며) 얘 말은, "아무도…"

햄 : 쉬!!!!! 좀 조용히 해봐!

내부. 애벌레 방

천정 타일이 열리면서 우디와 슬링키, 그리고 바비가 방 안으로 들어온다.

통 위에서 렉스와 햄이 올려다본다.

렉 스 : 우디! 우디가 돌아왔다!

렉스와 햄은 무의식적으로 통의 앞부분 끝으로 움직인다. 버즈가 고개를 들어 열린 천정을 본다. 버즈는 통의 뒷부분으로 달려가 뛰어오르며 햄과 렉스가 균형을 잃게 만든다. 둘은 통에서 떨어진다. 버즈가 탈출한다. 버즈는 바닥을 가로질러 달린다.

우 디 : 막아! 빠져나가지 못하게 해!

▫ **weary**

지친, 피곤한

▫ **relentless**

끈질긴

▫ **look up**

올려다보다

▫ **unconsciously**

무심결에, 무의식적으로

▫ **fall off**

떨어지다

Zoom In

■ Buzz keeps jumping up.

동사 keep에는 '계속'의 의미가, 그래서 목적어에서도 '계속'의 느낌이 살아 있어야 된다는 것을 기억한다. 이미 Key Expressions에서 두 번이나 설명한 내용이다. jump가 진행형을 띄게 되는 이유이다.

■ They're growing weary of it.

동사 grow는 '성장하다, 점점 ~의 상태가 되다(grow + 형용사)' 등의 뜻을 포함한다. weary of는 '~에 지친'의 뜻이다. 그래서 본문은 "그들은 점점 그런 행위에 지쳐가고 있다"로 해석한다.

BUZZ :	Star Command, I've been taken hostage by my own prisoners!

Hamm and Rex let out a war cry. Buzz gets tackled.
Barbie rushes over with the screw driver, while Woody runs with the manual. Hamm, Rex and Slinky help to keep Buzz pinned down.

WOODY :	Quick, open his back! There's a switch!

They unscrew Buzz's compartment, revealing the switch.
Woody reaches in and flips it. Buzz struggles throughout.

BUZZ :	Unhand me, Zurg scum! The Galactic courts will show you no mercy!
WOODY :	Oh! It's not working! Why's it not working? Where's the manual?
HAMM :	Here we go! There should be a little hole under the switch!
WOODY :	Little hole. Got it!
HAMM :	(reading) "To reset your Buzz Lightyear, insert paper clip."
WOODY :	Rex, use your finger!
REX :	What?
WOODY :	Okay, now what?
HAMM :	All right, let's see. "Caution: Do not hold button for more than five seconds."

버 즈 : 스타 커맨드, 내가 감시하던 죄수들에게 인질로 잡혔다.

햄과 렉스는 고함을 지른다. 버즈가 공격을 당한다.
바비는 드라이버를 들고 달려가고 우디는 설명서를 들고 뛴다. 햄과 렉스, 그리고 슬링키는 버즈가 꼼짝 못하게 잡고 있다

우 디 : 서둘러, 등을 열어! 거기에 스위치가 있어!

버즈의 건전지 투입함을 여니 스위치가 나타난다.
우디가 안에 손가락을 넣어 스위치를 좌우로 당긴다. 버즈는 계속 반항한다.

버 즈 : 날 풀어라, 저그 쓰레기들아! 은하계 법정에서 너희들을 냉혹하게 다룰 것이다!

우 디 : 이런! 작동이 안돼! 왜 작동이 안 되는 거지? 설명서 어디에 있어?

햄 : 여기 있어! 스위치 아래에 작은 구멍이 있을 거야.

우 디 : 작은 구멍. 여기 있어!

햄 : (읽는다) "버즈 라잇이어를 다시 설정하려면 종이 클립을 넣으세요."

우 디 : 렉스, 네 손가락을 넣어봐!

렉 스 : 뭐라고?

우 디 : 됐어, 다음엔?

햄 : 알았어, 어디 보자. "주의사항: 버튼을 5초 이상 누르고 있지 마세요."

□ **hostage**
인질

□ **let out**
소리를 내다

□ **war cry**
함성

□ **mercy**
자비

□ **insert**
끼우다, 넣다

□ **caution**
주의, 경고

Zoom In

▪ be taken hostage

take A hostage는 'A를 인질로 잡다'의 뜻이다. 인질의 입장에서는 be taken hostage이다. take 대신에 hold를 쓰기도 한다. They are holding two people hostage.는 "두 명을 인질로 잡고 있어"이다.

▪ Show you no mercy!

직역하면 "너희들에게 자비를 보여주지 않아!"이다. 이것을 자연스러운 우리말로 바꾸면 "너희들은 국물도 없어"이다. 만일 Show me mercy.라고 말한다면 "내 사정 좀 봐주세요"정도로 이해하게 된다.

Suddenly, Buzz beeps loudly, falls limp, and face-plants.

REX : It's not my fault!

Suddenly, Buzz leaps bolt upright, knocking the toys off of him. He strides forward and flips his wrist radio.

SPANISH BUZZ : Star Log—I've awakened from hyper-sleep on a strange planet.

HAMM : Now what did you do?

REX : I did what you told me!

SPANISH BUZZ : I'm surrounded by alien creatures of unknown intent! Who goes there? Friend? Or foe?

WOODY : Uh… Amigos! We're all amigos!

SPANISH BUZZ : I must have crash landed and had my memory erased.

He approaches Woody and kisses both his cheeks. He casually strides off.

SPANISH BUZZ : Anyone seen my spaceship?

WOODY : We gotta switch him back!

SLINKY : Well, how do we do what?

HAMM : I don't know. That part's in Spanish!

WOODY : We don't have time for this! Come on, El Buzzo!

SPANISH BUZZ : My spaceship? You know where it is? Excellent!

갑자기, 버즈는 삐 소리를 크게 내며 얼굴을 아래로 떨어뜨리고 축 늘어진다.

렉 스 : 내 잘못 아니야!

갑자기, 버즈는 곁에 있던 장난감들을 해치우며 벌떡 일어나 선다. 그는 앞으로 성큼 걸어나가 팔목을 흔들어 무전기를 연다.

스페인인 버즈 : 스타 로그—나는 낯선 행성에서 극한 수면상태에 빠졌다 가 깨어났다.

햄 : 너 지금 무슨 짓을 한 거야?

렉 스 : 난 하라는 대로 했을 뿐이야.

스페인인 버즈 : 나는 지금 의도를 알 수 없는 낯선 생명체들에게 둘러 쌓여 있다. 너희들은 뭐냐? 친구냐? 아니면 적이냐?

우 디 : 어… 친구야! 우리들은 모두 네 친구야!

스페인인 버즈 : 내가 불시착하면서 기억이 지워진 것 같군 그래.

버즈는 우디에게 다가가 양 볼에 키스를 하고는 무심히 자리를 뜬다.

스페인인 버즈 : 누구 내 우주선 본 사람 없나?

우 디 : 쟤 스위치 원상태로 돌려놔야 돼.

슬링키 : 뭘 어떻게 해야 되는 거지?

햄 : 모르겠어. 그 부분은 스페인어로 쓰여있어!

우 디 : 우리 지금 이럴 시간 없어! 어서 가자, 버즈!

스페인인 버즈 : 우주선? 우주선 있는 곳을 아는 거야? 좋았어!

□ **leap bolt upright**
벌떡 똑바로 일어서다

□ **stride forward**
앞으로 성큼성큼 걷다

□ **awaken**
잠에서 깨다

□ **be surrounded by**
～에 둘러싸여 있다

□ **intent**
의도, 의지

□ **crash land**
불시착하다

Zoom In

■ We don't have time for this!

have time for는 '～을 할 시간이 있다'이 다. 그래서 본문은 "우리 지금 이럴 시간 없 다고!"로 이해한다. **Do you have time for some coffee?**는 "커피 한 잔 할 시간 있으 세요?"로 이해한다.

■ You know where it is?

말 그대로 "그게 어디에 있는지 알아?"이 다. 어순에 주의한다. 의문사 where가 쓰였 지만 **know**의 목적절로 쓰였기 때문에 평서 문의 형태가 유지된다. **You know where is it?**이라고 말하지 않는다는 것이다.

As they run, the Lifer watches on.

LIFER :	Good luck, Cowboy.

EXT. PLAYGROUND

Trucks patrol the playground while Twitch uses a searchlight to sweep the yard. Jessie, Bullseye, and Mrs. Potato Head wait inside a concrete pipe.

MRS. POTATO HEAD :	Here they come!
WOODY :	Come on, Buzz!
JESSIE :	What took you so long?
WOODY :	Things got complicated. Where's Potato Head?
JESSIE :	We haven't seen him! Buzz!

Buzz is struck dumb Time slows down—as if Jessie has said his name in slow motion. His heart melts. He approaches her, dropping to his knees, taking Jessie's hand.

SPANISH BUZZ :	My desert flower! I have never seen true beauty till this night!
JESSIE :	Did you fix Buzz?
HAMM :	Eh… Sort of.
MRS. POTATO HEAD :	Behind you! Someone's coming!

다들 달려갈 때 리퍼가 지켜보고 있다.

리 퍼 :　　행운을 빈다, 카우보이.

외부. 운동장
트럭들이 운동장 순찰을 도는 동안 트위치는 서치라이트를 이용해서 운동장 곳곳을 비치고 있다. 제시와 불즈아이, 그리고 감자머리 여사가 콘크리트 파이프 안에서 기다리고 있다.

감자머리 여사 :　저기 온다!

우 디 :　　이리 와, 버즈.

제 시 :　　왜 이렇게 늦었어?

우 디 :　　상황이 복잡해졌어. 감자머리는 어디에 있어?

제 시 :　　못 봤는데! 버즈!

버즈는 갑자기 할 말을 잃는다. 시간이 천천히 흐른다—제시가 자기 이름을 부르는 모습이 버즈에게는 느린 동작으로 보여진다. 버즈의 마음이 녹아 내린다. 버즈는 제시에게 다가가 무릎을 꿇으며 제시의 손을 잡는다.

스페인인 버즈 :　내 사막의 꽃이시여! 나는 이 밤 이 순간까지 이렇게 진정한 미인을 본 적이 없소!

제 시 :　　버즈 제대로 고쳐놓은 거 맞아?

햄 :　　어… 뭐, 그렇다고 볼 수도 있지.

감자머리 여사 :　뒤 조심해! 누가 오고 있어!

□ **sweep**
쓸다, 거칠게 휩쓸고 가다

□ **struck dumb**
놀라다

□ **slow down**
느려지다, 천천히 하다

□ **melt**
녹다

□ **drop to one's knees**
두 무릎을 꿇다

ZOom In

■ What took you so long?

직역하면 "무엇이 너에게 그렇게 오랜 시간이 걸리게 만들었는가?"이다. 이것을 "왜 이렇게 오래 걸렸어?"로 이해한다. 같은 의미로 What was holding you up?을 쓰기도 한다. 속뜻은 "무엇이 당신을 못 가도록 붙들었는가?"이다.

■ Buzz is struck dumb.

strike dumb은 '갑자기 말문을 막다'이다. 동사 strike는 '갑작스러운 공격'을 의미하며 dumb은 '말문이 막힌'이다. be struck dumb이라면 '갑작스러운 상황에 말문이 막히다/놀라다'의 뜻을 갖게 된다.

The toys turn. Buzz elaborately spins to shield Jessie. A tall figure looms. The toys gasp. Mr. Cucumber Head steps into the light—irked, agitated.

MR. POTATO HEAD : You would not believe what I've been through tonight.

MRS. POTATO HEAD : Darling! Are you okay?

MR. POTATO HEAD : I feel fresh! Healthy! It's terrible!

MRS. POTATO HEAD : You've lost weight! And so tall!

Bullseye nudges Mr. Potato Head's torso toward him. Mr. Potato Head, relieved, speaks to it.

MR. POTATO HEAD : Ahhh, you're a sight for detachable eyes!

He plucks his eyes out and plants them on the spud.
Slinky pops out the bottom of the slide. At the top of the slide, Woody keeps a grip on Slinky's back end, waiting. The tail wags.

WOODY : All clear!

All the toys start coming down the slide, one by one.

WOODY : Come on! Come on!

JESSIE : We're almost there.

The lights of a patrol truck approach.

WOODY : Back up, back up! Come on.

장난감들이 몸을 숨긴다. 버즈는 폼 나게 몸을 돌려 제시를 보호한다. 긴 형체가 어렴풋이 나타난다. 장난감들은 숨을 죽인다. 미스터 오이머리가 빛을 받으며 들어온다. 짜증나고 기분이 안 좋은 표정이다.

미스터 감자머리 :　오늘 밤 내게 뭔 일이 있었는지 아무도 못 믿을 거야.

감자머리 여사 :　여보! 괜찮아요?

미스터 감자머리 :　신선한 느낌이야! 건강한 느낌이랄까! 이런 기분 끔찍해 정말!

감자머리 여사 :　당신 살 빠졌네요! 키도 커지고!

불즈아이가 미스터 감자머리의 몸통을 툭 쳐서 굴려준다. 미스터 감자머리는 안도의 숨을 쉬며 자기 몸통에게 말한다.

미스터 감자머리 :　여기 있었구나, 분리형 눈알에는 네가 최고지!

그는 눈을 떼어서 감자 위에다 끼워 넣는다.
슬링키가 미끄럼 통 바닥으로 얼굴을 드러낸다. 미끄럼 통 위에서는 우디가 슬링키의 엉덩이를 잡고 기다리고 있다. 꼬리가 흔들린다.

우 디 :　　　됐어!

친구들이 모두 미끄럼 통으로 내려가기 시작한다. 하나씩.

우 디 :　　　어서! 서둘러!

제 시 :　　　거의 다 왔어.

순찰트럭의 빛이 다가온다.

우 디 :　　　뒤로, 뒤로! 따라 와.

elaborately	공들여, 정교하게
loom	어렴풋이 나타나다
irk	짜증나게 하다
nudge	쿡 찌르다, 살살 밀다
detachable	분리할 수 있는
wag	개가 꼬리를 흔들다

ZOom In

■ You've lost weight.

"너 살 빠졌다"이다. **You lost weight.**를 쓰지 않고 현재완료를 쓴 이유는 살이 빠진 과거의 시점을 정확히 말할 수 없기 때문이다. 과거의 시점이 정확하지 않을 때는 현재완료를 쓴다.

■ keep a grip on

동사 **keep**에 '계속'의 의미가 있다는 것은 백만 번 강조해도 지나치지 않다. 명사 **grip**은 '손으로 움켜쥔 상태'이다. 그래서 본문은 '~을 손으로 계속 쥐고 있다'로 이해한다.

Spanish Buzz grabs Jessie and does a series of elaborate dance moves. He then dips her, and gestures towards the sky.

SPANISH BUZZ :   Come with me! I will show you the wonders of the galaxy, and we shall vanquish all evil with our love.

Woody, Bullseye, and the Aliens arrive. Jessie, relieved, dashes from Buzz's arms.

JESSIE :   Woody!

Jessie runs and gives Woody an impulsive hug of pure relief.

WOODY :   Come on! We're almost there!

Spanish Buzz, stunned and heartbroken, watches Jessie embrace Woody.

SPANISH BUZZ :   The Cowboy!

EXT. TRASH CHUTE

Woody leads the toys to the trash chute. Woody jumps—trying to grab the chute handle—but can't quite reach it. He tries again. He waves to Buzz.

WOODY :   Buzz, come here. Gimme a lift!

Buzz, smoldering, steps forward and melodramatically pushes Woody aside—"Let me show you how it's done".

SPANISH BUZZ :   Buzz Lightyear to the rescue!

스페인인 버즈가 제시를 붙잡고 정교한 춤을 춘다. 그러다가 제시의 허리를 감아 아래쪽으로 향하게 한 상태에서 하늘을 향해 손을 뻗는다.

스페인인 버즈 : 나를 따라와요! 은하계의 경이로움을 보여 드릴게요. 그리고 우리 사랑으로 세상의 모든 악을 없애버리는 겁니다.

우디와 불즈아이, 그리고 외계인들이 도착한다. 제시는 안도하며 버즈의 팔을 뿌리치고 달려간다.

제 시 : 우디!

제시가 달려가 우디에게 순수한 안도감에서 나오는 충동적 포옹을 한다.

우 디 : 자! 거의 다 왔어!

스페인인 버즈는 망연자실. 비통해하며 제시가 우디를 포옹하는 모습을 지켜본다.

스페인인 버즈 : 저 원수 같은 카우보이!

외부. 쓰레기 활송장치
우디는 친구들을 쓰레기 활송장치쪽으로 이끈다. 우디는 점프해서 활송장치의 손잡이를 잡으려 하지만 손이 닿지 않는다. 다시 시도해 본다. 우디는 버즈에게 손짓한다.

우 디 : 버즈, 이리 와봐. 나 좀 올려줘!

북받치는 감정을 주체하지 못하던 버즈는 앞으로 나서며 과장된 행동으로 우디를 옆으로 밀친다—"어떻게 하는 건지 내가 보여주마".

스페인인 버즈 : 버즈 라잇이어가 구조하러 나가신다!

□ **dip**
아래로 가볍게 숙이다

□ **vanquish**
물리치다. 완파하다

□ **impulsive**
충동적인

□ **pure**
순수한, 순전한

□ **embrace**
포옹하다

□ **smolder**
제대로 표현하지 못하고 감정이 북받치다

Zoom In

■ Buzz watches Jessie embrace Woody.

지각동사 watch는 '~을 지켜보다'이다. 목적보어로 원형 embrace가 나왔다. 포옹의 처음부터 끝까지를 지켜보았기 때문에 원형을 쓴 것이다. 만일 포옹 중간에 보고 지나쳤다면 embracing을 썼을 것이다.

■ Gimme a lift!

Gimme는 give me를 발음 나는 대로 적은 것이다. 길을 걷고 있는 중에 아는 사람이 차를 몰고 가다가 인사를 주고받는 경우라면 "나 좀 태워줘"의 의미로 Gimme a lift. 를 쓸 수 있지만 본문에서는 "올려달라"로 쓰였다.

Buzz steps to the chute, jumps up in a series of crazy, acrobatic moves, and grabs the handle, pulling it down.

SPANISH BUZZ : Open!

WOODY : Way to go, Buzz! Come on!

The toys boost each other up onto the trash chute lid.

INT. GARBAGE CHUTE
Woody climbs in the chute with the others and peers down.

JESSIE : Is it safe?

WOODY : I guess I'll find out.

JESSIE : Woody! You okay?

WOODY : Yeah, come on down. But not all at once!

MR. POTATO HEAD : What did he say?

HAMM : I think he said "All at once".

WOODY : No! No! No! No! No! No!

Too late. The toys slide down one after the other.

TOYS : Whoa! Watch out!

They collide with Woody and knock into each other.
Woody wind-mills his arms at the edge of the slide. Jessie pulls him to safety.

버즈는 활송장치로 걸어가서 뛰어올라 아무나 할 수 없는 곡예를 보이며 손잡이를
잡아 아래로 당긴다.

스페인인 버즈 :　　열었어!

우 디 :　　잘했어, 버즈! 자, 가자!

친구들은 서로를 도와서 쓰레기 활송장치 뚜껑에 오른다.

내부. 쓰레기 활송장치
우디가 친구들과 활송장치 안으로 기어올라가서 아래를 내려다 본다.

제 시 :　　안전할까?

우 디 :　　내가 알아볼게.

제 시 :　　우디! 괜찮아?

우 디 :　　그래, 내려와. 한꺼번에 다 내려오지 말고!

미스터 감자머리 :　　우디가 뭐라는 거야?

햄 :　　"한꺼번에 다"라고 말한 것 같은데.

우 디 :　　아니야! 안돼! 안돼! 안돼! 안돼! 안돼!

이미 늦었다. 친구들이 꼬리를 물고 모두 미끄러져 내려온다.

장난감들 :　　어이구! 조심해!

다들 우디와 충돌하고 서로 부딪힌다.
우디는 미끄러져 내려가 끝 부분에서 팔을 풍차 돌리듯이 돌린다. 제시가 우디를 안
전하게 잡아당긴다.

□ **acrobatic**
곡예의

□ **boost up**
위로 올려주다

□ **at once**
한 번에

□ **one after the other**
잇따라서

□ **wind-mill one's arms**
팔을 풍차 돌리듯이 돌리다

Zoom In

▪ I guess I'll find out.

동사 **guess**는 '확실히 몰라서 짐작하다'의
느낌이고 **find out**은 '어떤 사실을 알아내다'
의 뜻이다. 보이지 않는 사실, 진실, 비밀
등을 알아낼 때 **find**가 아닌 **find out**을 쓴
다. 본문은 "내가 확인해봐야 될 것 같다"이
다.

▪ Jessie pulls him to safety.

제시가 그를 잡아당기는데 그 당기는 방향
은 안전이다. 결국 "제시가 그를 잡아 당겨
서 안전한 상태가 됨"을 의미하는 문장이
다. 전치사 **to**에 '~의 방향으로'의 뜻이 있
음을 기억한다.

WOODY :   Thanks, Jess.

The toys look around. Spanish Buzz looks about, confused and deeply disappointed.

SPANISH BUZZ :   (to himself) Where's my spaceship?

WOODY :   Almost there guys! Slink? You think you can make it?

SLINKY :.   I might be old, but I still got a spring in my step.

He backs up, takes a few steps, and leaps over the open pit to the closed lid of the dumpster. He lands hard, begins back-sliding, then clutches onto a metal handle.

REX :   He did it!

HAMM :   All right, Slinky-kins!

SLINKY :   Okay! Climb across!

Slinky, clinging to the handle, startles abruptly as two pink paws step in front of him. Slinky looks up. Lotso looms over him, grinning.

LOTSO :   You lost, little doggy?

Lotso kicks Slinky's paws. He retracts, falling from the dumpster lid. The toys pull him to safety.
Behind Lotso, his gang hops off a wall to join him on the dumpster lid. Lotso notices Woody among the other toys.

LOTSO :   Well, well! <u>Look who's back!</u>

우 디 : 고마워, 제시.

장난감들이 주위를 둘러본다. 스페인인 버즈는 주위를 둘러보고 혼란스러워하며 깊은 실망감에 빠진다.

스페인인 버즈 : (독백한다) 도대체 내 우주선은 어디에 있는 건가?

우 디 : 얘들아, 거의 다 왔어. 슬링크? 해낼 수 있겠어?

슬링키 : 내가 늙었을지 모르지만 아직 걷는데 탄력은 있다고.

슬링키는 뒤로 물러서서 몇 발자국 걸은 후에 높이 뛰어올라 열린 구덩이를 넘어 쓰레기용기의 닫힌 뚜껑 위에 착지한다. 큰 소리를 내며 내려앉은 슬링키는 뒤로 밀리다가 금속 손잡이를 잡고 멈춘다.

렉 스 : 해냈어!

햄 : 잘했다, 슬링키—한 식구인 게 자랑스럽다!

슬링키 : 어서들! 날 타고 건너와!

손잡이를 붙들고 있는 슬링키는 화들짝 놀란다. 두 개의 핑크색 발이 자기 바로 앞에 나타난 것이다. 슬링키는 고개를 든다. 랏소가 위에서 어렴풋이 보인다. 웃는 모습으로.

랏 소 : 길을 잃었나, 우리 강아지?

랏소가 슬링키의 발을 걸어찬다. 슬링키는 쓰레기용기에서 떨어져 뒤로 물러난다.
친구들이 슬링키를 안전하게 잡아준다.
랏소 뒤로 그의 무리들이 벽에서 뛰어내려 쓰레기용기 뚜껑 위에서 그와 합류한다.
랏소는 장난감들 사이에 있는 우디를 발견한다.

랏 소 : 아니, 이게 누구신가!

□ **make it**
해내다, 성공하다

□ **back up**
뒤로 물러서다

□ **land hard**
거친 소리를 내며 착지하다

□ **cling to**
~을 붙들다

□ **startle**
깜짝 놀라다

□ **notice**
주목하다, 확인하다

Zoom In

■ I might be old.

조동사 **might**의 활용에 주의한다. '가능성'의 뜻이다. 그런데 그 가능성은 아주 희박하다. 나는 내가 늙었음을 인정하고 싶지 않다. 하지만 남이 보기에 늙었다는 생각을 혹시 할 지도 모르겠다는 느낌의 문장이다.

■ hop off a wall to join him on the lid

hop off, 어딘가에서 뛰어 내렸다. 그 뛰어내린 장소는 **wall**, 벽이고 그 뛰어내린 행위의 미래 결과는 **join him**, 즉 그와 합류하는 것이었다. 그 합류장소는 **on the lid** 즉, '뚜껑 위'였다. 문장의 이해 순서이다.

There is a noise. The toys turn. Lotso's henchman—the Octopus—clambers into the chute entrance, blocking escape.
The Lifer Phone wheels into view—wheels wobbling, one eye broken. His voice is hoarse.

LIFER : I'm sorry, Cowboy! They broke me!

LOTSO : (to all; incredulous) What are you all doing? Running back to your kid? He don't want you no more!

WOODY : That's a lie!

LOTSO : Is it? Tell me this, Sheriff. If your kid loves you so much, why is he leaving? You think you're special, Cowboy? You're a piece of plastic! <u>You were made to be thrown away!</u>

Vroom! In the distance, a garbage truck turns in the alley and begins rumbling toward them, emptying dumpsters along its way. The toys gasp.

LOTSO : Speak of the devil! Now we need toys in our Caterpillar Room. And you need to avoid that truck. Why don't you come on back, join our family again?

JESSIE : This isn't a family, it's a prison! You're a liar and a bully and I'd rather rot in this dumpster than join any family of yours!

소리가 들린다. 장난감들은 뒤를 돌아본다. 랏소의 심복인 문어가 활송장치 입구로 들어오며 탈출을 막는다.
리퍼 전화가 시야에 들어온다—바퀴는 뒤뚱거리고 눈 하나는 부서졌다. 목소리는 쉬었다.

리 퍼 :	카우보이, 미안해. 애들이 날 부쉈어.
랏 소 :	(모두에게; 못 믿겠다는 듯한 투로) 지금 도대체 뭣들 하는 거야? 너희들 그 주인한테로 돌아가겠다는 거야? 걔는 더 이상 너희들을 원치 않아!
우 디 :	거짓말이야!
랏 소 :	그래? 대답해봐, 보안관. 너희들 주인이 너희들을 그렇게 사랑했다면 걔가 너희들 곁을 왜 떠나려는 거겠니? 카우보이, 넌 네가 특별하다고 생각하니? 넌 그저 플라스틱 조각일 뿐이야! 너는 처음부터 버려지기 위해서 만들어진 거란 말이다!

부웅! 멀리서 쓰레기 트럭이 골목으로 들어서서 우르르 소리를 내며 장난감들을 향해 오기 시작한다. 다가오며 쓰레기용기들을 비운다. 장난감들은 숨이 막힌다.

랏 소 :	호랑이도 제 말하면 온다더니! 지금 우린 애벌레 방에 장난감이 필요해. 그리고 너희들은 저 트럭을 피해야 할 필요가 있고. 돌아와서 다시 우리 가족이 되지 않으련?
제 시 :	이게 무슨 가족이야, 이건 감옥이야! 넌 거짓말쟁이고 힘 없는 자를 괴롭히는 나쁜 놈이야. 나 같으면 너희 가족의 일원이 되느니 차라리 이 쓰레기용기에서 썩어버리겠어.

□ **wobble**
뒤뚱거리며 가다

□ **hoarse**
목이 쉰

□ **incredulous**
못 믿겠다는 듯한

□ **avoid**
피하다. 모면하다

□ **a bully**
약자를 괴롭히는 사람

□ **rot**
썩다, 부패하다

Zoom In

■ He don't want you no more!

물론 정확한 형식문법으로는 He doesn't want you no more.가 맞다. 그러나 3인칭을 주어로 했지만 뒤에 이어지는 말에 강력한 메시지를 담고 싶을 때 마치 1인칭으로 말하는 것처럼 don't를 쓸 수도 있다.

■ Speak of the devil!

직역하면 "악마 얘기를 하라!"이다. 이 문장의 완전한 형태는 To speak of the devil, it will come.이다. "악마 얘기를 하면 그 악마가 나타날 것이다"의 뜻이다. 우리말의 "호랑이도 제 말하면 온다"와 같다.

BARBIE : Jessie's right! Authority should derive from the consent of the governed! Not from the threat of force!

LOTSO : If that's what you want!

He nods and bangs his cane. The Octopus steps forward and begins to prod the toys towards the edge of the precipice. Abruptly, Ken bursts from the shadows—in his underwear.

KEN : Barbie! Wait! Don't do this, Lotso!

LOTSO : She's a Barbie doll, Ken! There's a hundred million just like her!

KEN : Not to me there's not!

LOTSO : Fine! Then why don't you join her?

He tosses Ken across the dumpster chasm. The toys pull him to safety. Barbie comes to his side, hugs him.

BARBIE : Oh, Ken!

Ken stands and addresses Lotso's gang, earnest and heroic.

KEN : Everyone! Listen! Sunnyside could be cool and groovy if we treated each other fair! (points at Lotso) It's Lotso! He's made us into a pyramid and he put himself on top!

바 비 : 제시 말이 맞아! 권위는 통치를 받는 사람들의 동의를 통해서 생겨나는 거야. 무력으로 협박해서 생기는 게 아니란 말이야!

랏 소 : 그게 너희들이 원하는 것이라면야!

랏소는 고개를 끄덕이며 지팡이를 탕 친다. 문어가 앞으로 다가서며 장난감들을 벼랑 끝으로 몰기 시작한다. 갑자기 켄이 그림자 속에 있다가 앞으로 튀어나온다—속옷 차림으로.

켄 : 바비! 잠깐! 랏소, 이러지 마!

랏 소 : 쟤는 바비 인형이야, 켄. 저런 인형은 수도 없이 많아!

켄 : 내겐 다른 바비는 없어!

랏 소 : 좋아! 그러면 쟤하고 같이 있어!

랏소는 켄을 쓰레기용기 구덩이 너머로 던진다. 장난감들이 켄을 안전하게 잡아준다: 바비는 그에게로 와서 포옹한다.

바 비 : 오, 켄!

켄은 일어서서 랏소의 무리들에게 진지하고 용감무쌍하게 연설한다.

켄 : 여러분! 내 말 잘 들어! 서니사이드는 멋지고 근사한 곳이 될 수 있어. 우리가 서로를 정당하게 대해주기만 한다면 말이야. (랏소를 가리키며) 문제는 랏소야! 저 자가 우리를 피라미드로 만들었어. 그리고 자기 자신을 꼭대기에 올려놓은 거야.

- **authority**
  권위

- **derive from**
  ～에서 비롯되다, ～에서 나오다

- **consent**
  동의, 합의

- **prod**
  쿡 찌르다, 재촉하다

- **earnest**
  진지한, 열렬한

- **groovy**
  멋진, 대단한, 근사한

Zoom In

▪ burst from the shadows

burst from은 '～에서 갑자기 튀어나오다'의 느낌이다. 동사 burst에 '갑작스러움'과 '속에서 견디다 못해서 밖으로 터짐'의 느낌이 있음을 기억한다. 결국 본문은 '그림자 속에서 참지 못하고 앞으로 튀어나오다'로 이해한다.

▪ Why don't you join her?

Why don't you ～?는 '이유'를 묻는 구문이 아니고 '권유'의 구문이다. 그래서 '～하시죠, ～해라' 등으로 해석한다. 본문은 "너도 그녀와 함께하지 그래?"로 이해한다.

LOTSO :	Anyone concur with Ken? I didn't throw you away. Your kid did. Ain't one kid ever loved a toy, really! Chew on that when you're at the dump!
WOODY :	Wait! What about Daisy?
LOTSO :	I don't know what you're talking about.
WOODY :	Daisy? You used to do everything with her!
LOTSO :	Yeah. Then she threw us out!
WOODY :	No. She lost you!
LOTSO :	She replaced us!
WOODY :	She replaced you! And if you couldn't have her, then no one could! You lied to Big Baby, and you been lying ever since.

Woody yanks something from his holster and holds it out. It's the rusty old pendant, "My Heart Belongs To: Daisy". Lotso is stunned.

LOTSO :	Where did you get that?
WOODY :	She loved you, Lotso.
LOTSO :	She never loved me!
WOODY :	As much as any kid ever loved a toy!

Woody throws the pendant. It lands at Big Baby's feet.

랏 소 : 누구 켄의 말에 동의하는 사람 있나? 내가 널 버린 게 아니잖아. 네 주인이 너를 버렸지. 한 주인이 그저 어떤 장난감 하나를 사랑하지 않아서 일어난 일이야, 진정으로! 쓰레기 하치장에 가서 곰곰이 생각해봐!

우 디 : 잠깐! 데이지는 어떻고?

랏 소 : 너 지금 무슨 소리를 하는 거야?

우 디 : 데이지 몰라? 너는 그녀와 한 때 모든 것을 함께 했었잖아.

랏 소 : 그래. 그러다가 걔가 우리를 버렸어!

우 디 : 아니지. 데이지는 너희들을 잃어버린 거였어!

랏 소 : 걘 우리를 다른 애들로 바꿨어!

우 디 : 데이지는 너만 바꿨어! 그리고 넌 네가 그녀를 가질 수 없다면 아무도 그녀를 가질 수 없게 했던 거야. 넌 빅 베이비에게 거짓말했어. 그리고 그때 이후로 쭈욱 거짓말을 해왔던 거고.

우디는 권총집에서 뭔가를 꺼내서 밖으로 들어 보인다. 그것은 녹슬고 낡은 목걸이이다. "내 마음은 데이지의 것". 랏소는 놀란다.

랏 소 : 너 그거 어디에서 났어?

우 디 : 데이지는 너를 사랑했어, 랏소.

랏 소 : 날 사랑하지 않았어!

우 디 : 어떤 아이든 한 장난감에 사랑을 쏟는 것만큼 널 사랑했어!

우디가 목걸이를 던진다. 목걸이는 빅 베이비 발 앞에 떨어진다.

□ concur	동의하다
□ used to	한때 ~했었다
□ holster	권총집
□ rusty	녹슨
□ land at	~에 떨어지다

Zoom In

■ Ain't one kid ever loved a toy!

본문은 One kid ain't ever loved a toy!에서 ain't를 강조하기 위하여 문장 앞으로 내보낸 것이다. 이 문장에서 ain't는 hasn't의 줄임말로 쓰였다. "한 아이가 한 장난감을 전혀 사랑하지 않았던 거야"로 이해한다.

■ Chew on that.

chew는 '씹다, 물어뜯다' 등의 의미를 갖는다. 그러나 본문에서는 '생각으로 씹다'의 의미를 전한다. 그래서 "그 생각을 곰곰이 해봐, 그것을 곱씹어 생각해봐" 등으로 이해하게 된다.

The Big Baby stares, electrified, at the pendent—a token of his long-lost love. He picks it up. His lip trembles.

BIG BABY :   Mama!

LOTSO :   What? You want your Mommy back? She never loved you! Don't be such a baby!

He throws it down and crushes it with his cane. Big Baby's face crumples. Lotso turns and yells at the Octopus.

LOTSO :   Push them in! All of them! This is what happens when you dummies try to think! We're all just trash, waiting to be thrown away! That's all a toy is!

Abruptly, Lotso is lifted by Big Baby.

LOTSO :   Hey! Stop it! Put me down, you idiot!

Big Baby carries him to the edge of the dumpster.
Around the dumpster, no one moves. Big Baby tosses Lotso into the dumpster. He lands in the shadows and looks up.

LOTSO :   No, no! Wait a minute! Big Baby, wait!

With a creak, Big Baby tugs at the open dumpster lid.

REX :   He's gone!

빅 베이비는 목걸이를 보면서 전율을 느낀다—그의 오랫동안 잃어버린 사랑의 징표인 목걸이. 빅 베이비가 목걸이를 집어 올린다. 그의 입술이 떨린다.

빅 베이비 : 엄마!

랏 소 : 뭐야? 엄마가 돌아오길 바라는 거야? 걔는 널 절대 사랑하지 않았어! 그렇게 바보 같은 짓 좀 하지 말란 말이야!

랏소는 목걸이를 내던지고 지팡이로 부순다. 빅 베이비의 얼굴이 일그러진다. 랏소는 고개를 돌려 문어에게 소리친다.

랏 소 : 다들 안으로 밀어버려! 모두 다! 다들 이 꼴이 되는 거야. 너희 멍청이들이 생각하려고 하는 순간에 말이야! 우리는 모두 쓰레기일 뿐이야. 버려지기를 기다리는 쓰레기! 그게 장난감의 운명인 거야!

갑자기, 랏소가 빅 베이비에 의해서 번쩍 들린다.

랏 소 : 야! 그만해! 내려놔, 이 멍청아!

빅 베이비는 랏소를 들고 쓰레기용기 끝으로 간다.
쓰레기용기 주변의 누구도 움직이지 않는다. 빅 베이비는 랏소를 쓰레기용기 안으로 집어 던진다. 랏소는 그늘 속에 떨어지며 올려다본다.

랏 소 : 안돼, 안돼! 잠깐만! 빅 베이비, 잠깐만!

삐걱 소리와 함께 빅 베이비는 열려있는 쓰레기용기 뚜껑을 힘껏 잡아당긴다.

렉 스 : 사라졌어!

electrified
흥분하는, 감전된 듯한

crush
으스러뜨리다

crumple
일그러지다, 구겨지다

yell at
~에게 소리지르다

tug at
~을 힘껏 잡아당기다

Zoom In

▪ Lotso is lifted by Big Baby.

수동태 문장은 주어의 상태를 말하고자 한다. 이 문장을 Big Baby lifts Lotso.라고 쓰지 않은 이유는 Lotso의 상태설명이 더 중요하기 때문이다. "랏소가 빅 베이비에게 번쩍 들린 상태이다"로 이해한다.

▪ He's gone.

be gone은 '사라지다, 죽다, 끝장나다' 등의 의미를 전한다. He's gone이라고 했을 때 그것이 죽었다는 말인지 사라졌다는 말인지 정확하지 않아서 He's dead?이라고 다시 묻는 경우가 흔히 발생한다.

MR. POTATO HEAD : Holy cow!

Vroom! The toys turn. The garbage truck pulls up to the last dumpster, only 100 feet—15 seconds—away.

WOODY : Come on! Hurry!

The toys hop down on the now-closed dumpster lid, rush to the retaining wall, and help each other clamber onto it. There is a squeak.
Woody turns. One of the Aliens is stuck at the crack between the two lids. He struggles while the other two Aliens stand around ineffectually.

WOODY : Oh! For crying out loud!

Woody glances at the approaching truck, then runs back.

SPANISH BUZZ : Cowboy, hurry!

Woody yanks the Alien free. The three Aliens retreat to safety. Woody tries to follow, but finds he can't. Looking down, a pink paw has grabbed his leg. Woody tries to free himself, but the paw drags him slowly into the dumpster's depths.

JESSIE : Woody!

The toys watch, horrified, as Woody disappears.
The truck turns and approaches the dumpster, fork out.

HAMM : Oh, boy! Incoming!

미스터 감자머리 :　이런!

부웅! 장난감들은 돌아본다. 쓰레기 트럭이 마지막 쓰레기용기로 다가와 선다. 100피트밖에 남지 않았다—15초 떨어진 상태.

우 디 :　어서! 서둘러!

장난감들이 닫힌 쓰레기용기 뚜껑 위로 내려와 축대 벽을 향해 달린다. 서로 도와서 벽 위로 올라간다. 찍 소리가 난다.
우디가 돌아본다. 외계인 중 하나가 두 개의 뚜껑 사이에 벌어진 틈에 끼었다. 그는 다른 두 외계인이 옆에서 무기력하게 보고만 서 있을 때 혼자서 발버둥친다.

우 디 :　아이고! 맙소사!

우디는 다가오는 트럭을 보고 외계인에게로 다시 뛰어간다.

스페인인 버즈 :　카우보이, 서둘러!

우디가 외계인을 잡아당겨 빼준다. 세 외계인은 안전하게 돌아온다. 우디가 뒤를 따르려는데 움직일 수가 없다. 내려다보니, 분홍색 발이 우디의 다리를 잡았다. 우디는 뿌리치려고 하지만 분홍색 발이 우디를 천천히 쓰레기용기 안으로 깊이 잡아당긴다.

제 시 :　우디!

친구들이 공포 속에 지켜보는 동안 우디는 사라진다.
트럭은 돌아서 쓰레기용기로 다가온다. 갈퀴가 나온다.

햄 :　아이고! 온다!

□ **pull up to**
～로 다가와 멈추다

□ **a retaining wall**
축대 벽, 방파 벽

□ **ineffectually**
무력하게, 헛되게

□ **For crying out loud.**
저런. 맙소사!

□ **free oneself**
빠져 나오다

□ **incoming**
도착하는, 들어오는

Zoom In

■ It is stuck at the crack between the lids.

그것이 걸렸는데(stuck) 걸린 장소(at)가 the crack 즉, 갈라진 틈이고 그 틈은 between the lids 즉, 뚜껑 사이에 난 틈임을 말하고 있다. 그래서 "그는 뚜껑 사이에 난 틈에 걸렸다"로 해석한다.

■ Woody yanks the Alien free.

우디가 외계인을 확 잡아당기니(yank) 외계인은 자유로운 상태(free)가 되었다는 의미이다. 결국 동작의 결과가 '어떤 상태'임을 바로 보여주고 싶어서 목적어 다음에 형용사를 바로 쓰게 된 것이다.

Ba-Boom! The truck's forks slide into the dumpster, jostling it, and begin slowly lifting up the dumpster. Jessie and Buzz fearlessly jump onto the dumpster.

JESSIE :   Come on!

The other toys follow her onto the rising dumpster. Barbie tries to follow, but Ken pulls her back.

KEN :   Barbie, no!

They all try to lift the heavy dumpster lid. It won't budge. The dumpster rises up, up, up—and begins to tilt.
As the dumpster tilts near vertical, the lid swings open and trash begins pouring into the back of the truck. They see Woody clinging the lid.
He sees them and calls out…

WOODY :   Jess!

JESSIE :   Woody!

Barbie—on the wall—watches on.

BARBIE :   No!

INT. GARBAGE TRUCK
The toys find themselves in total darkness, awash in a morass of garbage. There are coughs and groans…

WOODY :   Can you hear me? Is everyone okay?

MR. POTATO HEAD :   Of course not, you imbecile! We're doomed!

쿵! 트럭의 갈퀴가 쓰레기용기 안으로 들어와 거칠게 밀치며 천천히 용기를 들어올린다. 제시와 버즈는 겁 없이 용기 위로 뛰어오른다.

제 시 : 서둘러!

다른 친구들도 그녀를 쫓아 점점 올라가는 용기 위로 뛰어오른다. 바비도 뒤따르려 하지만 켄이 잡아당긴다.

켄 : 바비, 안돼!

모두들 무거운 용기뚜껑을 들어올리려고 한다. 뚜껑은 꿈쩍도 하지 않는다. 용기는 위로, 위로, 위로 올라간다. 그리고 기울기 시작한다.
용기가 거의 수직으로 기울 때 뚜껑이 활짝 열리며 쓰레기가 트럭 뒤로 쏟아지기 시작한다. 친구들은 우디가 뚜껑을 붙들고 있는 모습을 본다.
우디도 친구들을 본다. 외치면서…

우 디 : 제스!
제 시 : 우디!

벽에 있는 바비는 이 모습을 계속 지켜보고 있다.

바 비 : 안돼!

내부. 쓰레기트럭
장난감들은 완전 암흑 속에 갇힌 상태다. 쓰레기 늪 속에 뒤덮였다. 기침과 신음소리…

우 디 : 내 말 들려? 다들 괜찮아?
미스터 감자머리 : 어떻게 괜찮을 수가 있겠어, 이 바보야! 우린 끝났어!

jostle	거칠게 밀치다
vertical	수직의
awash in	～속에 뒤덮인
morass	늪
imbecile	바보, 얼간이
be doomed	끝나다, 운이 다하다

Zoom In

■ The lid won't budge.

조동사 will은 '사람의 의지'만 표현하는 게 아니라 '무생물의 의지'에도 관여한다. 뚜껑을 열려고 한다. 그런데 뚜껑이 움직이지 않으려고 버틴다. 그게 **The lid won't budge.** 이다. 동사 budge는 '약간 움직이다' 이다.

■ They find themselves in total darkness.

그들은 자신을 발견하게 된다. 자신을 발견한 장소는 '완전한 어둠 속'이다. "그들은 결국 완전한 어둠 속에 갇히게 된다"가 본문의 의역이다.

Buzz groans and pulls himself from a mound of garbage. He glows. Woody sees Buzz's glowing light.

WOODY :   Everyone! Go to Buzz! Come on!!

The toys congregate around Buzz, having found each other.

WOODY :   We all here? Slinky? Rex?

The truck lurches to a sudden stop. They fall over.
The shadow of the dumpster appears in the sky above them, tilting further and further over.

WOODY :   Against the wall, everybody! Quick!

SPANISH BUZZ :   Miss! Miss, where are you?

JESSIE :   Buzz?

SPANISH BUZZ :   Miss!

He runs through the falling trash until his glowing light finds her trapped in trash—terrified. She is hugely relieved to see him.

HAMM :   They'll never make it!

Buzz takes Jessie's hand and they run across the garbage truck bay, dodging madly while trash rains down upon them.
There is a scraping sound above. Mrs. Potato Head looks up.

MRS. POTATO HEAD :   Look out!

버즈는 신음소리를 내며 쓰레기더미에서 빠져나온다. 버즈에게서 빛이 난다. 우디는
버즈가 밝게 빛나는 것을 본다.

우 디 :　　　얘들아! 다들 버즈에게로 가! 어서!!

친구들이 버즈 주위에 모여서 서로를 찾는다.

우 디 :　　　다 온 거야? 슬링키? 렉스?

트럭이 휘청거리며 갑자기 선다. 모두들 쓰러진다.
쓰레기용기 그림자가 장난감들 위에 나타나 점점 기울어진다.

우 디 :　　　얘들아, 다들 벽으로 붙어! 어서!
스페인인 버즈 :　아가씨! 아가씨, 어디에 있는 거요?
제 시 :　　　버즈?
스페인인 버즈 :　아가씨!

버즈는 떨어지는 쓰레기 사이를 달리다가 자신의 빛을 이용해서 제시가 쓰레기에
눌려 꼼짝 못하고 공포에 질려 있는 모습을 발견한다. 제시는 버즈를 보고 대단히
안심한다.

햄 :　　　　재들 탈출 못하겠어!

버즈는 제시의 손을 잡고 쓰레기 트럭 만(灣)을 가로질러 달린다. 비 내리듯 쏟아지
는 쓰레기를 미친 듯이 피하면서.
위에서 뭔가 긁어내는 듯한 소리가 들린다. 감자머리 여사가 올려다 본다.

감자머리 여사 :　조심해!

□ **groan**
신음소리를 내다

□ **congregate**
모이다

□ **lurch**
갑자기 휘청거리다

□ **hugely relieved**
대단히 안도하는

□ **dodge**
재빨리 움직이다, 피하다

□ **scrape**
긁다, 긁어내다

ＺＯom In

■ **The truck lurches to a sudden stop**

트럭이 갑자기 휘청거린다(lurch). 휘청거
리면서 나아간 방향은 '갑작스러운 멈춤'이
었다. 결국 본문은 "트럭이 갑자기 휘청거
리더니 멈추어 섰다'로 이해한다.

■ **Trash rains down upon them.**

쓰레기가 비가 되어 쏟아진다(rain down).
그 쏟아지는 장소는 그들 위(upon them)였
다. 단순히 '쏟아지다(come down)'가 아니
라 '비처럼 쏟아지다'로 표현하는 것에 주목
한다. 동사의 세심한 선택. 중요하다.

An old TV set scrapes out of the dumpster and falls directly towards them. Buzz tosses Jessie out of the way.
Crash! The TV set smashes down on Buzz, covering him.

JESSIE :   Buzz!

WOODY :   Anyone see him?

SLINKY :   Over here, you all! I found him!

They rush over and drag him from the pile. Buzz's eyes are closed. Jessie goes to him, pops his shield, and shakes him.

JESSIE :   Buzz, you okay? Buzz! Buzz!

No response. Jessie shakes him again. And again. Again. Suddenly, there is a beep.
Buzz opens his eyes and looks around—disoriented, sniffing the air with distaste. He sees the others.

BUZZ :   That wasn't me, was it?

JESSIE :   Oh, Buzz! You're back! You're back, you're back, you're back, you're back!

BUZZ :   Yes, I'm back! Where've I been?

WOODY :   Beyond infinity, Space Ranger!

BUZZ :   Woody! So where are we now?

REX :   In a garbage truck on the way to the dump!

낡은 TV가 쓰레기용기에서 떨어져 나와 곧바로 제시와 버즈에게로 떨어진다. 버즈는 제시를 사정거리 밖으로 던진다.
쾅! TV가 버즈 위로 세게 떨어져 그를 완전히 덮어버린다.

제 시 :　　　버즈!

우 디 :　　　버즈가 보여?

슬링키 :　　　여기야. 찾았어!

다들 달려가 버즈를 쓰레기 더미에서 끌어낸다. 버즈의 눈은 감겨 있다. 제시가 버즈에게 가서 머리 보호막을 들어올리고 몸을 흔든다.

제 시 :　　　버즈, 괜찮아? 버즈! 버즈!

반응이 없다. 제시는 계속 흔든다. 다시, 또 다시. 갑자기, 삐 소리가 난다.
버즈가 눈을 뜨고 혼란스러운 상태에서 주위를 둘러본다. 공기의 역겨운 냄새를 킁킁 맡아본다. 다른 친구들을 본다.

버 즈 :　　　내가 내가 아니었군 그래?

제 시 :　　　오, 버즈! 돌아왔어! 돌아왔어, 돌아왔어, 돌아왔어, 돌아왔어!

버 즈 :　　　그래, 돌아왔어! 내가 어디에 가 있었던 거야?

우 디 :　　　무한의 세계 그 이상에 있었지, 스페이스 레인저!

버 즈 :　　　우디! 지금 여기가 어디야?

렉 스 :　　　쓰레기 트럭 안이야. 쓰레기 하치장으로 가는 중이고.

□ **smash down on**
　아래로 떨어져 ~위를 세게 덮치다

□ **rush over**
　서둘러 달려가다

□ **shield**
　보호막

□ **disoriented**
　혼란에 빠진, 방향감각을 잃은

□ **sniff**
　코를 킁킁거리며 냄새를 맡다

□ **distaste**
　불쾌감, 혐오감

Key Expressions

 **236 I must have crash landed and had my memory erased.**

필시 내가 불시착해서 기억이 지워진 것 같아.

1) crash land는 '비행기체에 문제가 생겨서 비정상적으로 착륙하다'의 의미이다. 'must have + 동사의 과거분사'는 '~이었음에 틀림이 없다'는 뜻을 전한다. 그래서 I must have crash landed.는 "내가 불시착했음에 틀림이 없다"는 의미가 된다. It must have been past 4 a.m.은 "시간은 분명 오전 4시가 지난 상태였음에 틀림 없어"로 이해한다.

2) had my memory erased는 '내 기억이 지워지도록 했다'는 의미이다. 동사 have 에 '~을 유발하다'의 느낌이 포함되어 있다. 그래서 'have + 목적어 + 동사의 과 거분사'는 '목적어를 ~의 상태에 이르게 하다'의 뜻을 갖는다. You should have it checked by a doctor는 "그건 병원에 가서 검사를 받아봐야지"로 이해한다.

 **240 You would not believe what I've been through tonight.**

내가 오늘 밤에 무슨 일을 겪었는지 못 믿을 거야.

1) You would not believe.는 "넌 믿지 않을 거야"라고 흔히 의역하지만 속 뜻은 "얘 기해줘 봐야 믿지 못했을 거야"가 된다. 가정법 과거를 과거로 해석하느냐 현재, 또 는 미래로 해석하느냐의 차이인데 어차피 가정법은 일어날 수 없는 일에 대한 가정이 기 때문에 해석의 시제는 큰 의미가 없다.

2) what I've been through는 '내가 겪은 것'을 뜻한다. be through는 '~을 경험한 상태'를 go through는 '~을 경험하는 동작'을 강조한다. We've been through a lot.은 "우리는 그 동안 함께 많은 것들을 경험했다"이다.

 **246** **Look who's back!**   아니 누가 돌아온 거야!

놀라움과 반가움, 때로는 어이없음을 의미하는 감탄문이다. 만일 뜻밖의 장소에서 뜻밖의 사람을 만났다면 Look who's here!라고 한다. 말 그대로 "아니 이게 누구야!"의 느낌이다. Look who's coming.이라면 "아니 지금 이게 누구야. 내 눈 앞에 누가 걸어오고 있는 거야!" 정도로 이해한다.

 **248** **You were made to be thrown away!**   너희들은 버려질 운명이었어!

be made는 단순히 '만들어지다'가 아니다 '처음부터 ~의 운명을 갖고 만들어지다/탄생하다'는 느낌을 담는다. 본문에서는 그 미래의 운명을 to be thrown away 즉, '버려지다'로 설명하고 있다. 그래서 "너희들은 처음부터 버려지도록 되어 있었어"로 이해하는 것이다. We were made for each other.는 "우리는 서로를 위해서 만들어졌어"는 부족한 해석이고 "우리는 처음부터 서로 만날 수밖에 없는 운명이었어"가 완전한 해석이다.

 **250** **Authority should derive from the consent of the governed!**   권위는 통치 받는 국민들의 동의를 통해서 얻어지는 거야.

1) 조동사 should가 '충고', 또는 '강한 권유'의 느낌을 담고 있다. You should cut down on drinking.은 "너 술을 줄여야 돼"로 이해한다.

2) derive는 de(= from) + rive (= stream)의 어원을 갖는다. '줄줄이 연속으로 흘러나온다'는 느낌이다. 그래서 '~에서 나오다', '~에서 비롯되다' 등으로 이해한다. 결국 derive from the consent는 '동의를 통해서 나온다'이다.

3) 동사 govern은 '통치하다', '다스리다' 등의 뜻이고 the governed는 '통치 받는 사람' 즉, '국민'이다.

Milk
low-fat pasturized

Andy and Toys Back Together And...
앤디와 장난감들의 재회, 그리고…

배신자 랏소의 종말은 서글프기 그지없다. 꼬마 외계인들의 도움으로 극적으로 탈출에 성공한 우디와 친구들은 급히 앤디에게로 돌아간다. 친구들과 헤어지기 싫은 우디는 앤디에게 편지를 남기고 그 내용대로 앤디는 장난감들을 들고 보니의 집으로 향한다.

INT. GARBAGE TRUCK

The back flap of the truck hangs open, allowing garbage to spill out. A trash pit below is revealed. The toys begin sliding out with the tumbling garbage.

WOODY : Hold on! We're going in!

TOYS : Whoa!

The toys cling together, screaming, as they slide out into the open night.

EXT. GARBAGE PIT

Woody lands on top of the trash heap. Woody sees he's in a vast landfill.
Mr. Potato Head helps Mrs. Potato Head up.

MR. POTATO HEAD : You got all your pieces?

The Aliens pop up nearby. One points to some heavy machinery—with a giant claw—in the distance.

ALIEN : The Claw!

MRS. POTATO HEAD : My babies!

WOODY : Hey! Guys, no, no! No!

Suddenly, the trio is bathed in a flood of headlights from a huge bulldozer. They turn. Before anyone can react, the bulldozer passes over them.
Just like that, they're gone. A compactor is heading right at the toys.
They start getting pushed backward as the compactor's front grate lows through the trash field. The trash beneath their feet surges and pushes back, back…

내부. 쓰레기 트럭

트럭의 뒤 덮개가 열리고 쓰레기를 밖으로 쏟아낸다. 아래 쓰레기 구덩이가 나타난다. 장난감들은 굴러 떨어지는 쓰레기들과 함께 밖으로 미끄러져 나온다.

우 디 :　　　　꽉 붙들어! 떨어진다!

장난감들 :　　　　아이고!

장난감들은 서로 밀착한 상태에서 비명을 지르며 한밤의 어둠속으로 미끄러져 나간다.

외부. 쓰레기 구덩이

우디는 쓰레기 더미 위에 떨어진다. 우디는 자신이 어마어마한 쓰레기매립지에 떨어진 걸 알게 된다. 미스터 감자머리는 감자머리 여사가 일어나는 것을 도와준다.

미스터 감자머리 :　당신 부품 잘 챙겼어?

옆에서 외계인들이 나타난다. 그들 중 하나가 큰 외계인소리를 내면서 멀리 있는 무거운 기계를 가리킨다.

외계인 :　　　　와!

감자머리 여사 :　　애들아!

우 디 :　　　　야! 얘들아, 안돼, 안돼! 안돼!

갑자기, 세 외계인들은 거대한 불도저에서 비치는 헤드라이트의 엄청난 빛에 휩싸인다. 그들은 몸을 돌린다. 그들이 다른 동작을 취하기도 전에 불도저는 외계인들을 덮쳐버린다.
그렇게, 그들은 사라졌다. 쓰레기 분쇄 압축기가 장난감들을 향해서 다가온다. 장난감들은 뒤로 밀리기 시작하고 압축기의 정면 쇠살대는 낮은 소리를 내며 쓰레기하치장 바닥을 밀고 간다. 그들 발 아래의 쓰레기들이 휘감아 오르며 그들을 계속 밀친다.

□ **tumble**
굴러 떨어지다

□ **vast**
어마어마한, 방대한

□ **nearby**
옆에서, 근처에

□ **be bathed in**
빛에 휩싸인 상태이다

□ **grate**
쇠살대

□ **surge**
휘감다, 밀려들다

Zoom In

■ The toys begin sliding out.

'장난감들이 밖으로 미끄러져 내려가기 시작한다'는 의미이다. 동사 **begin**의 목적어로 동명사를 쓴 것은 지금 막 미끄러져 내려가고 있는 느낌을 강조하기 위해서이다. 부정사를 목적어로 쓰면 미래적인 느낌이라 어색하다.

■ be bathed in a flood of headlights

be bathed는 '목욕을 하면서 온몸이 물에 젖은 상태'의 느낌이다. 그러나 실제로는 물이 아니라 빛에 온몸이 노출되어서 빛에 휘감긴 상태를 의미한다. 홍수처럼 밀려오는 (flood) 헤드라이트의 빛이 뒤를 잇고 있다.

WOODY : Hang on!

EXT. CONVEYER BELT
The toys land on a conveyor belt entering a dark tunnel.

INT. CONVEYER BELT
The toys gather 'round.

MRS. POTATO HEAD : Woody! What do we do?

WOODY : We'll be okay if we stay toge…

Vwoosh! Slinky is pulled straight up and out of frame.

SLINKY : Woody!

WOODY : Slinky!

Woody looks up. Slinky is affixed to a fast-moving conveyor belt above them—getting further and further away.
A hammer near Woody's feet goes shooting up, narrowly missing Slinky.

JESSIE : It's a magnet! Watch out!

WODDY : Don't worry, Slink, we'll get you down!

SLINKY : Uh, you might wanna take a look at this!

The toys scramble up a pile of debris and follow Slinky's gaze. Ahead is a shredder—two fast-spinning vertical cylinders that swallow and shred everything on the belt.

BUZZ : Quick! Grab something metal!

우 디 :　　　정신들 차려!

외부. 컨베이어 벨트
장난감들은 컨베이어 벨트 위에 떨어져 어두운 터널로 진입해 들어간다.

내부. 컨베이어 벨트
장난감들이 모인다.

감자머리 여사 :　우디! 이제 우리 어쩌지?

우 디 :　　　괜찮을 거야. 우리가 함께 뭉쳐…

슉! 슬링키가 하늘로 솟으며 시야에서 벗어난다.

슬링키 :　　　우디!

우 디 :　　　슬링키!

우디가 올려다본다. 슬링키는 장난감들 위에서 빠른 속도로 움직이는 컨베이어 벨트 천정에 들러붙어서 점점 멀어진다.
우디의 발 근처에 있던 망치가 솟구치며 슬링키를 살짝 벗어나 천정에 붙는다.

제 시 :　　　자석이야! 조심해!

우 디 :　　　걱정마, 슬링키. 우리가 내려줄게!

슬링키 :　　　잠깐, 저걸 보면 생각이 달라지겠는걸!

장난감들은 허둥지둥 쓰레기더미로 올라가서 슬링키의 시선을 따라간다.
앞에 파쇄기가 있다—두 개의 빠른 속도로 돌아가는 수직원통이 벨트 위에 있는 모든 쓰레기들을 삼키고 갈가리 찢어버린다.

버 즈 :　　　서둘러! 금속을 잡아!

□ **affix**
붙이다

□ **narrowly**
아슬아슬하게, 가까스로

□ **magnet**
자석

□ **debris**
쓰레기, 잔해

□ **shredder**
파쇄기

□ **shred**
갈가리 찢다, 채를 썰다

Zoom In

■ **Slinky is pulled straight up.**

수동태는 주어의 상태를 강조하기 위해서 등장하는 문법이다. **be pulled up**은 '뭔가 끌어당기는 힘에 의해서 위로 올라가다'의 느낌이며 **straight**가 더해지며 '위로 곧장 솟구치다'로 해석하게 된다.

■ **be affixed to a conveyor belt**

역시 수동태 문장이다. 주어의 의지와는 관계 없이 위로 솟구친 결과 컨베이어 벨트에 붙어버린 주어의 상태를 말해주고 있다. **be affixed to**는 '~에 붙다'의 뜻이다.

HAMM : You heard the guy!

MR. AND MRS. POTATO HEAD : Whoooa!

REX : It's not working!

Finally, he grabs a metal fan and goes sailing up, joining the others. They're all safe. Suddenly, a pink paw thrusts out from beneath a golf bag on the belt below, waving desperately.

LOTSO : Help! Help me!

Woody turns, sees Lotso—pinned under the golf bag.

LOTSO : I'm stuck! Help! Please! Help!

Woody looks at the approaching shredder—trash is being sucked in and obliterated. Woody lets go.

JESSIE : Woody!

Woody lands on the belt, runs back to Lotso, and starts to lift the golf bag. Lotso groans, strains to be freed.

LOTSO : Thank you.

WOODY : Don't thank me yet.

Buzz drops down next to Woody.

JESSIE : Woody!

햄 :	어서 시키는 대로 해!
감자머리 부부 :	아이고!
렉 스 :	이건 아닌데!

결국, 렉스도 금속 선풍기를 잡고 위로 올라가 다른 친구들과 합류한다. 모두들 안전하다.
갑자기, 핑크색 발이 벨트 위에 있는 골프가방 아래에서 불쑥 튀어나와 필사적으로 흔든다.

| 랏 소 : | 도와줘! 날 좀 도와줘! |

우디는 고개를 돌려 랏소를 본다—랏소가 골프가방 아래에서 꼼짝 못하고 있다.

| 랏 소 : | 꼼짝 못하겠어! 도와줘! 제발! 도와줘! |

우디는 다가오는 파쇄기를 본다—쓰레기가 파쇄기 안으로 빨려 들어가며 사라진다. 우디는 천장에 매달려 있던 손을 놓는다.

| 제 시 : | 우디! |

우디는 벨트 위에 떨어져 랏소에게로 달려가 골프가방을 들기 시작한다. 랏소는 신음소리를 내며 빠져나오려고 애쓴다.

| 랏 소 : | 고마워. |
| 우 디 : | 아직 고마워하기엔 일러. |

버즈가 우디 옆으로 떨어져 내린다.

| 제 시 : | 우디! |

□ **thrust out**
밖으로 튀어나오다, 내밀다

□ **desperately**
필사적으로

□ **stuck**
움직일 수 없는, 갇힌

□ **suck**
빨아 먹다

□ **obliterate**
흔적을 없애다

□ **strain**
힘껏 노력하다, 용을 쓰다

□ **next to**
~의 옆에

Zoom In

▪ It's not working.

활용도가 대단히 높은 표현이다. 문장 그대로를 해석하면 "작동하지 않는다"이지만 본문에서는 "이건 전혀 효과 없는데, 이건 아닌데, 이건 안돼" 등의 느낌으로 쓰이고 있다. work의 활용에 주의한다.

▪ Woody starts to lift the golf bag.

우디가 골프가방을 들어올리기 시작하는데 쉽게 올려지지 않음을 느낄 수 있다. 만일 힘을 써서 가방이 실제로 올라가는 상태라면 starts lifting the golf bag이라고 적었을 것이다.

Woody pulls out a golf club. Woody and Buzz strain to jimmy the bag off of Lotso.
The bag finally lifts.

WOODY :   Go! Go!

They're pulled up and sail safely over the shredder.
Lotso looks back at the shredder, then looks up at Woody.

LOTSO :   Thank you, Sheriff!

WOODY :   We're all in this together. (turns) Right guys?

All the toys have vanished. Woody looks around, frantic.

WOODY :   Guys?

JESSIE :   Woody! Down here!

Woody and the others look down. On an another belt, far below, Jessie and the other toys
wave to them.
Woody and Buzz let go of the golf club and plummet.

EXT. DUMP/STAIRWAY TO HEAVEN
The toys gather around Woody, Buzz and Lotso, celebrating the rescue.

JESSIE :   Woody!

REX :   Woody! Look! I can see daylight! We're gonna be

okay!

WOODY :   I don't think that's daylight.

우디가 골프채를 하나 끄집어낸다. 우디와 버즈는 골프채를 지렛대로 이용하여 가방을 랏소에게서 떨어져 나가게 하려고 애쓴다. 결국 가방을 들어올린다.

우 디 : 어서! 빨리!

셋이 모두 위로 당겨지며 안전하게 파쇄기 위로 지나간다.
랏소는 파쇄기를 돌아보고 나서 우디를 본다.

랏 소 : 고마워, 보안관!

우 디 : 우리는 지금 모두 한 목숨이잖아. (돌아보며) 애들아, 그 렇지?

친구들이 모두 사라졌다. 우디는 너무 놀라서 주위를 둘러본다.

우 디 : 애들아!

제 시 : 우디! 여기 아래야!

우디와 버즈, 그리고 랏소는 내려다본다. 저 아래 다른 벨트 위에 제시와 다른 친구들이 손을 흔들고 있다.
우디와 버즈는 골프채를 놓고 아래로 떨어진다.

외부. 쓰레기하치장/천국으로 가는 계단
친구들은 우디와 버즈, 그리고 랏소 주위로 몰려들며 위기로부터의 탈출을 축하한다.

제 시 : 우디!

렉 스 : 우디! 저기 좀 봐! 햇빛이 보여! 우린 이제 살았어!

우 디 : 저거 햇빛 아닌 것 같은데.

□ **jimmy**
쇠 지렛대로 억지로 열다/들어올리다

□ **vanish**
사라지다, 없어지다

□ **frantic**
걱정으로 제정신이 아닌

□ **plummet**
곤두박질치다, 아래로 떨어지다

□ **celebrate**
축하하다, 기념하다

Zoom In

■ Woody pulls out a golf club.

'우디는 잡아당겨서 (pull) 밖으로 (out) 골프 클럽을 뽑는다(pull out)'는 의미이다. '밖으로 잡아 뽑다'를 뜻하는 **pull out**을 이렇게 그림 그리듯이 이해하고 기억하면 정확히 활용할 수 있게 된다.

■ jimmy the bag off of Lotso

'쇠 지렛대를 이용해서 억지로(jimmy) Lotso와 붙어 있는 가방(the bag off Lotso)을 떼어낸다(off)'는 의미이다. '억지로 열다'의 **jimmy**와 '떼어내다'의 **off**가 의미상 잘 어울린다.

At the end of the moving belt, garbage falls into an orange glow—a burning, churning vortex.

WOODY :   Run!

The toys dodge, duck and hurdle over the coming trash, but they're no match for the speed of the conveyor.
Lotso, in the rear, trips and falls.
He looks up. A blue light catches his attention. High on the wall up ahead is an emergency stop button.
A ladder up the wall leads to the button. Lotso leaps, grabs the bottom rung. He can't quite pull himself up.

LOTSO :   Sheriff! The button! Help me!

WOODY :   Come on!

Woody and Buzz boost Lotso up.

WOODY :   Go! Go! Hit the button!

Lotso, climbing, scrambles up the ladder towards the glowing blue emergency stop button. Lotso stays focused on the button above him.

WOODY :   Hurry! Just push it! Push it!

BUZZ :   Push it!

Lotso smirks, gives a salute.

LOTSO :   Where's your kid now, Sheriff?

움직이는 컨베이어 벨트 끝에서는 쓰레기가 오렌지색 불빛으로 떨어진다—불타고 부글거리는 소용돌이 속으로.

우 디 :　　　뛰어!

장난감들은 재빨리 움직여 몸을 피하고 다가오는 쓰레기들을 넘어가지만 컨베이어의 속도를 당해낼 재간이 없다.
랏소는 뒤에 처져서 발이 걸려 넘어진다.
랏소는 고개를 든다. 파란 불이 그의 시야에 들어온다. 앞에 있는 벽 위에 높이 부착된 비상 정지 버튼이있다.
벽 위의 사다리가 그 버튼과 연결되어 있다. 랏소는 뛰어서 사다리 밑 가로대를 잡는다. 하지만 랏소는 자기 힘으로는 위로 올라갈 수가 없다.

랏 소 :　　　보안관! 저기 위에 있는 버튼을 좀 봐! 날 좀 도와줘!
우 디 :　　　도와주자!

우디와 버즈가 랏소를 도와서 위로 올려준다.

우 디 :　　　어서! 어서 올라가! 가서 버튼을 눌러!

랏소는 기어서 열심히 사다리를 올라 번쩍이는 파란색 비상정지 버튼을 향한다. 랏소는 자기 위에 있는 버튼을 누르지 않고 계속 주시만 하고 있다.

우 디 :　　　서둘러! 누르라고! 눌러!
버 즈 :　　　눌러!

랏소는 히죽 웃으며 거수경례를 한다.

랏 소 :　　　보안관, 주인이나 잘 찾아가봐.

- **hurdle over**
  ~을 뛰어넘다

- **lead to**
  ~에 이르다

- **stay focused on**
  ~에 집중하다

- **smirk**
  히죽히죽 웃다

- **give a salute**
  거수경례를 하다

Zoom In

- ### They're no match for the speed.

  직역하면 "그들은 속도의 상대가 되지 않는다"이다. 아무리 빨리 도망치려 해도 속도를 따라잡을 수가 없어서 결국은 해를 입게 된다는 느낌이다. **no match for**는 '~의 상대가 되지 않다'의 뜻이다.

- ### A blue light catches his attention.

  직역하면 "파란 불이 그의 관심을 잡는다"이다. 파란 불이 눈에 들어와서 거기에 관심이 집중되고 있음을 의미하는 말이다. **catch one's attention**은 '~의 관심을 끌다'로 이해한다.

He turns, runs down the walkway in the other direction.

WOODY : No. No!

BUZZ : Lotso!

The end of the belt arrives. The toys yell as they tumble off, dropping, dropping.

WOODY : Nooooo!

EXT. INCINERATOR HOPPER
The toys land in a giant vortex of trash being sucked down into the glowing eye of an incinerator.
It's a nightmare—no matter how fast they try to climb up, they inexorably slide backwards.
Woody and Buzz exchange looks of shock and dread.
There's no way out. They turn to face the fire.

JESSIE : Buzz! What do we do?

Buzz has no answer. He reaches out, takes her hand. Jessie grabs Bullseye's hoof. Slinky takes Hamm's hand. Hamm reaches out to Rex. The Potato Heads hold one another, and Mr. Potato Head grabs Rex. Buzz reaches out to Woody and the circle is complete.
The toys close their eyes. This is the end.
A shadow passes over Woody's face. He opens his eyes.
A giant mechanical Claw is lowering towards them.
The Claw's jaws open and plunge into the molten trash around them, enclosing them in its grip.
The Claw raises them up and they soar up into the air, away from the roaring incinerator.
The Claw spins, passing in front of the crane booth.
In the booth, the Aliens are manning the joysticks.

랏소는 몸을 돌려 반대쪽 통로로 달려간다.

우 디 :   안돼. 안돼!

버 즈 :   랏소!

벨트의 끝에 이른다. 장난감들이 떨어지며 소리를 지른다.

우 디 :   안돼!

외부. 소각로용기

장난감들은 엄청난 쓰레기 소용돌이 속으로 떨어져 소각로의 불구덩이 속으로 빨려 들어간다.
악몽이다—아무리 빠른 속도로 기어오르려 해도 속절없이 뒤로 밀려 내려간다.
우디와 버즈는 서로 충격과 두려움의 시선을 교환한다.
이젠 빠져나갈 길이 없다. 다들 불과 마주하고 있다.

제 시 :   버즈! 이젠 어떻게 해야 돼?

버즈는 대답이 없다. 그는 손을 뻗어 제시의 손을 잡는다. 제시는 불즈아이의 발굽을 잡는다. 슬링키는 햄의 손을 잡는다. 햄은 렉스에게 손을 뻗는다. 감자머리부부는 서로 손을 잡고 미스터 감자머리는 렉스를 잡는다. 버즈는 우디에게 손을 뻗어 원이 완성된다.
장난감들은 눈을 감는다. 이것으로 모든 게 끝이다.
그림자가 우디의 얼굴 위를 지난다. 우디는 눈을 뜬다.
엄청나게 큰 갈고리 모양의 기계가 장난감들을 향해서 내려온다.
집게 손이 열리며 장난감들 주변에 이미 녹아 내린 쓰레기더미로 급히 떨어져 장난감들을 에워싼다.
갈고리가 장난감들을 집어 들고 하늘로 솟구친다. 포효하는 소각로로부터 멀리 떨어진다.
갈고리는 회전하며 크레인 부스 앞을 지난다.
부스 안에서는 외계인들이 조종간을 잡고 있다.

□ **incinerator**
　소각로

□ **nightmare**
　악몽

□ **inexorably**
　냉혹하게, 가차없이

□ **dread**
　두려움, 두려워하다

□ **lower**
　내려오다, 낮아지다

□ **soar up into the air**
　허공으로 솟구치다

Zoom In

■ no matter how fast they try to climb up

no matter how 구문은 '아무리 ~한다 해도'의 느낌이다. 그래서 본문은 '아무리 빨리 기어 올라가려고 노력해도'가 된다. '애를 쓰지만 뜻대로 되지 않는다'는 느낌의 **try to**와 **no matter how**가 의미상 잘 어울린다.

■ exchange looks of shock and dread

동사 exchange는 '교환하다'이고 look은 '눈의 표정'을 뜻한다. 결국 본문은 '충격과 두려움의 시선을 서로 교환하다'로 이해한다. exchange를 '물건의 교환'에만 고정시키지 않도록 신경 쓴다.

ALIENS :	The Clawwww!

EXT. DUMP
The Claw lowers and opens, dropping trash and toys to the ground..

REX :	Whew!
MR. POTATO HEAD :	You know all that bad stuff I said about Andy's attic? I take it all back.
SLINKY :	You're darn tooting!
HAMM :	You said it!
MRS. POTATO HEAD :	Oh, darling! You were so brave! (to the Aliens) You saved our lives!
MR. POTATO HEAD :	And we are eternally grateful! My boys!
ALIENS :	Daddddyyyyy.
HAMM :	Hey! Where's that furball Lotso?
SLINKY :	Yeah, I'd like to loosen his stitching.
WOODY :	Forget it, guys. He's not worth it.

Lotso limps along a road towards the dump exit. There is a noise behind him.
He turns, gasps, then drops, freezing.
A truck's wheels screech to a halt in front of Lotso. A door opens and shuts. There are footsteps. A hand picks up Lotso.

GARBAGE MAN 1 :	Hey!
GARBAGE MAN 2 :	Whatcha got?

외계인들 :　　　　성공이다!

외부. 쓰레기하치장
갈고리가 낮아지며 벌어진다. 쓰레기와 장난감들이 바닥에 쏟아진다.

렉 스 :　　　　휴!

미스터 감자머리 :　　내가 앤디의 다락방에 대해서 안 좋은 얘기들 했던 거
　　　　　　　　　있잖아. 그거 다 취소야.

슬링키 :　　　　옳소!

햄 :　　　　맞아!

감자머리 여사 :　　여보! 당신 정말 용감했어! (외계인들에게) 너희들이
　　　　　　　　　우리목숨을 살렸어.

미스터 감자머리 :　　그리고 영원히 감사하며 살 거야. 내 아들들아!

외계인들 :　　　　아빠.

햄 :　　　　얘들아! 그런데 그 털 뭉치 랏소는 어디로 간 거야?

슬링키 :　　　　그 자식 바늘땀을 다 풀어버릴 거야.

우 디 :　　　　신경 쓰지마. 그럴 값어치도 없는 놈이니까.

랏소는 쓰레기하치장 출구를 향해서 절뚝거리며 걷고 있다. 뒤에서 소음이 들린다.
랏소는 돌아보고 숨을 멈추며 쓰러져 움직이지 않는다.
트럭 바퀴가 끽 소리를 내며 랏소 앞에서 멈춘다. 문이 열리고 닫힌다. 발자국 소리.
손이 랏소를 들어올린다.

쓰레기수거인 1 :　　이봐!

쓰레기수거인 2 :　　뭔데?

□ **toot**
　진실을 말하다

□ **loosen**
　풀다, 느슨하게 하다

□ **stitching**
　바늘땀

□ **limp**
　절뚝거리며 걷다

□ **screech to a halt**
　끽소리를 내며 멈추다

Zoom In

■ **I take it all back.**

take back은 '반품하다', '회수하다' 등의 의
미를 갖는다. 그러나 본문에서는 이미 했던
말을 take back하는 경우라서 '예전에 뱉은
말을 취소하다'의 느낌으로 이해하게 된다.

■ **You said it.**

직역하면 "너는 그것을 말했다"이다. 옳은
말을 했다는 뜻으로 해석해서 "맞는 말이
야, 너 말 잘했어, 바로 그거야" 등으로 의
역한다. '진실을 말하다'의 의미인 toot를 써
서 You're tooting.이라고도 한다.

GARBAGE MAN 1 :   I had me one of these when I was a kid!

He buries his nose into Lotso's tummy, inhales deeply.

GARBAGE MAN 1 :   Strawberries!

EXT. GARBAGE DUMP

Lotso is strapped to the grill. Attached to the grill are a couple of muddy, bug-spattered Plushies, including a stoic, sad-eyed Frog.

FROG :   Hey, buddy! You might wanna keep your mouth shut!

The truck passes, revealing the toys on a mound of garbage, unaware of Lotso's karmic comeuppance.
Jessie, with Buzz, sees Woody lagging behind. She waves.

JESSIE :   Come on, Woody. We gotta get you home!

BUZZ :   That's right, "College Boy"!

WOODY :   Wait. What about you, guys? I mean maybe the attic's not such a great idea.

JESSIE :   We're Andy's toys, Woody.

BUZZ :   We'll be there for him. Together.

WOODY :   I just hope he hasn't left yet.

MRS. POTATO HEAD :   Wait a minute! Wait, I'll check. Andy's still packing! But he's almost done!

쓰레기수거인 1 :　　내가 어렸을 때 갖고 놀던 거야!

그는 코를 랏소의 배에 파묻고 숨을 깊이 들이마신다.

쓰레기수거인 1 :　　딸기냄새!

외부. 쓰레기하치장
랏소는 트럭 앞쪽 그릴에 묶여 있다. 랏소와 함께 진흙과 벌레가 튀어서 범벅이 된 두 개의 플러쉬 인형. 그리고 극기심이 강해 보이는 슬픈 눈의 개구리 인형 하나가 그릴에 붙어 있다.

개구리 :　　　　어이, 친구! 그 입 좀 다무는 게 좋을 듯 싶은데!

트럭이 지나가고 장난감 친구들이 쓰레기 더미 위로 모습을 나타낸다. 그들은 랏소의 업보로 인한 마땅한 벌을 전혀 알지 못한 상태이다.
제시가 버즈와 함께 뒤로 처져 걷는 우디를 본다. 제시가 손을 흔든다.

제 시 :　　　　우디, 뭐해. 우린 지금 너를 집으로 데려가야 돼!
버 즈 :　　　　맞아, "대학생"!
우 디 :　　　　잠깐. 너희들은 어쩌고? 그게, 너희들이 다락에 갇혀
　　　　　　　　있는 게 그다지 좋은 생각은 아닌 것 같아서 말이야.
제 시 :　　　　우리는 앤디의 장난감이잖아, 우디.
버 즈 :　　　　우리는 앤디 곁에 있을 거야. 모두 함께 말이야.
우 디 :　　　　앤디가 아직 출발하지 않았으면 좋겠는데.
감자머리 여사 :　　잠깐만! 잠깐, 내가 확인해볼게. 앤디가 아직 짐을 싸
　　　　　　　　고 있어! 그런데 거의 다 쌌네!

□ **bury one's nose into**
코를 ∼에 묻다

□ **inhale**
숨을 들이마시다

□ **strap**
끈으로 묶다

□ **Karmic**
업보의, 숙명적인

□ **comeuppance**
마땅한 벌

□ **lag behind**
뒤로 처져서 걷다

Zoom In

■ **We gotta get you home.**

gotta는 got to를 발음 나는 대로 적은 것이다. '당연히 그렇게 할 수 밖에 없음'을 말할 때 사용한다. 그래서 본문은 "우리는 너를 집으로 데려다 줘야 돼"로 이해한다. I gotta go.는 "나 지금 가봐야 해"이다.

■ **He's almost done.**

be done은 '준비가 끝나다, 하던 일이 마무리 되다' 등의 의미이다. 그래서 본문은 "그는 거의 끝났다" 즉, "준비가 거의 다 됐어"로 이해한다. Are you done with it?은 "너 그거 다 끝난 거야?"이다.

HAMM :	He lives halfway across town!
REX :	<u>We'll never get there in time!</u>

Distantly come the Air Guitar Stylings of Andy's neighborhood garbage man.
The toys turn to see him a few dozen yards away. He rocks out for a moment before climbing into his truck.
They brighten.

EXT. DRIVEWAY

Andy's loading up his hatchback with college boxes as a garbage truck roars up the street.
The truck passes Andy's house.
Molly's on the front lawn playing with Buster.

MOLLY :	Come here, boy. Come on, Buster!
MOM :	Is that it, honey? You got everything?
ANDY :	Yeah, just a few more boxes in my room.

At the curb, the toys are revealed hiding behind a garbage can. Woody peeks around the can. Woody gestures to the other toys.

ANDY :	Okay. Come on!

INT. BACK YARD

Jessie's hand comes in frame, turns a spigot.
The toys huddle in a group while Woody hoses them off.

HAMM :	That's enough, that's enough, that's enough!
WOODY :	All right, go! Go, go!

| 햄 : | 여기서 시내를 가로질러 반쯤은 가야 되는데! |
| 렉 스 : | 제 시간에 절대 갈 수 없어! |

멀리서, 앤디 이웃 쓰레기수거인이 기타연주를 흉내 내는 모습이 보인다. 장난감들은 고개 돌려 수십 야드 떨어진 상태에서 그를 본다. 그는 잠깐 폼을 잡다가 트럭 위로 올라탄다.
장난감들의 얼굴이 밝아진다.

외부. 집 앞 도로 진입로
앤디가 대학에 가져갈 상자들을 해치백에 올려 놓을 때 쓰레기 트럭이 큰 소리를 내며 다가온다. 트럭이 앤디의 집을 지난다.
몰리는 앞마당 잔디밭에서 버스터와 놀고 있다.

몰 리 :	이리와. 이리와, 버스터!
엄 마 :	다 된 거니? 다 챙겼어?
앤 디 :	예, 방에 있는 상자 몇 개만 더 챙기면 돼요.

인도 턱에서 장난감들이 쓰레기통 뒤에 숨어 있다. 우디는 쓰레기통 주위를 둘러본다. 우디는 다른 친구들에게 몸짓을 한다.

| 앤 디 : | 됐어. 움직여! |

내부. 뒷마당
제시의 손이 시야에 들어오며 수도꼭지를 튼다.
장난감들은 모여 있고 우디가 호스로 물을 뿌려서 씻어준다.

| 햄 : | 됐어, 됐어, 그만! |
| 우 디 : | 좋아, 가자! 어서 가자! |

- **distantly**
  멀리

- **rock out**
  마음껏 즐기다

- **brighten**
  얼굴이 밝아지다. 얼굴에 생기가 돌다

- **load up**
  ~에 싣다

- **spigot**
  수도꼭지

- **hose**
  호스로 물을 뿌리다

Zoom In

▪ see him a few dozen yards away

a few dozen yards는 '수십 야드'를 의미하고 away는 '시간이나 거리 상으로 떨어져 있는 상태'를 뜻한다. 결국 본문은 '그를 보는데 그는 시선에서 수십 야드 떨어져 있는 상태이다'로 이해한다.

▪ You got everything?

직역하면 "모든 것을 가졌니?"이다. 가져가야 할 것들을 하나도 빼놓지 않고 다 준비했냐는 질문이라서 "다 준비됐어?, 다 챙겼어?, 빠진 거 없이 다 넣었어?" 등으로 이해하게 된다.

INT. ANDY'S ROOM
Buzz and Woody peer in, making sure the coast is clear.

BUZZ : Okay. All clear!

They clamber through the window and jump to the floor, scrambling across the room.
Mrs. Potato Head stops and pauses, remembering something.

MRS. POTATO HEAD : Oh, there you are!

She pops her eye back in, blinks a few times. Then giggles, happy to have it back where it belongs.
The toys climb in a box marked "Attic". Buzz stands at the bottom of the box, helping lift them all in.

WOODY : Buzz.

Buzz turns. Woody offers a hand. They shake.

WOODY : This isn't good-bye.

SLINKY : Hey, Woody. Have fun at college!

HAMM : Yeah, but not too much fun!

REX : Woody, take care of Andy.

MRS. POTATO HEAD : Yeah.

MR. POTATO HEAD : He's a good kid. Tell him to get a haircut.

WOODY : Sure thing. Jessie. You'll be okay in the attic?

내부. 앤디의 방

버즈와 우디가 방안을 들여다보며 들킬 위험이 없음을 확신한다.

버 즈 :　　　　　됐어. 안전해!

모두들 창문으로 기어올라 바닥으로 뛰어내려 방에서 앞다투어 흩어진다. 감자머리 여사는 멈춰 잠깐 생각하더니 뭔가를 기억해낸다.

감자머리 여사 :　　오, 거기에 있었구나!

여사는 눈을 다시 끼워 넣고 눈을 몇 번 깜빡인다. 그리고 키득 웃는다. 눈을 제자리 에 돌려 놓은 게 행복한 것이다.
장난감들은 "다락방"이라고 쓰여 있는 상자로 기어올라 들어간다. 버즈는 상자 아래 에 서서 다른 장난감들이 들어가는 것을 돕는다.

우 디 :　　　　　버즈야.

버즈가 돌아선다. 우디가 손을 뻗는다. 둘은 악수를 한다.

우 디 :　　　　　이건 작별인사가 아니야.
슬링키 :　　　　　우디야. 대학에서 재미있게 잘 지내!
햄 :　　　　　　　그래, 하지만 너무 재미있게 지내면 안돼!
렉 스 :　　　　　우디, 앤디를 잘 돌봐줘.
감자머리 여사 :　　그래.
미스터 감자머리 :　앤디는 정말 좋은 애야. 머리 좀 자르라고 해.
우 디 :　　　　　그럴게. 제시. 다락방에서 정말 괜찮겠어?

□ **clamber**
　기어오르다

□ **scramble**
　재빨리 움직이다

□ **blink**
　눈을 깜빡이다

□ **where it belongs**
　제자리에

□ **offer a hand**
　손을 내밀다

□ **get a haircut**
　머리를 자르다

Zoom In

- **make sure the coast is clear.**

　직역하면 '해안이 뻥 뚫려 있음을 분명히 하 다'이다. 해안이 뻥 뚫려 있다는 것은 '누군 가에게 들키거나 붙잡힐 위험이 전혀 없다' 는 것을 의미한다. 그래서 본문은 '들킬 위 험이 없음을 분명히 확인하다'로 이해한다.

- **Tell him to get a haircut.**

　동사 tell은 '말로 전달하다'의 뜻이며 get a haircut은 '머리를 자르다'이다. Tell him to get his hair cut.이라고도 할 수 있지만 문 어적(文語的)이라 어색하다. "나 머리 잘랐 어"는 I got a haircut.이다.

JESSIE :	'Course I will. Besides, I know about Buzz's "Spanish Mode".
BUZZ :	(overhearing) My what?

He turns, confused. Woody and Jessie share a smile.
Hearing a Mom's voice, they look towards the door.

MOM :	Honey, you want some food for the road?
ANDY :	I'll get something on the way.

Woody turns to Buzz and hesitates, choking up a little—there's so much he wants to say.
Buzz just smiles.

BUZZ :	You know where to find us, Cowboy.

Woody smiles. He turns and runs towards the desk.
Buzz climbs into the "Attic" box with the others.

MOM :	Did you say goodbye to Molly?
ANDY :	Mom, we've said goodbye like ten times!

Mom is suddenly overwhelmed with emotion.

MOM :	Oh, Andy!
ANDY :	Mom! It's okay.
MOM :	I know, it's just… I wish I could always be with you.
ANDY :	You will be, Mom.

제 시 :	당연하지. 게다가 버즈의 "스페인인 모드"에 대해서 잘 알고 있잖아.
버 즈 :	(우연히 엿듣고) 내 뭐?

버즈가 어리둥절해서 돌아본다. 우디와 제시는 미소를 교환한다.
엄마의 목소리가 들리자 장난감들은 문을 향해 시선을 돌린다.

엄 마 :	앤디야, 가는 도중에 먹을 음식을 좀 싸줄까?
앤 디 :	그냥 가는 도중에 뭘 좀 사 먹을게요.

우디는 버즈 쪽으로 돌아보며 약간 목이 메인 상태로 망설인다—할 말이 정말 많은데. 버즈는 그저 미소를 짓고 있다.

버 즈 :	카우보이, 넌 언제든 우리를 찾아올 수 있잖아.

우디가 미소 짓는다. 우디는 몸을 돌려 책상을 향해 뛰어간다.
버즈는 다른 친구들과 함께 "다락방" 상자 속으로 기어들어간다.

엄 마 :	몰리한테 작별인사 했니?
앤 디 :	엄마, 열 번은 했어요.

엄마는 갑자기 감정에 복받친다.

엄 마 :	오, 앤디야!
앤 디 :	엄마! 괜찮아요.
엄 마 :	알아, 난 그냥… 엄만 항상 너와 함께 있고 싶어서 그러지.
앤 디 :	그럴 거예요, 엄마.

overhear
우연히 엿듣다

hesitate
망설이다

choke up
목이 메이다

overwhelmed with emotion
감정에 압도되다, 감정이 복받치다

Zoom In

▪ get something on the way

get something은 '뭔가를 사다' '뭔가를 사서 먹는다.'등의 의미이며 on the way는 '가는 도중에, 오는 도중에' 등의 뜻이다. 본문은 '가는 도중에 뭘 사서 먹다'로 이해한다. I'm on the way.는 "나 지금 가는 중이야"이다.

▪ I wish I could always be with you.

I wish~ 는가정법이다. 가능성이 없는 것을 가정해서 바라는 것이므로 이어지는 동사의 시제는 과거를 쓴다. 과거는 바뀔 가능성이 전혀 없기 때문이다. 본문은 "항상 너와 함께 있을 수 있었으면 좋았을 텐데"이다.

MOLLY : Hey. Aren't you gonna say goodbye to Buster?

ANDY : Of course I am. (to Buster) Who's a good doggie? Who's a good doggie? I'm gonna miss you! I'm gonna miss you!

Woody jumps out of the box. He grabs a Sharpie marker pen, quickly biting and spitting off the cap, and a yellow sticky to write on.
As stealthily as he can, Woody sneaks across the room, jumps on the Attic box, and starts frantically writing.
Buster starts barking. Woody finishes writing and looks up.

MOLLY : He's telling you to go already.

MOM : Come on. Get the rest of your things.

ANDY : Okay, Buster, now don't let Molly near my stuff.

Andy notices the yellow note across the top.
He opens the flaps and looks down at all of his toys.

ANDY : Hey!

He picks up the note and reads it. It takes a second to register. He calls over his shoulder.

ANDY : Hey, Mom. So, you really think I should donate these?

MOM : It's up to you, honey. Whatever you want to do.

EXT. STREETS
Andy's car cruises through the streets.

몰 리 :	오빠. 버스터한테 작별인사 안 해?
앤 디 :	당연히 해야지. (버스터에게) 우리 착한 버스터! 우리 착한 버스터! 보고 싶을 거야! 정말 보고 싶을 거야!

우디는 상자에서 뛰어나온다. 우디는 마커를 손에 쥐고 재빨리 뚜껑을 입으로 물어 연다. 그리고 노란색 접착용 메모지를 집는다.
우디는 몰래 방을 가로질러 다락방 상자 위에 올라가서 미친 듯이 뭔가를 쓰기 시작한다.
버스터가 짖기 시작한다. 우디는 쓰기를 마치고 고개를 든다.

몰 리 :	버스터가 오빠한테 어서 가라네.
엄 마 :	서둘러. 나머지 물건 챙겨라.
앤 디 :	알았어, 버스터, 몰리가 내 물건에 절대로 접근 못하게 해야 돼.

앤디는 상자 위에 노란 메모지를 발견한다.
앤디는 상자 덮개를 열어서 장난감들을 내려다 본다.

앤 디 :	얘들아!

앤디는 메모지를 들어 읽는다. 잠시 동안 회상에 젖는다. 그는 어깨너머로 엄마를 부른다.

앤 디 :	엄마. 엄마는 정말 제가 이 장난감들을 기증해야 된다고 생각하세요?
엄 마 :	네가 알아서 해라, 앤디. 네가 하고 싶은 대로 해.

외부. 거리
앤디의 차가 무언가를 찾아서 거리를 천천히 돈다.

---

miss
보고 싶다, 그리워하다

spit off the cap
입으로 물어 뚜껑을 열고 뱉다

sticky
접착용 메모지

stealthily
몰래, 은밀히

cruise
차가 무언가를 찾으며 천천히 달리다

Zoom In

▪ I'm gonna miss you.

gonna는 going to를 발음 나는 대로 적은 것이다. 확실한 미래를 말할 때 going to를 쓰는 것이므로 "나는 분명 네가 보고 싶을 거야"로 이해한다. "분명 비가 올 거야"는 It's gonna rain.이라고 한다.

▪ It's up to you.

"그것은 너에게 달려있다"는 뜻이다. 결국 "네가 알아서 해라"로 이해한다. 같은 뜻의 다른 말로는 It's your decision.이 있다. It's up to you.보다 더 기본적으로 알아두어야 할 표현이다.

INT. CAR

Andy peers left and right out the window, looking for an address. A box—with the word "Attic" crossed out, sits in the passenger seat. The car slows to a stop.

EXT. HOUSE

Sitting in his car, Andy looks at a house across the street. He grabs the box and gets out.
Andy crosses the street and approaches the house.
Andy stops walking, glances at the box in his arms, the sticky note still affixed.
Andy looks up and sees Bonnie in the front yard, playing loudly, while her Mom and Dad garden nearby.

BONNIE : Don't go in there! The bakery is haunted! Shhh! Are you crazy? You'll wake up all the ghosts! Look out! The ghosts are throwing pies! Splat! Splat! Splat!

Bonnie notices Andy and immediately stops playing.

BONNIE : Mom?

Bonnie's Mom looks over and sees Andy. She stands up.

BONNIE'S MOM : Andy!

ANDY : Hi!

Andy lets himself in the gate.

BONNIE'S MOM : Wow! Look at you! I hear you're off to college?!

ANDY : Yeah. Right now, actually.

내부. 자동차 안

앤디는 주소를 찾으며 창 밖을 이리저리 본다. "다락방"이라고 적혀 있는 상자가 조수석에 놓여 있다. 자동차가 천천히 멈춘다.

외부. 집 밖

차에 앉아서 앤디는 길 건너편 집을 본다. 앤디는 상자를 들고 차에서 나온다.
앤디는 길을 건너 집으로 가까이 간다.
앤디는 걸음을 멈추고 자기가 들고 있는 상자를 본다. 접착 메모지가 아직도 붙어있다.
앤디는 고개를 들어 앞마당에서 시끄럽게 놀고 있는 보니를 본다. 보니의 엄마와 아빠는 옆에서 정원을 손질하고 있다.

보 니 :　　그 안에 들어가면 안돼! 그 빵집에는 귀신이 있어! 쉬! 너 미쳤어? 너 그러다가 잠자는 귀신들 다 깬단 말이야! 조심해! 귀신들이 파이를 집어던지고 있어! 철퍼덕! 철퍼덕! 철퍼덕!

보니가 앤디를 보고 갑자기 노는 걸 멈춘다.

보 니 :　　엄마?

보니의 엄마가 돌아보며 앤디를 본다. 일어선다.

보니의 엄마 :　　앤디니?

앤 디 :　　안녕하세요!

앤디는 문을 열고 들어간다.

보니의 엄마 :　　와! 이게 누구야! 너 대학에 간다면서!

앤 디 :　　예. 사실은, 지금 가는 중이에요.

peer	자세히 보다
cross the street	길을 건너다
haunt	귀신이 나타나다
immediately	즉시
let oneself in	안으로 들어가다
be off to	∼로 가다, ∼로 갈 것이다

ZOom In

■ The car slows to a stop.

동사 slow에 '속도를 줄이다'의 뜻이 포함되어 있다. 그래서 본문은 "그 차는 속도를 줄이다가 결국 멈추어 섰다"로 이해한다. 이렇게 표현을 보거나 들으면서 그 내용이 머리 속에 그림으로 그려져야 한다.

■ Look at you!

직역하면 "너를 보라!"이다. 누군가를 만났는데 예전의 모습이 아닐 경우에 놀라면서 던지는 말이다. 머리를 잘랐다던지, 새 옷을 입었다던지, 많이 컸다던지 등 다양한 경우가 있을 수 있다.

BONNIE'S MOM :	So, what can we do for you?
ANDY :	Uhh… I have some toys here.
BONNIE'S MOM :	Ohhh. You hear that, Bonnie?
ANDY :	So you're Bonnie? I'm Andy. Someone told me you're really good with toys. These are mine, but I'm going away now, so I need someone really special to play with them. This is Jessie. The roughest, toughest cowgirl in the whole West. She loves critters, but none more than her best pal, Bullseye. Yee-haw! Here. This is Rex—the meanest, most terrifying dinosaur who ever lived. "Raaawwwrrrrr!" The Potato Heads—Mister and Missus. You gotta keep 'em together 'cause they're madly in love. Now Slinky here is as loyal as any dog you could want. And Hamm? He'll keep your money safe, but he's also one of the most dastardly villains of all time. "Evil Dr. Pork Chop!" These little dudes are from a strange, alien world—Pizza Planet! And this is Buzz Lightyear—the coolest toy ever! Look—he can fly. Oh! And shoot lasers. He's sworn to protect the galaxy from the evil Emperor Zurg!
BUZZ :	"To Infinity and Beyond!"

보니의 엄마 :	그런데, 여기는 웬일이야?
앤 디 :	어… 장난감을 좀 가져왔어요.
보니의 엄마 :	아이고. 들었니, 보니?
앤 디 :	네가 보니구나. 나는 앤디야. 누가 그러던데 네가 장난감들을 가지고 정말 잘 논다는구나. 이것들은 내 거지만 지금 내가 어디를 좀 멀리 가야 돼서 누군가 특별한 사람이 이 장난감들을 가지고 놀아줬으면 해서 말이야. 얘는 제시야. 서부에서 가장 저돌적이고 터프한 카우걸이지. 동물을 좋아하는데 그 중에서도 불즈아이를 가장 좋아해. 이호! 자. 얘는 렉스야—지구상에 살았던 모든 공룡들 중에서 가장 심술궂고 무서운 공룡이야. "으르르르르르르!" 감자머리 부부야. 얘들은 항상 둘이 같이 보관해야 돼. 둘이 무척 사랑하거든. 여기 슬링키는 이 세상 어느 개보다 충성스럽지. 그리고 햄? 햄은 네 돈을 안전하게 보관해 줄 거야. 하지만 얘는 또 이 세상에서 가장 악랄한 악당이기도 해. "악당 돼지 갈비살 박사!" 이 작은 애들은 이상한 외계—피자 행성에서 온 애들이야! 그리고 이건 버즈 라잇이어야. 가장 멋진 장난감이지. 봐, 얘는 날수도 있어. 아! 그리고 레이저도 쏜다. 얘는 은하계를 악당 황제 저그로부터 지키기로 맹세한 몸이야.
버 즈 :	"무한의 세계와 그 이상을 향하여!"

□ **go away**
떠나다

□ **critters**
동물들

□ **mean**
심술궂은, 인색한

□ **terrifying**
무서운

□ **dastardly**
악랄한

□ **villain**
악당

Zoom In

▪ What can we do for you?

직역하면 "우리는 당신을 위해서 무엇을 할 수 있을까?"이다. 이것을 상황에 따라서 "무슨 일로 오셨나요?, 우리가 뭐 도와드릴 일이라도, 우리에게 무슨 할 말이라도?" 등으로 다양하게 해석할 수 있다.

▪ He'll keep your money safe.

"아마도 그가 네 돈을 안전하게 보관해 줄 거야"로 이해한다. '아마도'는 will의 역할로 나온 해석이다. '불확실한 미래'를 말할 때 will을 쓰기 때문이다. keep something safe는 '뭔가를 안전하게 지켜주다'의 뜻이다.

ANDY :   Now, you gotta promise to take good care of these guys. They mean a lot to me.

Bonnie smiles. She glances in the box and her eyes go wide.

BONNIE :   My cowboy!

Confused, Andy looks down to see Woody lying in the box.

ANDY :   Woody? What's he doing in there?

BONNIE :   "There's a snake in my boot!"

Andy—amazed—pulls Woody's pull-string.

WOODY :   "There's a snake in my boot!"

Bonnie giggles, and reaches for him, but Andy instinctively pulls him away. Bonnie looks at Andy, confused.
Andy sighs, looks down at Woody's face, and makes a decision.
He holds Woody out—gentle and serious.

ANDY :   Now Woody. He's been my pal for as long as I can remember. He's brave, like a cowboy should be. And kind, and smart. But the thing that makes Woody special is he'll never give up on you—ever. He'll be there for you, no matter what. You think you can take care of him for me? (she nods) Okay, then.

앤 디 :　　　자, 약속해줘. 얘들을 잘 돌봐주겠다고. 얘들이 나한테는 정말 중요한 것들이거든.

보니는 미소를 짓는다. 보니는 상자 안을 들여다본다. 그리고 눈이 커진다.

보 니 :　　　내 카우보이다!

어리둥절한 앤디가 아래를 내려다보니 우디가 상자 안에 누워 있다.

앤 디 :　　　우디? 얘가 거기에서 뭐하는 거야?
보 니 :　　　"내 부츠에 뱀이 있다!"

어리둥절한 앤디가 우디의 끈을 잡아당긴다.

우 디 :　　　"내 부츠에 뱀이 있다!"

보니가 키득거리며 우디를 잡으려 하지만 앤디는 본능적으로 우디를 뒤로 잡아 뺀다. 보니는 우디를 갸우뚱 쳐다본다.
앤디는 한숨을 쉬며 우디의 얼굴을 내려다보고 결심한다.
앤디는 우디를 조심스럽게, 그리고 진지하게 내민다.

앤 디 :　　　애는 우디야. 우디는 정말 오래전부터 내 친구였어. 용맹스럽지. 카우보이는 당연히 그래야 하지만. 게다가 친절하고 똑똑해. 그런데 우디를 특별하게 만드는 건 절대 주인을 버리지 않는다는 거야— 절대로. 우디는 늘 네 곁에 있을 거야. 무슨 일이 있어도. 내 대신 우디를 잘 돌봐줄 수 있겠니? (보니가 끄덕인다) 그렇다면, 좋아.

□ **go wide**
　넓어지다, 커지다

□ **instinctively**
　본능적으로

□ **make a decision**
　결정하다, 결심하다

□ **give up on**
　~을 포기하다

□ **no matter what**
　무슨 일이 있어도

Zoom In

■ **They mean a lot to me.**

　직역하면 "그들은 내게 많은 의미가 있다"이다. 그것은 결국 "그들은 내게 대단히 중요한 존재다"로 이해하게 된다. "이 일은 내게 정말 중요하거든요"는 It means a lot to me.라고 표현할 수 있다.

■ **He'll be there for you.**

　직역하면 "그는 너를 위해서 그곳에 있을 것이다"가 된다. 이것을 "그는 네가 어떤 상황에 처하더라도, 기쁠 때나 슬플 때나 항상 네 곁에 있어줄 거야"로 이해한다. "항상 널 지켜줄게"는 I'll be there for you.이다.

He hands over Woody to Bonnie. She hugs him.
Andy suddenly grabs Hamm.

ANDY : Oh, no! Dr. Pork Chop's attacking the haunted bakery! Pchoo! Pchoo! Pchoo!

BONNIE : The ghosts are getting away! Woody'll stop 'em!

ANDY : Buzz Lightyear to the rescue!

EXT. BONNIE'S HOUSE
Andy walks to his car and turns. Bonnie stands on the porch, the toys scattered at her feet.
She clutches Woody.
Bonnie makes Woody's arm wave at Andy. Andy smiles.
He gets in his car and takes one last look at all his toys on Bonnie's porch,
and Woody in Bonnie's arms. He smiles.

ANDY : (to himself) Thanks, guys.

…And pulls away.

BONNIE : Look, Mommy! They're all playing together!

Bonnie puts Woody down and runs into her mother's arms.

BONNIE'S MOM : Come on. Let's get some lunch.

The toys sit up and watch Andy drive off.

WOODY : So long, partner.

Buzz puts an arm around Woody. The other toys gather 'round as Woody makes introductions. They're going to be just fine.

THE END.

앤디는 우디를 보니에게 넘겨준다. 보니는 우디에게 포옹해준다.
앤디는 갑자기 햄을 잡는다.

앤 디 :　　　아, 안돼! 돼지갈비살 박사가 유령이 있는 **빵집**을 공격한다!

보 니 :　　　귀신들이 도망간다! 우디가 귀신들을 잡는다!

앤 디 :　　　버즈 라잇이어가 구원하러 나가신다!

외부. 보니의 집
앤디는 차로 걸어가면서 돌아본다. 보니는 현관에 서있고 장난감들은 보니의 발 아래 흩어져 있다. 보니는 우디를 움켜쥐고 있다.
보니는 우디의 팔로 앤디에게 손을 흔든다. 앤디가 미소 짓는다.
앤디는 차에 타며 보니의 현관에 있는 장난감들을 마지막으로 다시 한 번 본다. 그리고 보니 품에 안긴 우디도. 앤디는 미소 짓는다.

앤 디 :　　　(독백으로) **고맙다, 얘들아.**

…그리고 앤디는 떠난다.

보 니 :　　　엄마! 이것들을 다 가지고 놀 거예요.

보니는 우디를 내려놓고 달려가 엄마의 품에 안긴다.

보니의 엄마 :　　이리 와. 점심 먹자.

장난감들은 앉아서 앤디가 떠나는 걸 본다.

우 디 :　　　안녕, 주인님.

버즈가 우디의 어깨에 팔을 두른다. 다른 장난감들이 주위에 모여들고 우디는 서로를 소개시킨다. 다들 행복하게 잘 지낼 것이다.

끝.

□ **hand over**
넘겨주다

□ **clutch**
움켜쥐다

□ **take one last look at**
～을 마지막으로 한 번 보다

□ **get some lunch**
점심을 먹다

□ **So long.**
잘 가!

□ **make introductions**
소개를 하다

Key Expressions

272 You might wanna take a look at this!

저걸 보면 생각이 달라질 지도 몰라.

1) 직역하면 "네가 이것을 보고 싶어할지도 모르겠어!"가 된다. 이 말의 분위기는 "네가 지금 아무 것도 모르고 그런 소리를 하는데 혹시 이 장면을 보거나 이 상황 이야기를 들으면 생각이 달라질 수도 있을 것 같아서 말이지. 그래서 말인데. 어떻게 이 장면을 좀 보고 싶지 않아? 아니면 내 말이 좀 듣고 싶지 않아? 그러고 싶을 것도 같은데 말이지." 정도이다. You might want to ~의 느낌을 올바로 이해할 수 있어야 된다.

2) take a look at ~은 '~을 보다'의 의미이다. look at ~보다는 문어적인 느낌이 들지만 일반회화에서 즐겨 사용되는 표현이다. 본문에서는 우회적이고 문어적인 색체를 띤 You might wanna와 잘 어울리는 표현이기도 하다.

3) this는 물론 '이것'이지만 '저것', '어떤' 등의 의미로 해석되기도 한다.

282 He's not worth it. 그는 그럴만한 값어치가 없어.

be worth something은 '~의 값어치가 있다'로 이해한다. It's not worth it.은 "그 일은 그럴만한 값어치도 없는 일이야"로 이해하며 He's worth dating.은 "그는 데이트할 만한 사람이야", It's worth a try.는 "그 일은 시도해볼 만한 값어치가 충분히 있어"로 해석한다. worth 다음에 명사, 대명사, 동명사가 목적어로 온다는 사실을 주목한다.

286 We'll never get there in time. 시간 안에 절대 도착 못할 거야.

1) 불확실한 미래를 말하는 will과 단호함을 나타내는 never가 붙어서 '절대 그런 일이 없을 거야'를 말하고 있다. "난 절대 그 회의에 참석하지 않아"는 I will never attend the meeting.이다.

2) get there는 '그 장소에 도착하다'이다. there가 부사이기 때문에 to there라고 하지 않는다. 부사는 전치사의 의미를 포함하기 때문이다. He'll get there in a moment.는 "그가 아마 그곳에 곧 도착할 겁니다"로 해석한다.

3) in time은 '시간 안에'이다. '늦지 않게'로 해석해도 좋다. '정시에'는 on time을 쓴다. Don't worry. I'll get there in time.은 "걱정하지마. 늦지 않게 도착할 거니까."로 이해한다.

292　A yellow sticky to write on　글을 쓸 수 있는 노란 색 접착용 메모지

1) sticky는 '끈적거리는'의 뜻이지만 명사로 쓸 때 '접착용 메모지'라는 뜻을 갖는다. 우리가 흔히 쓰는 Post-it이다. "포스팃 있어?"는 I need a sticky.라고 간단히 표현할 수 있다.

2) write on에서 전치사 on의 역할에 주목한다. '~에 글을 쓰다'는 write something이 아니라 write on something이다. 그 something이 본문에서는 a sticky인데 목적어의 위치가 바뀌어서 a sticky가 앞으로 나가 있다. 그리고 나머지 write on은 제자리를 지키고 있다. 우리말을 생각해서 a yellow sticky to write이라고 착각해서는 안 된다. 전치사 on이 없으면 의미가 완성되지 않는다. 전치사의 역할 대단히 중요하다. "뭘 좀 써야 되는데 쓸 종이가 없네"는 I have no paper to write on.으로 표현한다.

292　Don't let Molly near my stuff.　몰리가 내 물건에 가까이 가지 않도록 해.

사역동사 let에는 '허락'의 의미가 있다. 그래서 Don't let ~ 구문은 '~하게 놔두지 말라'는 의미를 전한다. Don't let it hurt you.는 "그게 너를 속상하게 만들도록 놔두지 마"가 직역이며 "그런 일로 속상해하지 마"로 이해한다. 동사 near는 '~에 가까이 가다'의 뜻이라서 본문은 "몰리가 내 물건에 가까이 가도록 놔두지 마" 즉, "몰리가 내 물건에 가까이 가지 못하도록 해야 돼"로 해석한다.